构建和谐劳动关系
理论研究丛书

农民工市民化
成本分担机制的构建

ESTABLISHMENT OF COST SHARING MECHANISM
FOR CITIZENIZATION OF MIGRANT WORKERS

张善柱◎著

中国工人出版社

图书在版编目（CIP）数据

农民工市民化成本分担机制的构建 / 张善柱著.—北京：中国工人出版社，2018.9
ISBN 978-7-5008-7057-9
Ⅰ.①农… Ⅱ.①张… Ⅲ.①民工－城市化－研究－中国 Ⅳ.①D422.64
中国版本图书馆CIP数据核字（2018）第203482号

农民工市民化成本分担机制的构建

出 版 人	王娇萍
责任编辑	王学良 徐晏曦
责任校对	孙道伟
责任印制	栾征宇
出版发行	中国工人出版社
地　　址	北京市东城区鼓楼外大街45号 邮编：100120
网　　址	http://www.wp-china.com
电　　话	（010）62005043（总编室）（010）62005039（出版物流部） （010）82075935（工会与劳动关系分社）
发行热线	（010）62004002 （010）82081553（传真）
经　　销	各地书店
印　　刷	三河市文通印刷包装有限公司
开　　本	710毫米×1000毫米 1/16
印　　张	17.75
字　　数	280千字
版　　次	2018年9月第1版 2018年9月第1次印刷
定　　价	50.00 元

目　录

第一章 导论

第一节 研究背景

农民工是中国经济转轨和社会转型过程中产生的一个规模庞大、身份模糊、贡献巨大、社会地位较低的特殊群体，是中国社会阶层结构持续分化重组过程中的过渡性阶层，具有典型的亦工亦农、非工非农的阶段性特征，媒体形象地称之为“两栖人”。农民工与户籍居民虽然居住生活在同一个城市，但从事不同的工作、拿到相差悬殊的工资、子女接受截然不同的教育，呈现出典型的“一城两策”的特点。显然，这背离了现代社会基本的公平正义原则，也与我国实现共同富裕的目标背道而驰。对于农民工未来的归宿，包括政府、企业、农民工在内的社会各界已达成共识：农民工既不能返回农村重操旧业，亦不能继续摇摆于城乡之间，而是要彻底地融入城市，转化为市民，享受均等化公共服务，即农民工市民化。对此，列宁曾精辟地指出：“只有农村居民流入城市，只有农业人口和非农业人口混合和融合起来，才能使农村居民摆脱孤立无援的地位。……正是农业人口和非农业人口的生活条件接近才创造了消灭城乡对立的条件。”① 推动农民工市民化，既能满足农民工融入城市的迫切需求，亦可在短期内大幅提高以人为核心的城镇化水平，为经济高质量增长持续输送潜在动能，同时有利于推进农村土地的规模集约利用，为发展现代农业和“三农”问题的顺利化解争取宝贵时间和充分余地，进而实现“以工促农、以城带乡、工农互惠、城乡一体”的理想格局。

---

① ［俄］列宁：《列宁全集》第2卷，北京：人民出版社，1986年，第197页。

当前，社会各界已经充分认识到农民工市民化的必要性、紧迫性及重大现实意义。中央层面为推动农民工市民化出台了一系列顶层设计和具体保障措施。2012 年 11 月，党的十八大报告明确提出，要加快户籍制度改革，有序推进农业转移人口市民化；2013 年 12 月，中央城镇化工作会议提出，要以人为本，推进以人为核心的城镇化，把促进有能力在城镇稳定就业和生活的常住人口有序实现市民化作为首要工作。2014 年 3 月通过的《国家新型城镇化规划（2014—2020 年）》，从户籍制度改革、农民工随迁子女教育、社会保障、住房以及健全成本分担机制等方面进一步细化了农业转移人口市民化的保障措施，这是中央层面首次针对性地提出健全农民工市民化的成本分担机制，进一步深化了人们对该问题的认识与理解，为后续更具体更可行的政策出台奠定了基础；2014 年 7 月，国务院印发《关于进一步推进户籍制度改革的意见》，明确了不同规模城市户籍改革的具体路径；2015 年 12 月，中央城市工作会议时隔 37 年重新召开，强调城镇化务必同农业现代化同步发展，城市工作务必同“三农”工作一起推进，实现城乡发展一体化的新格局；2016 年 2 月，国务院印发《关于深入推进新型城镇化建设的若干意见》，指出以促进农民工融入城镇为核心，以加快新生中小城市培育发展和新型城市建设为重点，加快建立农业转移人口市民化激励机制，促进新型城镇化健康有序发展。该《意见》的出台，表明决策层已意识到地方政府在推动农民工融入城市方面存在集体行动的困境，有必要建立相应的激励约束机制。2016 年 3 月，国家“十三五”规划提出，统筹推动户籍制度改革和基本公共服务均等化，建立健全常住人口市民化的激励机制，推动更多农业转移人口融入城镇。2016 年 9 月，国务院办公厅印发《推动 1 亿非户籍人口在城市落户方案》，认为促进有能力在城镇稳定就业和生活的农业转移人口举家融入城镇，是全面建成小康社会的内在要求，是推进以人为核心的新型城镇化建设的首要任务，是刺激内需、改善民生的重大举措，进一步明确细化了农业转移人口市民化的保障措施并初步建立了各部委牵头负责的机制。2017 年 1 月，国务院发布《关于印发“十三五”推进基本公共服务均等化规划的通知》，提出到 2020 年，基本公共服务体系更加完善，体制机制更加健全，在学有所教、劳有所得、病有所医、老有所养、住有所居等方面持续取得新进展，基本公共服务均等化总体实现。《通知》明确了各项基本公共服务的重点任务和保障措施。

自党的十八大以来，党中央制定并通过了一系列旨在促进农民工市民化的顶层设计和具体保障措施，其力度之大、规格之高、频率之快，前所未有。这一系列举措的密集出台，反映了中央政府对农民工市民化工作的高度重视，也映射出决策层对这一问题的认识持续深化，标志着农民工市民化正式由理论探讨进入全面实施阶段。但反观实践，这些方案并未达到预期目标，“一城两策”现象依然突出，户籍人口城镇化率远低于常住人口城镇化率，城镇化质量亟须提高，农民工融入城市的进程仍然举步维艰，不论是与农民工的热切期盼相比，还是与中央的政策预期相比，都存在显著差距。

现有研究从不同学科、不同视角梳理分析了农民工市民化在实践中遇冷的原因，主要包括城乡二元户籍制度以及与之配套的就业、教育、医疗和社会保障等一系列城乡有别的公共资源配置制度。除此之外，农民工文化素质偏低、专业技能缺失，来自市民的歧视以及农民工自身社会认同模糊等因素，也在客观上阻滞了农民工顺利融入城市的进程。虽然学科背景不同、研究视角各异，但是多数研究者普遍认为，城乡有别的二元体制是导致农民工无法真正融入城市的根本性障碍。若不对此进行彻底改革，实现公共服务在城乡之间的均等化配置，农民工就难以真正融入城市，城乡一体化格局就难以真正实现。但是，改革意味着对现有社会利益格局进行调整，必然会遇到来自既得利益集团的强大阻力。因此，改革需要妥善处理既得利益和新生利益的关系，只有在确保既得利益群体没有明显受损的前提下，尽量满足新生群体的利益诉求，才能在最大限度上凝聚共识，形成改革合力，促进改革落地生根。

农民工市民化的实质是农民工享受与城镇户籍居民均等的公共服务，实现公共服务对全体居民的全覆盖。根据政治学的一般理论，提供公共服务是现代政府的基本职责，也是其获得合法性的主要来源。但是，政府作为公共机构并非只谋取公共利益。公共选择理论认为，政府也是独立的利益主体，不可避免地会追求自身利益最大化，在这一点上政府与其他市场主体并无本质区别。出于理性考量，政府在决策时会权衡成本和收益的关系，当推动某一工作的收益大于成本时，政府倾向于动员公共资源以实现预期目标，反之，政府开展工作的动力就会降低。同样的道理，政府作为农民工市民化的主要推动者，自然会衡量成本和收益的关系，只有当收益大于成本时，政府才会有足够动力帮助农民工实现融入城市的梦想，同时也会实现政府自身收益的最大化①。

在当前城乡差异悬殊的背景下，要实现上述目标无非有两大路径：一是在不增加公共服务总供给的前提下，削减城市居民在就业、医疗、教育等方面享有的权利；二是在保障城市居民利益存量不受损害的前提下，补齐农民工在公共服务方面的历史短板，大幅扩展其利益增量，最终实现“公共服务面前人人平等”的目标。两相比较，第一条路径以做减法为主，损害了广大城市居民的既得利益，必然会遇到强大阻力，显然是行不通的。历史和现实因素决定了农民工市民化只能走第二条路径，即增量改革，换言之，农民工市民化是时代给我们设置的一道加法题，而不是减法题。然而，农民工市民化不是天上掉下来的馅饼，公共服务的均等化必然伴随着成本的支出，这就要求农民工个体、企业以及政府等相关主体增加投入。该成本到底是多少？本已捉襟见肘的公共财政能否承担？中央政府、流入地政府、流出地政府、企业以及农民工等不同主体之间如何分担？这一系列问题不仅困扰着理论工作者，也影响了公共政策制定者推进农民工市民化的积极性，迫切需要从理论和实践两个层面作出明确的答复。

第二节　文献综述

自农民工这个群体从农民阶级中分化出来之日起，就因其“亦工亦农”“职业转换与身份转型相脱离”的中国特色而吸引了西方学者好奇的目光，更因其“社会贡献与实际待遇不匹配”的尴尬处境而驱动着越来越多的本土学者深入研究，了解他们的真实生存状态与利益诉求。三十多年来，围绕农民工问题产生了大批量的研究成果，涵盖了社会学、经济学、政治学、管理学、人口学、劳动关系学等多个学科，为后续研究奠定了扎实基础。纵向来看，早期研究主要侧重于通过实地调查了解农民工的生存状态，从社会学和人口

① 当然，这里的收益并不局限于经济收益，还包括上级政府认可、政绩考核、职务晋升、社会稳定、舆论赞扬等政治收益和社会收益。

学的视角分析其主要特征，总结农村剩余劳动力转移的“中国路径”。由于农民工的处境并没有因务工时间的延长而有所改善，反而有日渐固化之势，引发了严重的社会问题，这促成了农民工问题研究的转型，即由研究农民工的生存状态转向思考农民工的未来归宿。“农民工市民化”正是在这样的背景下成为理论研究和政策研究的热点问题。

一、关于农村剩余劳动力转移规律的研究

古典经济学家威廉·配第最早从经济学视角分析了人口流动的原因，认为比较利益差异的存在促使劳动者从农业部门流向工业部门和商业部门。19世纪，一些西方学者提出了“推拉”模式。譬如，恩格斯认为曼彻斯特的繁荣和人口增长源于其工业化迅速发展所产生的拉力，而威廉姆森则将农村向城市的人口迁移归因于马尔萨斯式的人口压力、土地稀缺及圈地运动。20世纪50年代末唐纳德·博格明确提出了“推拉理论”[①]。他认为，人口流动的目的是改善生活条件，流入地有利于改善生活条件的因素成为拉力，而流出地不利的生活条件成为推力，人口流动由这两股力量前拉后推所决定。刘易斯提出了发展中国家劳动力转移的“二元经济模型”，认为在具有二元经济结构特征的社会，农村存在大量剩余劳动力，农业劳动力的边际生产率几乎为零，农业部门的工资水平很低，而工业部门代表着先进生产力，其工资水平也必然高于农业，这就促使农业劳动力源源不断地从农村流向城市[②]。在农村劳动力向城市转移的同时，政府及时为其提供教育、医疗、社保、住房等公共服务，农民得以顺利在城市安家立业，逐步沉淀为拥有市民权的城市居民，农民的职业转换和身份转型同步实现、一气呵成，改变人类历史进程的工业化以及由此带动的城市化就这样悄无声息、自然而然地发生了，在二者的双轮驱动下，西方世界实现了从传统到现代的转型。

早在11—12世纪，在手工业和商业贸易的催化下，英国的农村人口就开启了向城市迁移的浪潮。但是，大规模、可持续的乡城劳动力转移，则是伴

---

① Bogue, Donald J. *Principles of Demography*. New York: John Wiley and Sons, Inc., 1969.

② Lewis, W. Arthur, *Economic Development with Unlimited Supplies of Labor*. The Manchester School of Economic and Social Studies, 1954 (22).

随着圈地运动和工业革命才出现的。工业革命带来的技术革新极大地提高了劳动生产率，制造业、采矿业、建筑业等领域迎来了发展的黄金时期，对劳动力的需求呈几何级数增加。在农村推力和城市拉力的综合作用下，以失地农民为主的农村人口源源不断地涌入城市。与此同时，英国政府颁布了一系列法律法规，对阻碍农村人口自由迁移的《济贫法》《定居法》进行了修订。到19世纪中期，英国的农业人口已经迅速下降到总人口的25%。同样的故事在20世纪的日本重新上演。日本政府为了促进农村人口城市化，于1961年颁布了《农业基本法》和《农业现代化资金筹措法》。依据法律规定，要在10年内将60%的农民转移到非农领域。与此同时，为促进农业结构调整，实现农业现代化，由国家贴息向农民提供长期贷款。经过十年的不懈努力，上述措施取得了显著成效，农民占全国总人口的比重由1960年的37.1%下降至1970年的25.6%。此后，日本政府充分发挥“农协”组织的自主性，引导农业生产方式向“龙头企业+基地”“农协+基地”转变，使传统的农业生产逐步融入到工业循环的大体系之中①。

与西方不同，中国的工业化、城市化进程可以用“一波三折”来形容。中国历史上是以农业为主的国家，但近代以来落后挨打的惨痛教训使国人深刻认识到工业发展的重要性。新中国成立后，中央政府及时制订了“五年”计划，旨在举全国之力弥补工业短板，大规模的工业化由此拉开序幕。根据西方国家的经验，伴随着工业发展，农村人口会持续向城市转移，城市化水平因此得以提高。但是，城乡二元户籍制度的推行，人为限制了农村人口向城市自由流动，工业化与城市化相互促进、良性互动的局面并没有在中国上演，而是呈现出“工业化一枝独秀、城市化停滞不前”的尴尬局面。

改革开放初期，家庭联产承包责任制的实施把农民从土地上解放出来，大大提高了劳动生产率，但随之而来的是农村劳动力供过于求的刚性矛盾日渐突出。在严峻形势的倒逼之下，严格限制人口自由流动的政策出现松动，农民被允许进城务工，但不能在城市落户，自然也就不能享受与户籍居民均等的公共服务，“农民工”因此得名。可见，农民工是在农村剩余劳动力近乎无限供给、城乡差距悬殊、城市化滞后于工业化的特殊时代背景下的必然产

① 朱信凯：《农民市民化的国际经验及对我国农民工问题的启示》，《中国软科学》，2005年第1期。

物。与西方国家“一步转移”的城市化不同，中国的城市化被切割为两个阶段，即农民农民工化和农民工市民化，最终实现农民市民化，呈现出典型的“两步转移”的特征。

陈吉元认为，刘易斯的“二元经济模型”并不能有效解释改革开放以来我国农村剩余劳动力转移的路径。因为，在城市工业部门和农村农业部门之间衍生出一个相对独立的农村工业部门，即乡镇企业，呈现出迥异于西方的“三元经济结构”特征①。乡镇企业的迅速兴起吸纳了大量农村剩余劳动力，缓解了城市的资源和环境压力，推动了中国特色城镇化的发展。但进入20世纪90年代后，乡镇企业的发展陷入低谷，原先被吸纳的农村剩余劳动力并未重返农业部门，而是浩浩荡荡地涌入城市，促成了波澜壮阔的“民工潮”。国务院发展研究中心课题组以时间为轴，梳理了改革开放以来“民工潮”的流动规律，并将其概括为三个阶段。一是20世纪80年代，以就地转移为主，即所谓的“离土不离乡”，乡镇企业成为吸纳农民工就业的“蓄水池”。外出务工的农民工在此期间迅速增加，从20世纪80年代初期的200万人增加到1989年的3000万人。二是20世纪90年代，以跨地区异地流动为主，可称之为“离土又离乡”。农民工离开农村进入城市，从事二三产业，工资收入成为其主要生活来源。这一阶段，乡镇企业的发展势头趋缓，诸多限制劳动力转移的政策逐渐松动，外出就业农民工的数量从20世纪90年代初期的6000万人跃升至20世纪末的1亿人左右。农民工流动的范围呈显著扩大之势，跨省流动的比例大幅攀升，1993年全国跨省流动的农民工约为2200万人，占比达到35.5%。三是进入21世纪以后，农村剩余劳动力供求关系迎来重要转折点，农民工群体的规模呈现出“稳中趋缓”的特征。从2002年到2008年，进城就业农民工的数量年均增长595万人，年均增长率为5%左右，远远低于20世纪90年代15%的增速，步入稳定增长阶段②。

党的十八大以来，以习近平总书记为核心的新一届党中央高度重视城镇化对于拉动内需、促进经济转型升级、实现城乡一体化发展的战略意义，提出了以人为核心的新型城镇化。为推动新型城镇化顺利进行，中央先后召开

① 陈吉元，胡必亮：《中国三元经济结构与农业剩余劳动力转移》，《经济研究》，1994年第4期。

② 国务院发展研究中心课题组：《农民工市民化进程的总体态势与战略取向》，《改革》，2011年第5期。

了中央城镇化工作会议、中央城市工作会议，陆续出台了《国家新型城镇化规划（2014—2020 年）》《关于进一步推进户籍制度改革的意见》《关于深入推进新型城镇化建设的若干意见》以及《推动 1 亿非户籍人口在城市落户方案》等一系列顶层设计文件，明确提出把促进有能力在城镇稳定就业和生活的常住人口有序实现市民化作为城镇化的首要任务，为推进农民工市民化工作提供了基本遵循。

刘传江、徐建玲、王桂新等学者以空间为轴，归纳了农村剩余劳动力转移的“中国路径”。刘传江、徐建玲把农村剩余劳动力由农村向城市的转移，分解为农村退出、城市进入以及城市融合三个环节①。王桂新把我国的城镇化过程概括为三个阶段：第一阶段为集中化阶段，农村剩余劳动力从农村退出并向城市迁移，完成由农村到城市、由分散到集中的空间转移，可称之为形式（或空间）城镇化阶段；第二阶段为常住化阶段，亦可称为过渡城市化阶段；第三阶段为市民化阶段，即农民工通过不懈努力逐步获得与城市户籍居民均等的公共服务，彻底完成由农民向市民的质变②。钟水映认为，我国的“市民化”分两步走，第一步是农村剩余劳动力转移到城市成为农民工的“半市民化”过程；第二步是农民工逐渐融入城市成为市民的“后市民化”过程③。

在对农村剩余劳动力的转移规律有了整体把握后，近年来，国内学者从年龄、文化程度、工资收入、社会交往、代际差异等微观层面对农民工的流动动机、留城意愿进行了实证分析。蔡禾、王进从经济理性、社会理性、社会地位、地域因素四个维度分析了对农民工融入城市意愿的影响，认为农民工对城市生活方式的认同程度越高，向城市迁移的意愿越强烈；而家乡所在地与务工城市的空间距离越远，永久迁移的成本越高，农民工永久迁移的意愿越低④。熊波、石人炳着重分析了就业质量和居住状况对农民工融入城市意愿的影响，认为就业于正规部门和工作稳定的农民工融入城市的意愿更强；

---

① 刘传江，徐建玲等：《中国农民工市民化进程研究》，北京：人民出版社，2008 年。

② 王桂新等：《中国城市农民工市民化——以上海为例》，《人口与发展》，2008 年第 1 期。

③ 钟水映，李魁：《农民工“半市民化”与“后市民化”衔接机制研究》，《中国农业大学学报》，2007 年第 3 期。

④ 蔡禾，王进：《“农民工”永久迁移意愿研究》，《社会学研究》，2007 年第 6 期。

由住房质量、居住空间及住房的地理位置所构成的居住条件，对农民工市民化的意愿有明显影响①。赵艳枝的调查同样证实，稳定的居住条件对农民工融入城市的意愿产生积极的促进作用，同时，在流入地城市工作时间长、工作稳定、举家迁移的农民工更倾向于在流入地定居②。李强、龙文进发现，较高的文化程度、较长的外出时间和举家迁移会强化农民工定居城市的意愿，而已婚和有需要照顾、赡养的老人会消解其定居意愿③。任远的研究同样证实，外来人口在流入地的居住时间是影响其是否迁移定居的主要因素④。朱宇则认为，拥有稳定收入来源和健全社会保障的农民工更倾向于实现永久迁移⑤。曾旭辉、秦伟认为人力资本、社会经济、心理认同、家庭关系等因素会对农民工定居城市的意愿产生影响⑥。

章铮重点分析了专业技能对农民工融入城市意愿的影响，认为掌握一技之长的农民工在劳动力市场更有竞争力，更有可能获得较高的收入，具备更强烈的定居城市的意愿和能力⑦。刘传江、徐建玲从代际差异的视角，对两代农民工融入城市的意愿进行了比较，结果显示，1980 年之后出生的第二代农民工比 1980 年之前出生的第一代农民工更愿意定居城市，彻底转化为市民⑧。侯红娅的研究同样能够证实新生代农民工更倾向于融入城市的观点。她认为，年龄越小、文化程度越高的农民工更愿意放弃农村的承包地，进入城市定居⑨。钱文荣、黄祖辉分析了社会网络对农民工市民化意愿的影响，社会网络主要指农民工在城市的社会交往状况以及农民工感受到的城市居民在与其交

① 熊波，石人炳：《农民工定居城市意愿影响因素分析——基于武汉市的实证分析》，《南方人口》，2007 年第 2 期。

② 赵艳芝：《外来人口的居留意愿与合理流动——以北京市顺义区外来人口为例》，《南京人口管理干部学院学报》，2006 年第 4 期。

③ 李强，龙文进：《农民工留城与返乡意愿的影响因素分析》，《中国农村经济》，2009 年第 2 期。

④ 任远：《“逐步沉淀”与“居留决定居留”——上海市外来人口居留模式分析》，《中国人口科学》，2006 年第 3 期。

⑤ 朱宇：《国外对非永久迁移的研究及其对我国流动人口问题的启示》，《人口研究》，2004 年第 3 期。

⑥ 曾旭辉，秦伟：《在城农民工定居城市意愿影响因素分析》，《人口与经济》，2003 年第 3 期。

⑦ 章铮：《进城定居还是回乡发展？——民工迁移决策的生命周期分析》，《中国农村经济》，2006 年第 7 期。

⑧ 刘传江，徐建玲等：《中国农民工市民化进程研究》，北京：人民出版社，2008 年。

⑨ 侯红娅等：《中国农村劳动力迁移意愿实证分析》，《经济问题》，2004 年第 7 期。

往过程中所持的态度[①]。Zhao 主要从反方向分析了影响农民工返乡的因素，研究表明，年龄、受教育程度、配偶的外出状态、土地拥有量和农村劳动力市场的发育程度是影响农民工返乡的主要因素[②]。

客观地说，现有研究较为全面地反映了中西方农村剩余劳动力转移路径的差异，并结合实地调查分析了农民工流动动机、融入城市意愿的影响因素，但有一些宏观规律和新趋势需要注意。

第一，尽管研究者从不同视角分析了农民工在城市务工面临诸多现实困难，但可以肯定，在城乡比较利益差异短期内不能根本缓解的格局下，农村剩余劳动力仍会以农民工的形式源源不断地流向城市。尽管只能从事“高强度、低工资”的工作，尽管会遭到市民的歧视，但只要进城务工的收益高于务农收益，进城对于农民而言就是理性的选择。当然，随着人口老龄化进程的加快，农村剩余劳动力无限供给的时代已经一去不复返，农民工的增量已呈现出下降趋势。如图 1－2－1 所示，农民工总量虽逐年增长，但增速明显下滑，从 2011 年的 4.4% 下降至 2015 年的 1.3%。统计数据表明，我国农村劳动力的供给已经迎来了从无限供给到供给短缺的转折点。因此，流入地政府和用工企业要克服“搭便车”的心理，采取针对性措施善待农民工，尽快补齐公共服务的历史短板，让流动的农民工沉淀下来，把农民工在本地市民化作为推进城镇化的主要任务，这不是应对农民工问题的权宜之计，而是关系城市长远发展的根本之策。

第二，农民工内部的代际更替已经完成，新生代农民工成为农民工队伍的主体。国家统计局的数据显示，2017 年全国农民工总量为 2.86 亿，老一代农民工占全国农民工总量的 49.5%，1980 年及以后出生的新生代农民工逐渐成为农民工主体，占全国农民工总量的 50.5%，比上年提高 0.8 个百分点，这是新生代农民工的数量首次超过半数。与第一代农民工“进可融入城市，退可返回农村”不同，多数新生代农民工把融入城市作为唯一的出路，若长时间不能融入城市主流社会，势必会引发严重的社会问题。新生代农民工融

---

① 钱文荣，黄祖辉：《转型时期的中国农民工：长江三角洲十六城市农民工市民化调查》，中国社会科学出版社，2007 年。

② Zhao，Y.：*Causes and Consequences of Return Migration*：*Recent Evidence from China*，Journal of Comparative Economics，30（2）：376－394，2002.

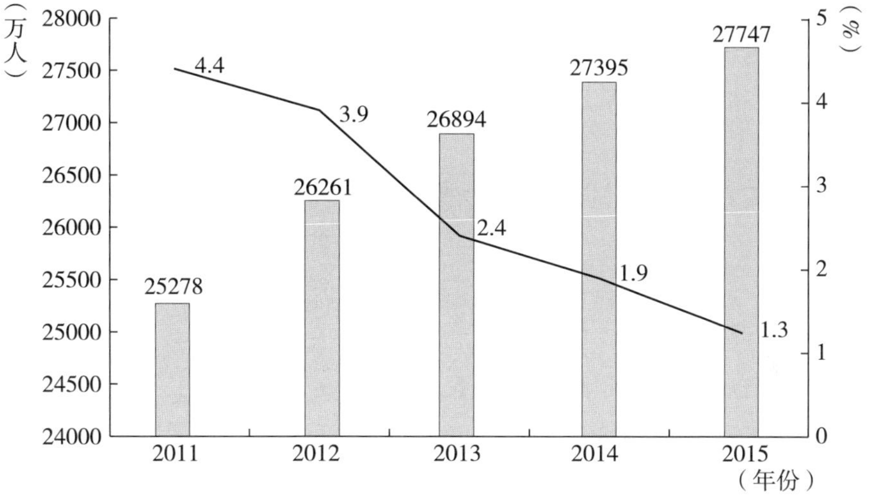

图 1－2－1　2011—2015 年农民工总量及增速

入城市的意愿更迫切，适应现代城市生活的能力更强，融入城市的成本相对偏低。因此，优先推动新生代农民工实现市民化，完全可以成为我们有序推进新型城镇化的突破口。

第三，“举家外出”已成为农村剩余劳动力迁移的新趋势。国家卫计委的动态监测数据显示，90%的已婚新生代农民工是夫妻双方一起流动，与配偶、子女共同流动的占 60%，越来越多的老人随子女一起流动，流动老年人的总量已接近 1800 万[①]。2015 年农民工在流入地的家庭规模为 2.61 人，与 2013 年相比，其家庭规模增加了 0.11 人，超过一半的家庭有 3 人及以上同城居住。数据显示，农民工的家庭规模与居住时间存在显著正相关。2015 年，居住 3 年以下的农民工家庭平均规模为 2.29 人，居住 3—4 年的为 2.7 人，居住 5 年及以上的为 2.95 人[②]。可见，农民外出务工的形式经历了从“单枪匹马”到“举家外出”的转变，这是农民工权衡利弊后的理性选择，有利于随迁子

① 老年人随子女进入城市并不是为了养老，而主要是为了照顾孙辈及子女的日常生活。老年人离开落后而熟悉的乡土，进入繁荣而陌生的城市，其面临的价值观冲击和社会交往方面的孤独可想而知，为此，理论界应加强该领域的研究，城市政府也应做出针对性的安排，保障随迁老年人在城市安度晚年。

② 国家卫生和计划生育委员会：《中国流动人口发展报告》，2016 年。

女在城市接受更优质的教育，也有助于克服“留守儿童”“留守妇女”“留守老人”带来的后续社会问题，背后折射出农民工渴望融入城市的强烈意愿。对此，流入地政府应加强针对性的政策设计，为随迁而来的农民工子女及其父母提供基本的公共服务，保障其基本生活，从制度上激励吸引农民工在本地就业生活。

第四，随着产业的梯度转移及国家区域发展战略的调整，农民工的区域流动呈现出新特点。从调查来看，经济发达的东部地区仍是吸引农民工聚集的主要地区，但增速和比例均呈下降趋势，而流入中西部地区务工的农民工则逐年增多（见表1－2－1）。另外，跨省流动农民工逐年减少，而省内流动农民工稳步增加。2016年跨省流动农民工7666万人，比上年减少79万人，占外出农民工总量的45.3%，比上年减少1个百分点[①]。这表明，随着国家区域战略的调整，不同区域之间的发展差距有所缓和，农民工在选择外出务工目的地时更趋于务实与理性。针对农民工流动的新趋势，中央政府和流入地政府应因势利导，出台有吸引力的配套措施，引导农民工在当地中小城市实现市民化。这既有利于缓解一线大城市的承载压力，也有利于为中小城市输送宝贵的人力资源，促进大、中、小城市协调发展，进一步推动东、中、西区域均衡发展。

表1－2－1　2015年农民工流入地结构变化

	数量（万）	占比（%）	与2014年比（%）
东部	16489	59.4	－0.5
中部	5977	21.5	0.4
西部	5209	18.8	0.1

数据来源：《2015年农民工监测调查报告》

二、关于农民工市民化程度的研究

陈丰认为，在我国城市化进程中，进城务工的农民工群体游离于城市边缘，职业与身份相分离，社会认同感和城市归属感缺失，均表明他们未能真

① 国家统计局：《农民工监测调查报告》，2016年。

正融入城市，而是呈现出“虚城市化”的状态。“虚城市化”包含三重含义：一是缺乏制度接纳，导致农民工在就业、社会保障、随迁子女教育等方面不能享受与户籍居民均等的待遇；二是缺乏城市社会认同，由于遭受社会歧视，农民工与市民之间形成了明显隔阂；三是游离于城市社会，成为被边缘化的群体，未能实现真正意义上的市民化①。王春光从社会整合的视角，首次提出了“半城市化”的概念，认为农民工的“半城市化”主要体现为：就业非正规化、居住边缘化和生活孤岛化、社会名声污名化、发展能力弱化及社会认同内卷化②。钟水映也认为，当前我国市民化总体上呈现出“半市民化”特征，“半”字主要体现在农民工已经在城市工作、生活，但在政治参与、公民权利、价值理念、行为方式、社会角色、社会交往等诸方面还未完成向市民的转变③。

徐建玲从意愿和能力两方面对农民工市民化进程进行了实证分析，发现多数农民工仍处于“半市民化”状态，他们虽然能够进入城市打工，但由于外部制度因素和农民工自身素质的约束，始终无法融入城市主流社会。有相当一部分农民工的市民化意愿随时处于变动和调整的“摇摆”状态，有研究发现 20.31% 的农民工意愿处于返乡和留城的矛盾状态④。胡怀邦认为，大量农村转移人口难以融入城市社会，农民工市民化进程缓慢，农民工仍属于边缘性、钟摆型的“半城镇化”人口⑤。

为深入考察农民工融入城市的真实状况，部分学者借助实证研究测算了农民工市民化的水平。刘传江、程建林根据农民工的个体素质、收入水平、居住时间以及自我认同四个指标测算了农民工市民化的现状，结果显示，第一代农民工市民化率为 31.3%，第二代农民工市民化率为 50.23%。第一代农民工仍处于市民化的初始阶段，而第二代农民工已处于市民化的中间阶段⑥。王桂新从居住条件、经济生活、社会关系、政治参与和心理认同五个维度分

---

① 陈丰：《从“虚城市化”到市民化：农民工城市化的现实路径》，《社会科学》，2007 年第 2 期。

② 王春光：《农村流动人口的“半城市化”问题研究》，《社会学研究》，2006 年第 5 期。

③ 钟水映，李魁：《农民工“半市民化”与“后市民化”衔接机制研究》，《中国农业大学学报》，2007 年第 3 期。

④ 徐建玲：《农民工市民化进程度量：理论探讨与实证分析》，《农业经济问题》，2008 年第 9 期。

⑤ 胡怀邦：《助力实现三个“一亿人”目标》，《求是》，2014 年第 2 期。

⑥ 刘传江，程建林：《第二代农民工市民化：现状分析与进程测度》，《人口研究》，2008 年第 5 期。

析了上海市农民工市民化的程度，认为上海市农民工的市民化程度整体上已经达到54%，即相对于本地户籍居民而言，农民工的市民化已经达到“半”市民化以上的水平。从不同水平的分布来看，市民化程度已达到70%以上的农民工占比10%，达到50%—70%的农民工占比49%，市民化程度在50%以下，即尚未达到“半”市民化水平的农民工约占40%①。潘家华和魏后凯测算得出，2011年农民工市民化已经实现39.56%，2012年为39.63%②。赖作莲基于对陕西省西安、咸阳、渭南、宝鸡、汉中5地的调查，利用包括居住条件、经济状况、职业发展、社会关系、基本权利和心理认同等指标体系，测算得出5地农民工市民化的平均值为43.11%③。鲁强利用2010年的相关数据，测算出农民工市民化进程指标为50.2%，刚刚达到中等市民化的门槛水平④。

沈映春等从居住条件、经济条件、社会融入、政治参与及心理适应五个维度，测算北京市农民工市民化进程已经实现48.2%，农民工市民化的程度已达到“半”市民化。从水平分布来看，市民化程度在50%以下的农民工占比56.98%，达到50%—70%的农民工占比40.75%，市民化程度达到70%以上的农民工仅占2.26%⑤。王伶测算得出，全国农民工市民化的平均水平为42.02%，但各地进度不一，市民化程度最高的是重庆市，已经达到57.08%，最低的是山西省，仅为28.54%。在各项指标中，住房条件市民化的程度最低，严重滞后了农民工的城市融入⑥。

刘松林测算得出，全国农民工市民化平均水平为39.99%，但各地相差悬殊，新疆最高为56.38%，山西最低为20.98%⑦。周密测算得出，浙江省余姚市和辽宁省沈阳市新生代农民工市民化的程度分别达到62%和81%⑧。任娟娟从经济生活、政治参与、社会交往、文化心理四个维度测算了西安市新

---

① 王桂新等：《中国城市农民工市民化——以上海为例》，《人口与发展》，2008年第1期。
② 潘家华，魏后凯：《城市蓝皮书：中国城市发展报告》，北京：社会科学文献出版社，2013年。
③ 赖作莲等：《农民工市民化程度的区域差异与影响因素》，《农业现代化研究》，2015年第5期。
④ 鲁强等：《我国农民工市民化进程测度》，《江西社会科学》，2016年第2期。
⑤ 沈映春等：《北京市农民工市民化水平及影响因素分析》，《北京社会科学》，2013年第5期。
⑥ 王伶等：《我国农民工市民化进程测度方法与实证研究》，《农村经济》，2015年第11期。
⑦ 刘松林等：《我国农民工市民化进程指标体系的构建与测度》，《统计与决策》，2014年第13期。
⑧ 周密等：《新生代农民工市民化程度的测度》，《农业技术经济》，2012年第1期。

生代农民工市民化的程度，结果为40%，处于中等偏下水平[①]。张斐从经济因素、社会因素、心理因素测算了新生代农民工市民化的程度，结论为新生代农民工市民化的整体水平已达到45%，处于中等市民化阶段[②]。

表1-2-2 不同学者关于农民工市民化水平的测算结果

作者	时间	地区	结果
刘传江	2005	武汉	第一代农民工31.3%； 第二代农民工50.23%
王桂新	2006	上海	54%
鲁强	2010	全国	50.2%
张斐	2010	全国	新生代农民工，45%
周密	2011	余姚、沈阳	余姚62%，沈阳81%
任娟娟	2011	西安	新生代农民工，40%
潘家华	2012	全国	39.63%
沈映春	2012	北京	48.2%
赖作莲	2014	陕西	43.11%
刘松林	2014	全国	39.99%
王伶	2015	全国	42.02%

注：时间为数据采集时间而非论文发表时间

现阶段，关于农民工市民化进程的研究呈现出分化态势，可以笼统地概括为乐观派、稳健派和悲观派。多数研究者属于稳健派，他们通过调查证实，农民工融入城市的程度徘徊在40%—50%，陷入了“半城市化”的困境，既不能进一步融入城市，也不愿退回农村；少数研究者认为，在国家宏观政策调整的积极推动下，农民工融入城市的步伐明显加快，已经达到“半”市民化以上的水平，可称为“准”城市居民[③]，甚至有学者认为农民工已经完成了市民化进程的81%[④]，他们属于典型的乐观派。而多数学者比较悲观，他

① 任娟娟：《新生代农民工市民化水平及影响因素研究》，《兰州学刊》，2012年第3期。
② 张斐：《新生代农民工市民化现状及影响因素分析》，《人口研究》，2011年第6期。
③ 王桂新等：《中国城市农民工市民化——以上海为例》，《人口与发展》，2008年第1期。
④ 周密等：《新生代农民工市民化程度的测度》，《农业技术经济》，2012年第1期。

们认为农民工市民化进程举步维艰，总体水平还达不到40%，甚至有学者认为，若农民工长期不能实现城市化的目标，则会出现“逆城市化”的风险。程明望、史清华认为，来自城镇的推力已经超过拉力，再加上国家惠农政策的吸引，农民工出现了回流趋势①。从表1－2－2可以看出，2005年农民工市民化的程度已经达到50%以上，但十年之后，调查结果反而普遍降至40%上下，这在一定程度上也能佐证“逆城市化”并非危言耸听。

从代际差异来看，多数研究者认为，新生代农民工由于文化程度、专业技能、价值观念等方面的比较优势，具备更强的适应城市生活的能力，故其市民化程度会高于第一代农民工。但杨昕的调查表明，新生代农民工“半城市化”的特征仍然突出，他们从事较低层次的工作，就业权利、社会保障、工资收入等方面与城镇户籍居民存在显著差距。新生代农民工的生活与其父辈一样与主流社会疏远，缺乏与市民深入交流的渠道和平台。相比第一代农民工，新生代农民工在流入地的居住时间更短，交往的内倾现象更为明显②。

三、关于农民工市民化障碍的研究

第一类研究主要从城乡二元体制、农民工素质及市民歧视等多个视角进行综合分析。何晓红主要从思想障碍、制度障碍、政策障碍、组织障碍、农民工自身素质障碍等方面，分析青年农民工市民化进展缓慢的原因③。姜作培提出，认识障碍、政策障碍、制度障碍、信息障碍、素质障碍是农民市民化的主要障碍④。刘传江、徐建玲将农民工市民化面临的障碍概括为认识障碍、政策障碍、制度障碍和素质障碍⑤。费杰认为价值观念障碍、制度障碍、政策障碍及农民工综合素质整体偏低是致使农民工难以融入城市的主要因素⑥。王艳华归纳了阻碍新生代农民工市民化的因素，包括：居无定所是影响市民化

① 程名望，史清华：《从马尔萨斯到索洛：中国农村劳动力转移动因与障碍的一种解释》，《经济研究》，2006年第4期。

② 杨昕：《新生代农民工的“半城市化”问题研究》，《当代青年研究》，2008年第9期。

③ 何晓红：《青年农民工市民化的制约因素分析》，《特区经济》，2006年第3期。

④ 姜作培：《农民市民化必须突破五大障碍》，《城市规划》，2003年第12期。

⑤ 刘传江，徐建玲：《中国农民工市民化进程研究》，北京：人民出版社，2008年。

⑥ 费杰：《农民工市民化进程中的政府责任探析》，《长白学刊》，2011年第4期。

的经济因素；城乡居民隔阂是影响市民化的社会因素；城乡二元的公共资源配置体系是影响市民化的制度因素；乡土世界的文化传统是影响市民化的文化因素[①]。张春龙认为，制度性障碍、保障性积弱、承受能力脆弱是新生代农民工被边缘化的原因[②]。邓秀华认为，二元制度羁绊、社会阶层歧视、组织平台缺失影响了新生代农民工融入城市[③]。

第二类研究着重分析以户籍制度为载体的城乡二元体制对农民工市民化的阻碍。国务院发展研究中心课题组分析了影响农民工市民化融入城市的制度性因素：城乡平等的就业和收入分配制度还未形成；社会保障的参保比例偏低；覆盖农民工的城镇住房保障体系尚未建立；未能平等地接受教育和技能培训；农民工社会参与度总体偏低；户籍制度改革实质性进展缓慢[④]。王桂新从宏观因素、人口因素、迁居城市居民因素三个层面进行了分析，认为以户籍制度为基础的二元社会结构，是导致农民工融入城市被分割为两个阶段的根源[⑤]。郁建兴认为，农民工市民化的困境，主要不是农民工本身所致，其根本原因在于流入地政府社会管理和公共服务职能的缺失[⑥]。张明丽把农民工市民化进展缓慢归因于不公平的户籍政策，认为依据户籍把人口划分为农业和非农业人口，人为地在城乡之间架起一道难以逾越的屏障，加剧了城乡发展的不均衡[⑦]。黄锟重点分析了城乡二元制度对农民工市民化意愿和能力的影响，认为在融入城市经济门槛不变的情况下，城乡二元体制致使农民工融入城市的能力净值的下降，从而制约了农民工市民化[⑧]。

与此同时，部分学者对农民工融入城市的非制度性障碍进行了研究，但他们并不否认，非制度性障碍的克服最终需要制度性矫正。王爱华着重分析

---

① 王艳华：《新生代农民工市民化的社会学分析》，《中国青年研究》，2007 年第 5 期。

② 张春龙：《现代性与边缘化：新生代农民工特点、问题及出路探讨》，《中州学刊》，2011 年第 2 期。

③ 邓秀华：《新生代农民工问题及其市民化路径选择》，《求索》，2010 年第 8 期。

④ 国务院发展研究中心课题组：《农民工市民化进程的总体态势与战略取向》，《改革》，2011 年第 5 期。

⑤ 王桂新等：《中国城市农民工市民化——以上海为例》，《人口与发展》，2008 年第 1 期。

⑥ 郁建兴，阳盛益：《城市政府在农民工市民化进程中的作用》，《学习与探索》，2008 年第 1 期。

⑦ 张明丽等：《经验与借鉴：从西方发达国家城镇化探讨我国农民工市民化》，《中共福建省委党校学报》，2013 年第 11 期。

⑧ 黄锟：《城乡二元制度对农民工市民化影响的实证分析》，《中国人口、资源与环境》，2011 年第 3 期。

了农民工自身素质的缺陷对融入城市的影响，包括：生活方式与价值观念落后；综合素质偏低，难以适应现代生活；社会资本缺失，提升空间有限[①]。文军归纳了影响农民市民化的六大因素，包括人口因素、思想观念、行为方式、社会权利、生活质量和政治参与[②]。王竹林从资本视角将农民工市民化进展缓慢归因于物质资本、权利资本、人力资本及社会资本的缺失[③]。陈旭峰基于对山东省泗水县的调研，认为农民工的人力资本欠缺、市民化能力薄弱是制约农民工融入城市的关键因素[④]。

第三类研究认为，社会排斥是隐藏在城乡二元体制背后的根本原因，是导致农民工产生及难以融入城市的思想根源。钱正武认为，社会排斥是阻碍农民工融入城市的根本原因，户籍制度及与之配套的城乡二元体制只是社会排斥的外在呈现形式。农民工融入城市的进程如此艰辛，充分表明该群体遭遇了来自经济和社会等方面的社会排斥[⑤]。王春光亦认为，来自城市的社会排斥是导致农民工难以融入城市主流社会的主要因素。长期性的制度不整合，将会使“半城市化”成为一种僵化的结构性现象，而且会被“不断复制”[⑥]。张务伟通过实证研究，对影响农民工市民化的因素进行了排序，影响力由强到弱依次是：社会歧视因素、人力资本因素、社会资本因素、经济发展水平、用人单位因素、就业因素和家庭土地因素[⑦]。崔传义则认为，流入地政府对进城务工人员“经济性接纳，社会性排斥”，是导致农民工被边缘化的根源[⑧]。

第四类研究认为，不论是城乡二元体制的废止，还是公共服务的均等化，都需要公共财政的巨额投入，这才是地方政府迟迟不愿推动农民工市民化的现实原因，而那些制度因素和非制度因素只是表面现象。简新华、张建伟认为制度障碍和费用来源是阻碍农民工融入城市的两个主要困难[⑨]，这也是学术

---

① 王爱华：《农民工市民化进程中的非制度障碍与制度性矫治》，《江西社会科学》，2013 年第 1 期。

② 文军：《农民市民化：从农民到市民的角色转型》，《华东师范大学学报》，2004 年第 3 期。

③ 王竹林：《农民工市民化的资本困境及缓解出路》，《农业经济问题》，2010 年第 2 期。

④ 陈旭峰等：《教育培训对农民工市民化影响的实证研究》，《职教论坛》，2011 年第 30 期。

⑤ 钱正武：《社会排斥：农民工市民化进程缓慢的根本原因》，《调研世界》，2011 年第 2 期。

⑥ 王春光：《农村流动人口的“半城市化”问题研究》，《社会学研究》，2006 年第 5 期。

⑦ 张务伟：《什么影响了农民工市民化：机理模型与实证检验》，《河南社会科学》，2016 年第 4 期。

⑧ 崔传义：《当前农民工社会管理的突出问题与政策建议》，《重庆工学院学报》，2005 年第 10 期。

⑨ 简新华，张建伟：《从农民到农民工再到市民：中国农村剩余劳动力转移的过程和特点分析》，《中国地质大学学报》，2007 年第 6 期。

界最早从成本的角度分析农民工市民化的影响因素。高拓、王玲杰从制度因素、成本因素、能力因素三个维度分析了农民工市民化的制约因素，认为农民工市民化的巨额成本已成为阻碍该进程的主要瓶颈①。武雪媚认为，当前农民工市民化进程举步维艰，表面上看，是因为户籍制度、社会保障制度、土地制度等城乡二元制度改革滞后，其本质却是农民工市民化的成本过于巨大，延缓了农民工市民化进程②。

第五类研究从公共政策执行的层面，分析了制度间关系和政府间关系对农民工市民化的影响。黄锟借鉴了制度冲突理论，认为当前户籍制度改革创新较快，农民工能够获得城市户籍，但嵌入户籍制度的其他配套制度并没有同步跟进，导致农民工市民化陷入僵局③。周智认为，政府作为独立的利益主体，在决策时会寻求自身利益最大化而不是公共利益的最大化④。而在当前的财权事权分配体制下，推动农民工市民化对于地方政府来说显然不是利益最大化的理性选择。这一视角或许可以解释“中央政府积极主动，地方政府被动应付”的悖论。

另外，还有部分研究者分析了农村土地制度对农民工市民化的制约机制，认为难以有序流转的土地市场，不仅影响了农民工融入城市的意愿，也减少了农民工的财产性收入，进而影响其融入城市的能力⑤。

四、关于农民工市民化成本的研究

第一类研究把农民工市民化成本界定为公共成本，即政府的公共财政投入，主要包括随迁子女教育、社会保障、城市基础设施、医疗卫生、就业保障及城市社会管理等方面的公共支出。但在不同研究者的核算体系中，具体

---

① 高拓，王玲杰：《构建农民工市民化成本分担机制的思考》，《中州学刊》，2013 年第 5 期。

② 武雪媚等：《四川省农民工市民化成本模型构建及测算》，《四川农业大学学报》，2016 年第 2 期。

③ 黄锟：《农民工市民化过程中的制度冲突与协调》，《经济研究参考》，2013 年第 39 期。

④ 周智：《新生代农民工市民化问题的政治学分析》，《河南社会科学》，2012 年第 1 期。

⑤ 黄忠华等：《农村土地制度是否阻碍农民工市民化》，《中国土地科学》，2014 年第 7 期；持类似观点的还有黄锟：《农民工市民化过程中的制度冲突与协调》，《经济研究参考》，2013 年第 39 期；楚德江等：《农民工市民化进程中农地承包权退出机制研究》，《理论导刊》，2016 年第 7 期；丁静：《土地制度改革：农民工市民化的“助推器”》，《中国劳动关系学院学报》，2014 年第 4 期。

的指标设置并不完全一致，这也间接导致其测算结果相去甚远。国务院发展研究中心课题组将农民工市民化成本界定为公共成本，包括义务教育、医疗保险、养老保险、民政部门的其他支出、社会管理费用、保障性住房①。潘家华、魏后凯认为，农民工市民化的公共成本包括公共管理、城镇建设、社会保障、随迁子女教育、保障性住房等方面②。张占斌将农民工市民化成本界定为，在农民工市民化进程中，政府必须承担且新增加的投入，包括随迁子女的教育支出、社会保障支出、保障性住房支出和就业服务支出，不包括企业和个人承担的部分③，持类似观点的还有冯俏彬④。

谢建社将农民工市民化成本界定为公共成本，主要包括义务教育、就业扶持、社会保障、公共卫生、住房保障五个方面，经测算，广州市农民工市民化的人均公共成本为15.672万元⑤。姚毅、明亮将农民工市民化成本界定为"每增加一个城镇户籍居民所需要的财政支出的增量"，即公共成本。结果显示，成都市农民工市民化的成本最高，为16.48万元，四川为5.34万元，乐山为4.69万元，重庆为4.19万元⑥。申兵认为，农民工市民化成本是指，把原本只覆盖本地市民的基本公共服务覆盖到包括农民工在内的常住人口，需要额外投入的财政支出。申兵依据教育、公共卫生、就业扶持和权益维护、社会保障及住房条件改善5项指标测算了农民工市民化的公共成本，认为宁波市政府为每个跨省流动农民工提供均等的公共服务，需要额外增加公共财政投入13507—25507元⑦。

徐建荣将农民工市民化成本界定为"各级政府向市民化后的新市民提供基本公共服务所支付的相关费用"，包括随迁子女义务教育、社会保险、医疗

① 国务院发展研究中心课题组：《农民工市民化进程的总体态势和战略取向》，《改革》，2011年第5期。

② 潘家华，魏后凯：《中国城市蓝皮书：农业转移人口的市民化》，北京：社会科学文献出版社，2013年。

③ 张占斌等：《我国农村转移人口市民化的财政支出测算与时空分布研究》，《中央财经大学学报》，2013年第10期。

④ 冯俏彬：《农民工市民化的成本估算：分摊与筹措》，《经济研究参考》，2014年第8期。

⑤ 谢建社：《农民工市民化公共服务成本测算及其分担机制》，《湖南农业大学学报》，2015年第4期。

⑥ 姚毅，明亮：《我国农民工市民化成本测算及分摊机制设计》，《财经科学》，2015年第7期。

⑦ 申兵：《"十二五"时期农民工市民化成本测算及其分担机制构建——以跨省农民工集中流入地区宁波市为案例》，《城市发展研究》，2012年第1期。

卫生、保障性住房、其他社会保障和城市公共基础设施六个方面的公共投入，而对于企业和个人负担的成本则不在探讨之列。综合上述各项成本测算，2013—2020 年江苏省各级政府需要承担的公共支出将达到 1462.08 亿元，年均需增加财政投入 182.76 亿元，人均每年需要政府补贴 4.89 万元，人均公共成本为 39.12 万元①。

丁萌萌、徐滇庆认为，农民工市民化的公共成本包括六个方面，即农民工随迁子女教育成本、医疗保障成本、养老保险成本、民政部门的社会救助支出、公共管理费用和保障性住房支出。2011 年解决农民工户籍需要当期支付的人均公共成本为 0.4 万元②。刘洪银从教育支出、社会保障与就业支出、医疗卫生支出、一般公共服务支出和保障性住房支出等方面核算了农民工市民化的公共成本。作者认为，公共成本主要是流动性成本，而基础设施投资等固定性成本不在统计之列，理由是城市基础设施建设已经能够基本满足包括农民工在内的常住人口的需要，故不予考虑，结果显示，2010 年农民工市民化人均公共成本为 1.254 万元③。

第二类研究认为，农民工市民化的成本由私人成本和公共成本构成，企业成本未在测算之列。张国胜认为，农民工市民化的社会成本包括私人发展成本和公共发展成本。其中，私人发展成本是指农民工市民化过程中必须支付的生活成本、教育成本、住房成本及社会保障成本；公共发展成本是指政府为保障城市健康有序发展所必须投入的基础设施、生态环境及社会管理等成本④。持类似观点的还有徐红芬，作者基于对郑州市、洛阳市、鹤壁市的调查，测算得出农民工市民化的社会成本分别为 6.34 万元、5.99 万元、4.77 万元，其中公共成本分别为 4.08 万元、3.96 万元、3.17 万元，并进一步提出，农民工市民化的成本应该由政府、企业和个人共同负担，三者各承担三分之一⑤。

---

① 徐建荣：《新型城镇化下江苏农民工市民化成本探析》，《现代经济探讨》，2015 年第 2 期。

② 丁萌萌，徐滇庆：《城镇化进程中农民工市民化的成本测算》，《经济学动态》，2014 年第 2 期。

③ 刘洪银：《新生代农民工内生性市民化与公共成本估算》，《云南财经大学学报》，2013 年第 4 期。

④ 张国胜：《基于社会成本考虑的农民工市民化：一个转轨中发展大国的视角与政策选择》，《中国软科学》，2009 年第 4 期。

⑤ 徐红芬：《城镇化建设中农民工市民化成本测算及金融支持研究》，《金融理论与实践》，2013 年第 11 期。

魏澄荣认为，农民工市民化的社会成本（总成本）包括社会保障成本、教育及技术培训成本、居住成本、生活成本、城市基础设施增加成本。2010年福建省农民工市民化的平均成本为16.44万元，厦门、泉州、宁德三地的平均成本分别为19.28万元、13.03万元、9.71万元①。石忆邵、王樱晓认为农民工市民化成本包括个人成本和公共成本。其中，公共成本由随迁子女教育成本、社会保障成本、保障性住房成本、基础设施建设维护成本组成。结果显示，上海市政府需要承担的人均公共成本为352569元，若把2013年有市民化意愿的农民工（310万人）全部转化为市民，上海市政府需要支付公共成本10922亿元②。武雪媚把农民工市民化成本分为私人成本和公共成本，前者包括生活成本、住房成本、机会成本，后者包括社会保障成本和基础设施建设成本。2014年四川省农民工市民化成本为6.8万元③。与其他研究者不同，作者在私人成本的指标体系中增加了机会成本，并将其界定为“市民化后，农民工因放弃农村工作而损失的经济净收益”。但笔者并不认同这种算法，理由是农民工自进入城市的那一刻起就已经产生了机会成本，而不是在市民化之后才产生，而且该统计口径会进一步放大“农民工市民化成本难以承担”的负面效应，在实践中不利于农民工市民化工作的推进。

单菁菁依据投入来源，把农民工市民化成本分为政府成本、企业成本和个人成本。政府成本包括城镇建设维护、城市管理、社会保障、农民工随迁子女教育及保障性住房等方面的支出；企业成本主要包括社会保障、为农民工提供住宿及技能培训；个人成本包括生活成本、住房成本和自我保障成本三部分④。但作者认为，企业在农民工市民化之前已经为其缴纳社保费用，故社保成本可以忽略不计，而在住房保障方面，企业通常的做法是利用经营场所、废弃厂房等为农民工提供简易住宿，实际增加的成本非常有限，而技能培训支出应当纳入企业自身的生产成本，因此，农民工市民化成本实际上主要由政府成本和个人成本构成。经测算，农民工市民化的人均公共支出为

---

① 魏澄荣，陈宇海：《福建省农民工市民化成本及分担机制》，《中共福建省委党校学报》，2013年第11期。

② 石忆邵，王樱晓：《基于意愿的上海市农民工市民化成本与收益分析》，《同济大学学报》，2015年第4期。

③ 武雪媚等：《四川省农民工市民化成本模型构建及测算》，《四川农业大学学报》，2016年第2期。

④ 单菁菁：《农民工市民化的成本及分担机制研究》，《学海》，2015年第1期。

12.9万元，人均个人支出为10.1万元，并进一步提出，农民工市民化的年均财政支出占全国公共财政收入的比重不会大于5%，到2025年前基本实现农民工市民化的目标，政府每年需支付的成本在公共财政可承受的范围之内。但是，将企业成本忽略不计并不符合实际情况。因为，农民工市民化的实质是公共服务均等化，即实现与户籍居民同工同酬、同工同权。为此，企业需要为农民工支付更高的工资，缴纳更高比例的社保费用，提供更优越的住宿、劳动条件以及更高质量的技能培训。显然，在经济形势不景气的背景下，这些费用对企业而言是一笔不小的开支。

第三类研究认为，农民工市民化的成本仅包括企业成本和公共成本。胡桂兰认为，农民工市民化成本只包括企业成本和社会成本，而把由农民工个人支付的成本忽略。其理由是农民工在市民化后能享受政策优惠和免费公共服务，个人负担的成本不增反降，农民工融入城市后的个人成本理论上是负数①。需要说明的是，作者使用的“社会成本”概念实际上相当于其他研究者使用的“公共成本”，而主流观点认为社会成本应该是指总成本，一般由个人成本、公共成本和企业成本组成。

第四类研究认为，农民工市民化的成本由个人成本、公共成本和企业成本构成。李小敏依据《国家新型城镇化规划》中关于成本分担机制的要求，把农民工市民化成本分为个人成本、公共成本、企业成本。个人成本包括生活成本、住房成本、自我保障成本；公共成本包括基础设施建设成本、社会保障成本、保障性住房成本、随迁子女教育成本、生态环境保护与治理成本。经测算，2013年农民工市民化社会成本为11.1万元，其中，个人成本5.6万元，公共成本5.1万元，企业成本0.4万元，仅占总成本的3.7%。分地区来看，东部地区为13万元，东北地区为10.6万元，中部地区为9.9万元，西部地区为11.2万元。东部地区个人成本高于公共成本，而西部地区公共成本高于个人成本②。但作者在核算企业成本时，只计算了社会保险成本，没有计算因同工同酬而增加的工资以及额外支出的技术培训成本，人为地降低了企业应该承担的成本。

---

① 胡桂兰等：《农民工市民化成本效益分析》，《农业经济问题》，2013年第5期。

② 李小敏等：《我国农民工市民化成本的地域差异》，《经济地理》，2016年第4期。

李俭国同样认为，农民工市民化的社会成本由农民工支付的个人成本和由政府与企业共同支付的公共成本构成。但是，与其他研究者把企业成本单独核算不同，作者将企业成本纳入公共成本的范畴，显然这并不合理。因为，企业主要支付工资、社保、技能培训方面的增加部分，均不属于公共财政的覆盖范围，宜进行独立核算。经测算，2012 年沿海城市与内地城市新生代农民工市民化的成本分别为 21 万元和 16 万元①。杜海峰认为，农民工市民化总成本是农民工市民化前后，在职业、社会身份、社会生活等方面成本的改变之和，由农民工承担的个人成本与政府、企业承担的外部成本组成。作者以 2013 年深圳市的数据为基础进行了核算，结果显示，当年深圳市农民工市民化的年度人均总成本为 6. 314 万元，其中政府分担的公共成本为 0. 83 万元，企业成本为 2. 05 万元，个人成本高达 3. 434 万元，并由此推断，政府是农民工融入城市的主要推进者，而不是成本的主要支付者②。

显然，现有的研究未能就农民工市民化的具体成本达成一致，有的甚至相差悬殊，原因可能有三点：一是研究者对农民工市民化成本所包含的内容界定不一致；二是研究者调查的城市发展水平不一致；三是研究者调查的时间不一致。尽管如此，我们还是能够通过梳理发现一些规律。第一，随着经济的发展，尤其是物价的上涨，农民工市民化的成本呈快速上涨的趋势，由 2004 年的 2. 5 万元上涨到 2013 年的 13 万元；第二，农民工市民化的成本呈现出显著的地域差异，东部地区最高，中部地区次之，西部地区最低，这与当地的经济发展程度及消费水平有直接关系；第三，新生代农民工市民化的成本低于第一代农民工市民化的成本，这或许能够为有序推进农业转移人口市民化提供新的思路。

五、关于农民工市民化成本分担机制的研究

第一类研究认为，农民工市民化的成本主要由政府承担，农民工个体和企业仅负责有限的部分成本。简新华认为，农民工市民化的成本不能直接由农民工支付，因为农民工的收入已经很低，既无力支付，也不合理。当然，

---

① 李俭国等：《新常态下新生代农民工市民化社会成本测算》，《财经科学》，2015 年第 5 期。

② 杜海峰等：《农民工市民化成本测算模型的改进及应用》，《当代经济科学》，2015 年第 2 期。

也不能由城市居民承担。农民工市民化的社会成本，除了雇佣农民工的企业和农民工自身要支付一部分之外，主要应该由各级政府支付，现在政府应该有这个财力。而且，政府支付只是名义上的，实际上是由农民工间接支付的。因为，政府在这方面支付的资金，可以主要来源于由农民工创造的价值转化而来的利润和税收。每年每个农民工创造 3000 元利润和税收，1.2 亿农民工就有 3600 亿元，足够支付农民工市民化的社会成本。事实上，每年每个农民工创造的利润和税收，远远不止 3000 元。所以，农民工市民化的社会成本实际上主要是由农民工自己支付的①。

第二类研究认为，中央政府应该承担农民工市民化的主要成本。姚毅、明亮认为，中央政府有能力且有义务分担更多的责任，不仅要制定宏观层面的顶层设计，负责监督农民工市民化的整体统筹推进，而且要承担农民工随迁子女义务教育、社会保障、医疗卫生、就业扶持等溢出效应明显的基本公共物品供给。保障性住房、社会管理、社区服务和休闲体育设施等公共物品应当遵循中央政府与地方政府共同分摊的原则，由中央财政和地方财政各自分担 50% 的支出。其余纳入国家基本公共服务体系的项目，均实行中央财政和地方财政按比例分担的原则。地方政府主要分担纯粹地方性的，且受益边界明晰的公共物品供给。中央政府或省级政府主要分担溢出边界模糊、难以明确界定的职责。对于城市基础设施等受益边界相对明确的支出责任，跨省级辖区的由中央政府承担，跨地市辖区的由省级政府承担，地市辖区内（包括县以下区域）的则由本级政府负责统筹②。

部分流入地政府负责人亦认为，在当前的税收体制下，农民工创造的财富大多通过增值税的形式上缴国库，如 2011 年浙江省对中央财政的贡献就多达 3000 多亿元。因此，在保持现行税收体制不变的情况下，中央政府应当提供财政转移支付和土地供应方面的支持，否则就难以调动地方政府推动农民工融入城市的积极性③。

---

① 简新华，黄锟：《中国农民工最新生存状况研究——基于 765 名农民工调查数据的分析》，《人口研究》，2007 年第 6 期。

② 姚毅，明亮：《我国农民工市民化成本测算及分摊机制设计》，《财经科学》，2015 年第 7 期。

③ 娜迪娅等：《推进农民工市民化，政府应该承担大部分成本》，《南方都市报》，2013 年 7 月 31 日。

第三类研究认为，地方政府（也有研究者称之为“流入地政府”或“城市政府”）应承担主要成本。申兵认为，医疗卫生、计划生育、义务教育、就业服务及社会救助等公共物品性质显著的领域主要由地方政府承担，中央财政通过“增量调整、奖补并用”的形式，着重支持跨省和跨市农民工集中的地区；社会保障和保障性住房等准公共物品，由政府和企业共同承担，企业主要分担工伤、失业、生育、养老、医疗等社会保险成本；住房条件的改善应当由流入地政府、中央政府和省级政府及农民工所在企业共同承担①。

刘洪银认为，农民工内生性市民化的成本应由政府、企业及农民工个体共同分担。中央政府要完善财政转移支付制度，着重对跨省农民工集中流入地区给予帮扶，通过“奖补结合”的方式，对吸纳农民工较多的省、市给予相应的配套补贴，对推进农民工市民化工作成效显著的地方予以奖励；省级政府也要建立相应的财政转移支付机制，着重支持省内跨地市农民工集中流入的城市；城市政府是农民工市民化公共成本的主要承担者，具体包括社会保障、医疗卫生、随迁子女教育、就业服务和保障性住房等方面的财政支出；县级政府主要承担本地农民工的技能培训和有组织的劳务输出②。农民工主要承担随迁子女教育、社会交往及住房条件改善等方面的成本。企业则要严格依据相关法律要求，按时足额为农民工缴纳社会保障费用，除此之外，有条件的企业要为农民工提供集体公寓或宿舍或发放住房补贴，以改善农民工的居住条件。

张继良、马洪福认为，政府是农民工市民化成本的主要承担者，应建立以流入地政府为主，中央政府和流出地政府为辅的分担机制，企业要主动分担社会保障、职业技能培训和住房条件改善等方面的支出，个人主要承担融入城市后的基本生活成本，以及养老、医疗、失业等社会保险成本中的由个人承担的支出③。张国胜认为，财政转移的资金主要来自农民工创造的经济价值和城镇土地出让带来的增值收益，因此站在社会公平的立场，应当健全以流入地政府的财政支出为主、中央政府的财政转移支付为辅、流出地政府给

① 申兵：《“十二五”时期农民工市民化成本测算及其分担机制构建——以跨省农民工集中流入地区宁波市为案例》，《城市发展研究》，2012 年第 1 期。

② 刘洪银：《新生代农民工内生性市民化与公共成本估算》，《云南财经大学学报》，2013 年第 4 期。

③ 张继良，马洪福：《江苏外来农民工市民化成本测算及分摊》，《中国农村观察》，2015 年第 2 期。

予适当财政扶持的多元化分担机制[①]。

高拓、王玲杰构建了“一主二层三辅”的成本分担机制。“一主”是指以政府为主，主要分担基础设施建设、社会保障、公共卫生、保障性住房等公共支出。“二层”是指中央政府和地方政府明确职责划分。在以政府为主的前提下，进一步细化中央政府与地方政府的职责划分，中央政府主要扮演统筹规划的角色，地方政府是公共支出的主要分担者。“三辅”是指农民工、企业及社会三方共同参与成本分担。其中，农民工主要分担市民化后的基本生活成本，企业主要承担应由自己承担的社会保障费用，以及农民工职业技能培训等人力资本投入。工会、慈善组织和福利机构等社会组织着重在依法维权、社会救助等领域提供法律援助，保障困难农民工的基本生活[②]。

第四类研究认为，政府、企业和个人应当按比例分担成本。国家发改委城市和小城镇改革发展中心主任李铁认为，农民工市民化的成本，应当由农民工、企业和政府分别承担三分之一，农民工和企业主要承担社会保障的相关成本，政府主要分担基础设施建设方面的财政支出。徐红芬也赞成该比例配置，认为农民工市民化的成本应该由政府、企业和农民工共同负担，三者各承担三分之一[③]。魏澄荣、陈宇海以 2010 年福建省为例进行了实证研究，认为政府、企业及农民工的成本分摊比例为 65∶16∶19[④]。政府应当承担基础设施建设、社会保障及保障性住房等方面的公共支出。企业主要是依据相关规定，及时足额缴纳社会保障费用，主动为农民工提供职业技能培训，还可以通过建设农民工集体公寓、宿舍或提供租房补贴等形式改进农民工的居住环境。农民工个体主要承担基本生活、社会保障、住房条件改善等方面增加的支出，还有随迁子女教育及自身技能提升所需的人力资本投资。

第五类研究认为，应该根据公共物品的属性，确定不同层级政府之间的职责，而不宜将各主体分摊的比例进行量化。刘斯斯认为，农民工随迁子女

---

① 张国胜：《基于社会成本考虑的农民工市民化：一个转轨中发展大国的视角与政策选择》，《中国软科学》，2009 年第 4 期。

② 高拓，王玲杰：《构建农民工市民化成本分担机制的思考》，《中州学刊》，2013 年第 5 期。

③ 徐红芬：《城镇化建设中农民工市民化成本测算及金融支持研究》，《金融理论与实践》，2013 年第 11 期。

④ 魏澄荣，陈宇海：《福建省农民工市民化成本及分担机制》，《中共福建省委党校学报》，2013 年第 11 期。

教育、社会保障属于中央政府的职责，而社会救助、保障性住房、劳动就业、城市公共管理等属于地方政府的事权[①]。国务院发展研究中心《农民工市民化的成本测算》报告执笔人之一许召元认为，政府是农民工市民化成本的主要承担者，但政府间的分摊比例不宜“一刀切”，而应当根据不同公共服务本身的属性进行适当安排。例如，在义务教育方面，中央政府和地方政府已有明确的分担比例；在社会保障方面，目前的做法是在省内统筹，将来改革的趋势是实现在全国层面统筹，届时中央政府将承担更高比例的财政支出；而在医疗卫生方面，地方政府应当承担主要支出。全国政协委员、中国经济体制改革研究会会长宋晓梧指出，推进农民工融入城市的条件已初步具备，“现在的关键是进一步划分中央政府、流入地和流出地政府、企业和农民工的职责，构建科学合理的成本分摊机制”。中央政府应加大医疗卫生、计划生育、随迁子女义务教育、就业服务以及住房条件改善等方面的支出，完善中央财政对农民工聚集城市稳定、长效的财政转移支付制度。流入地政府作为人口红利的主要受益者，理所应当成为农民工市民化成本的主要承担者，积极增加对流出地政府的财政扶持和对口支援力度[②]。

笔者认为，农民工市民化的成本应由政府、企业和农民工三方共同承担。理由很简单，农民工市民化的实质是公共服务均等化，而提供公共服务是政府的基本职责；企业是农民工的雇佣者，是农民工所创造利润的主要分享者，理应承担相应的社会责任；农民工是市民化的最直接受益者，应该在力所能及的范围内承担部分成本。在三者之中，政府要承担主体责任，不仅要承担主要的成本支出，还要负责农民工市民化的统筹规划、整体推进。但是，对于按比例划分三者之间支出责任的做法则不值得提倡，这种做法显得过于机械，而且也不符合农民工市民化推进中的实际情况。与此相比，更重要的是厘清不同主体之间的责任，特别是在政府内部要明晰中央政府、流入地政府、流出地政府的权责划分，以及提高不同层级政府之间财权和事权的匹配度。

总之，现有关于农民工市民化的研究虽然涉及社会学、经济学、人口学、

---

① 刘斯斯：《多元分担农民工市民化成本》，《中国投资》，2012 年第 13 期。

② 刘维涛：《全国政协委员奔走寻觅新生代农民工市民化的现实路径》，《人民日报》，2012 年 1 月 4 日。

政治学、管理学等多个学科，但是通过梳理不难发现，经济学、社会学以及人口学视角的文献明显居于多数，而政治学、管理学等学科相对薄弱。经济学、社会学方面的研究多从一个角度切入，结合实地调查，以大量的数据为支撑进行实证分析，有较强的说服力，其缺陷是角度单一，视野狭窄，难以从宏观上对农民工市民化问题进行把握，而这恰恰是政治学以及管理学等学科的优势，但缺陷是“重理论、轻实证”，这也导致其政策建议缺乏操作性。为此，我们应该融合两方面的优势，进行跨学科的综合性研究，唯有如此才能提出兼具宏观视野和操作性的政策建议，才有可能破解农民工市民化这道难题。

第三节 概念界定

一、农民工

农民工是指拥有农村户口，却在城镇或非农领域务工的劳动者，他们的户口在农村，身份是农民，却在城市从事非农工作，工资性收入成为生活的主要来源。广义的农民工包括两部分：一部分在本地乡镇企业务工，即“离土不离乡”；另一部分则进入城市从事二三产业，即“离土又离乡”。本文所使用的“农民工”，主要是指狭义层面的农民工，即“离土又离乡”的农民工。农民工是在体制转轨和社会转型过程中产生的一个过渡性群体，具有鲜明的中国印记，尽管他们为城市建设和国家经济发展做出了不可磨灭的贡献，却没有得到与其贡献相对称的待遇和尊重，在城市中处于“被边缘化”的境地。

农民工的称谓历经演变，最初这个群体被人们称为“盲流”，后来又出现了打工仔（妹）、城市边缘人、城市外来人口、城市流动人口、城市移民、外来务工者、进城务工人员等多个称谓。“农民工”一词是由中国社会科学院学者张雨林在 1984 年首次提出，随后被广泛引用。2006 年，《国务院关于解决农民工问题的若干意见》经过反复研讨斟酌、听取多方面意见后，确定采用

“农民工”称谓，并第一次把“农民工”载入中央政府具有行政法规效力的文件。有学者认为，农民工的称谓因包含“农民”字眼而涉嫌歧视，建议改称为更中性的概念“进城务工人员”，并进一步解释，称谓的改变可以“明显减少社会排斥，使农民工与城市居民靠得更近，体现出政府和社会对农民工群体的尊重与关怀”①。其实，该观点并不能站住脚，或者说这种担心是多余的。因为，“农民工”“农民”和“市民”一样，只是对某一社会阶层的称谓，人们之所以觉得两个概念涉嫌歧视，是因为农民和农民工的现实处境使人们给两大群体贴上了“贫穷”“愚昧”“保守”“素质低下”的标签。伴随新型城镇化战略的推进和城乡一体化格局的实现，未来的农民会拥有体面的工作、健全的社会保障以及较高的生活质量，未来的农民工会彻底转化为市民，享受均等的公共服务。正如2017年中央一号文件所提出的，农民未来将会成为令人羡慕的职业。试想，到那时“农民”和“农民工”还会涉嫌歧视吗？在当前条件下，若不大幅改变农民工的生存环境，而只是起一个响亮的名字，岂不是徒有其表、自欺欺人？而且，从国际经验来看，西方发达国家并没有取消“农民”的称谓，当然更不存在对“农民”的歧视。

二、第一代农民工

顾名思义，第一代农民工是指第一批进城务工的农民，他们是第一批进入城市的“淘金者”。第一代农民工进城务工的目的很简单，就是为了赚钱养家糊口。由于缺少专业技能以及制度性歧视，他们只能在次属劳动力市场从事最脏、最累、最危险的工作，难免会受到城里人的歧视，但由于务工的整体收益高于在家务农，所以，即使受到歧视，他们也能忍气吞声、忍辱负重，义无反顾地往返于城乡之间，被形象地称为“钟摆式的运动”。尽管第一代农民工整体文化水平较低，但与传统农民相比，又多了一种不安于现状、积极进取的可贵精神。随着年龄增大以及体力下降，第一代农民工已难以胜任繁重的体力劳动，在为城市繁荣奉献了青春与汗水之后，他们返回农村重操旧业，“钟摆式的运动”最终又回到了原点。对于与城市擦肩而过的结局，第一

① 汪勇：《“农民工”的历史演变及其启示》，《南京社会科学》，2007年第11期。

代农民工并没有局外人想象的那么遗憾，因为城市之于他们而言只是一个驿站，是一个淘金而非扎根的地方，农村、土地以及农村的生活方式才是最终的归宿。

三、新生代农民工

新生代农民工是相对于第一代农民工而言的，主要指改革开放之后出生的农民工，以80后和90后为主，他们基本没有务农经历，多是初中或高中毕业后直接进入城市务工，对农村或土地没有特殊的依恋。2001年，王春光率先察觉到农民工内部已经出现了代际分化，提出了“新生代农村流动人口”的概念。他认为，两代农民工不仅在流动动机上存在显著区别，在其他社会特征上也不尽相同①。目前学者们对新生代农民工的界定尚存分歧，争议的焦点在于新生代农民工的划分标准是外出务工时间还是出生时间。部分学者认为应当以外出务工时间来区分，如王春光认为，20世纪80年代外出的是第一代农民工，90年代及以后外出务工且年龄较轻的是新生代农民工。而多数学者和政府部门则依据出生时间来区分，如全国总工会将新生代农民工界定为20世纪80年代以后出生，年龄在16周岁以上，在异地以非农业就业为主的农业户籍人口②。2010年中央一号文件《中共中央、国务院关于加大统筹城乡发展力度进一步夯实农业农村发展基础的若干意见》，第一次在中央正式文件中使用了“新生代农民工”的概念。综合考虑上述因素，本文更倾向于以出生时间作为区分新老两代农民工的标准。

也有部分研究者提出了“第二代农民工”③或“青年农民工”④ 等概念。刘传江、徐建玲依据社会环境和家庭环境的变化，把农民工分为两个亚群体：第一代农民工和第二代农民工。“第二代农民工”是指1980年以后出生、20世纪90年代后期陆续进入城市打工的农民工。但从内涵界定来看，“第二代

① 王春光：《新生代农村流动人口的社会认同与城乡融合的关系》，《社会学研究》，2001年第3期。

② 全国总工会：《关于新生代农民工的研究报告》，《工人日报》，2010年6月21日，第1版。

③ 刘传江，徐建玲：《“民工潮”与“民工荒”：农民工劳动供给行为视角的经济学分析》，《财经问题研究》，2006年第5期。

④ 何晓红：《青年农民工市民化的制约因素分析》，《特区经济》，2006年第3期。

农民工”“青年农民工”与“新生代农民工”完全一致，只是表述方式不一，且在后续研究中，刘传江也曾使用过“新生代农民工”这一概念[①]。从学界的整体情况来看，绝大多数研究者均使用“新生代农民工”这一概念。因此，笔者建议，在内涵界定完全一致的情况下，宜统一使用“新生代农民工”，以保持学术研究的规范性和有效对接。

与第一代农民工相比，新生代农民工的文化水平相对较高，对新鲜事物的接受能力更强，更容易接纳城市的价值观念和生活方式。就从事的工种而言，两代农民工有显著的差异，第一代农民工多从事建筑、城市基础设施建设等对体力要求较高的行业，而新生代农民工更倾向于从事销售、家政、餐饮、快递等相对体面的服务行业。对于第一代农民工来说，工作的好坏主要取决于工资多少，而对于新生代农民工来说，他们更看重是否体面、是否有休闲时间、是否有锻炼价值和发展空间等，工资的多少往往退居次要地位。正因为如此，他们宁愿在中关村从事月薪五六千元的销售工作，而不愿意选择月薪近万元的建筑工作。关于对未来的打算，两代农民工也有着截然不同的规划，尽管第一代农民工在城市务工的时间较长，但价值观念和生活方式的差异使其基本游离于城市文明之外，他们更倾向于叶落归根；而新生代农民工自进入城市的那一刻起就被截然不同的生活方式所深深吸引，他们渴望借此摘掉“农民”这顶帽子，彻底融入城市，真正过上城里人的生活。随着第一代农民工逐渐退出城市，新生代农民工已经成为农民工队伍的主体，农民工内部正在发生由“亦工亦农”向“全职非农”，由“养家糊口”向“追求权利”，由“城乡双向流动”向“融入城市”的转变。

四、农民工市民化

一般而言，市民化是指农民的市民化。在西方国家，“市民”不仅是指在城里居住的人，而且特指拥有市民权的人，是有身份自由、享有充分权利的社会成员[②]。但是，由于各种因素的影响，在中国的城市化过程中农民并不是

---

① 刘传江：《新生代农民工的特点、挑战与市民化》，《人口研究》，2010 年第 2 期。
② 文军：《农民市民化：从农民到市民的角色转型》，《华东师范大学学报》，2004 年第 5 期。

直接转化为市民，而是被人为地分割为两个阶段：第一阶段，从农民转化为农民工，即农民农民工化；第二阶段，从农民工转化为市民，即农民工市民化。目前，农民进入城市务工的政策障碍已经基本被清除，但农民工要想真正融入城市，成为市民，还面临着有形的“户籍墙”和无形的就业、医疗、教育、社会保障等制度的排斥。所以，中国特色城镇化战略的当务之急是促进农民工融入城市。

农民工市民化是农民工由农民向市民转化的过程。郑杭生认为，市民化的内涵包括：一方面农民在实现身份与职业转变之前接受现代城市文明的各种因子；另一方面在实现转变之后，发展出相应的能力来利用自身的市民权利，完全融入城市。因此，市民化是指作为一种职业的“农民”和作为一种社会身份的“农民”在向市民转变过程中发展出相应的能力、学习并获得市民的基本资格、适应城市并具备一个城市市民基本素质的过程①。王桂新认为，农民工完成市民化的重要标志，就是转化为城市户籍居民，享受与户籍居民同等的待遇。农民工市民化应当涵盖居住条件的市民化、经济生活的市民化、社会关系的市民化、政治参与的市民化和心理认同的市民化②。蔡昉提出了“以市民化为内涵的深度城市化”，认为深度城市化的内涵就是把简单的城市常住居民的增加，改变为公平享受城市公共服务的市民的增加。换言之，就是把已经进城就业的农民工身份转换为市民③。

张国胜、谭鑫认为，农民工市民化是指借助于工业化和城市化的推动，使农民工在身份、社会地位、价值观念、社会权利以及生产、生活方式等方面全面向城市户籍居民转化并顺利融入城市社区的过程④。胡杰成认为，农民工市民化首先是制度市民化，农民工的身份由农民转化为市民；其次是经济市民化，农民工在城市中拥有较为稳定的工作，工资收入能够支撑家庭的日常生活所需，有安全舒适的居住场所，家庭能够团聚；最后是社

---

① 郑杭生：《农民市民化：当代中国社会学的重要研究主题》，《甘肃社会科学》，2005 年第 4 期。

② 王桂新等：《中国城市农民工市民化——以上海为例》，《人口与发展》，2008 年第 1 期。

③ 蔡昉：《城市化与农民工的贡献——后危机时期中国经济增长潜力的思考》，《中国人口科学》，2010 年第 1 期。

④ 张国胜，谭鑫：《第二代农民工市民化的社会成本、总体思路与政策组合》，《改革》，2008 年第 9 期。

会与文化市民化，农民工能够接纳城市现代化的生活方式和价值理念[①]。国务院发展研究中心课题组将农民工市民化的内涵界定为：以农民工整体融入城市公共服务体系为核心，推动农民工个体融入企业，随迁子女融入学校，家庭融入社区，也就是农民工在城市"有活干，有学上，有房住，有保障"[②]。

徐建玲从过程的视角界定了农民工市民化的内涵，认为农民工市民化包括农民工从农村退出、城市进入以及城市融合三个环节[③]。郁建兴同样认为，农民工市民化作为一个过程，包括农民工从事非农产业、在城市定居和融入城市社会文明三个阶段。职业转换、地域转移只是市民化的"表面特征"，而实现生存和生活方式的转型，进而融入现代城市文明才是市民化的真正内涵[④]。持类似观点的还有王竹林、王征兵，他们认为，农民工市民化是农民工在职业、地域和身份上向市民的转化过程，这一过程包括农村退出、城市进入和城市融合三个相互联系的环节[⑤]。

笔者认为，农民工市民化既是一个过程，又是一种结果。从过程的视角来说，农民工市民化依次分为农村退出、城市进入以及城市融入三个阶段；从结果的视角来说，农民工市民化不仅意味着户籍的转变、职业的转换、地域的转移，更强调就业、教育、医疗、保障性住房等公共服务对农民工和户籍居民的均等覆盖，以及建立在此基础之上的生活方式、价值观念、社会认同的转型。尽管从内容来看，农民工市民化是全方位、多维度的，但就其实质而言，农民工市民化主要取决于公共服务的均等化。基本公共服务是指由政府主导、保障全体公民生存和发展基本需要、与经济社会发展水平相适应的公共服务。基本公共服务均等化是指全体公民都能公平地获得大致均等的基本公共服务，其核心是实现机会均等，重点是保障人民群众得到基本公共服务的机会，而不是简单机械的平均化。享有基本公共服务是公民的基本权利，是实现社会公平正义的前提条件，而保障人人享有基本公共服

---

① 胡杰成：《农民工市民化问题研究》，《兰州学刊》，2010 年第 8 期。

② 国务院发展研究中心课题组：《农民工市民化进程的总体态势与战略取向》，《改革》，2011 年第 5 期。

③ 徐建玲：《农民工市民化进程度量：理论探讨与实证分析》，《农业经济问题》，2008 年第 9 期。

④ 郁建兴，阳盛益：《城市政府在农民工市民化进程中的作用》，《学习与探索》，2008 年第 1 期。

⑤ 王竹林，王征兵：《农民工市民化的制度阐释》，《商业研究》，2008 年第 2 期。

务是政府的基本职责。

五、农民工市民化的成本

目前，学界关于农民工市民化成本的界定较为混乱，代表性的概念有农民工市民化的成本、农民工市民化的总成本、农民工市民化的社会成本和农民工市民化的公共成本等。而且，即使使用同一概念的学者们统计口径也不一致，比如，关于农民工市民化社会成本的构成，就有三种统计口径：第一种观点认为社会成本包括私人成本和公共成本；第二种观点认为社会成本包括私人成本、企业成本和公共成本；第三种观点认为社会成本包括企业成本和公共成本。况且，同一子成本的测算指标体系也千差万别，最终致使结果相去甚远。为了更直观、更确切地对不同测算结果进行横向比较，其首要任务是对农民工市民化成本的概念进行合理界定，并统一测算口径，建立科学的测算指标体系。唯有如此，才能避免"各说各话""不在同一频道"的尴尬局面，才能为公共部门决策提供有价值的参考。

笔者认为，农民工市民化的成本是指为使农民工转化为市民所必须投入的资金增量，从承担主体来看，包括个人成本、企业成本和公共成本三个子成本。本文使用的农民工市民化成本，相当于前文提到的农民工市民化总成本和农民工市民化社会成本，其中，公共成本是指政府为实现农民工享受均等化公共服务所必须承担的公共财政支出。从计算方式来看，农民工市民化的成本等于市民化后的成本减去市民化前的成本，是净成本而非毛成本。从子成本的测算指标体系来看，个人成本包括农民工必须支付的生活成本、随迁子女教育成本、技能素质提升成本、社会保障成本、住房成本；企业成本包括企业必须为被雇佣农民工支付的因同工同酬、社会保障及技能培训均等化而增加的工资成本、社会保障成本及技能培训成本；公共成本包括政府必须承担的基础设施建设及维护成本、就业及劳动权益保护成本、社会保障成本、公共管理成本、医疗卫生成本、保障性住房成本。

第四节 研究内容及研究思路

第一章为导论，主要介绍研究背景，梳理现有文献，对主要概念进行界定，并在此基础上提出研究思路。第二章主要从经济、人力资本、公共服务、政治参与及社会认同等维度，分析农民工市民化的现状，研究结果证实了学界关于农民工仍处于“半市民化”的主流观点。第三章着重从制度因素、非制度因素以及成本因素，分析农民工市民化进展缓慢的原因。第四章提出了农民工市民化收益远远超过成本的观点，并从不同主体视角阐述了农民工市民化的收益。第五章借助奥尔森的集体行动理论，从宏观和微观两个层面分析了农民工市民化集体行动的困境。第六章主要阐释农民工市民化成本分担机制构建的基本原则，为后文提出破解农民工市民化困境的政策建议奠定理论基础。第七章针对当前各利益主体权责不明确的现状，明确了中央政府、流入地政府、流出地政府、企业、农民工、工会、城市社区及其他社会组织的具体责任，旨在克服相关主体的“搭便车”行为，从制度上破解集体行动困境。

第二章　农民工市民化的现状

发达国家的实践证明，在工业化的推动下，在城乡利益差别的驱动下，农村剩余劳动力必然会从农村向城市转移，这是经济社会发展的客观规律，是不以人的意志为转移的，中国作为一个转型国家自然也不会例外。国家统计局的数据显示，2017 年底我国的城镇化率已经达到 58.52%，这个成绩对于一个长期以来以农业、农民为主的国家来说无疑具有特殊的意义。但是，面对这份出色的成绩单，我们有理由保持清醒和冷静。按照现行的统计口径，凡是在城镇连续居住满半年的人都被称为城镇居民。如此一来，绝大多数农民工便莫名其妙地成为了“城里人”。事实上，不论是其主观定位还是实际享受的待遇都与真正的“城里人”相去甚远。在西方国家，“市民”不仅是指在城里居住的人，而且特指具有市民权的人，是有身份自由、享有充分权利的社会成员①。与西方国家不同，我国的“农民”和“市民”首先表现为一种由户籍制度形成的身份隔离，并且因身份不同而又导致社会权利的差异，因而，我国的“市民化”主要是指农民工、外来移民等获得包括城市户口在内的作为城市居民的身份和权利的过程，如居留权、选举权、受教育权、社会福利保障等②。这一过程不仅包括思想观念、生活方式和行为方式的转变，也包括相应社会权利的获得，享受与城市户籍居民均质的公民待遇。

西方国家在工业化的过程中，由于农业生产技术的进步以及农业生产效率的提高，导致人地关系紧张，产生了大量的剩余劳动力，而城市由于工业化的不断发展也亟须大量的廉价劳动力，于是在农村的推力和城市的拉力的双重作用下，农村人口源源不断地流向城市。在这一过程中，政府及时地提

① 文军：《农民市民化：从农民到市民的角色转型》，《华东师范大学学报》，2004 年第 5 期。

② 陈丰：《从虚城市化到市民化：农民工城市化的现实路径》，《社会科学》，2007 年第 2 期。

供教育、医疗、社会保障等公共物品，为广大农民顺利融入城市、转化为市民提供了制度保障。因而，西方国家农村剩余劳动力的转移呈现出了职业转换和地域转移高度同步的特征。但是，由于特殊制度安排的影响，我国的城市化过程并不是把农民直接转化为市民，而是被人为地分割为两个阶段：第一阶段，从农民转化为农民工；第二阶段，从农民工转化为市民。目前，农民进入城市务工的政策障碍基本上已经被清除，但是农民工要想真正融入城市，成为市民，还面临着有形的“户籍墙”和无形的就业、医疗、教育、社会保障等制度的排斥①。

农民工能否顺利地融入城市，一方面取决于国家宏观政策的调整力度以及公共服务的供给状况，另一方面也受制于农民工自身融入城市的能力，该能力主要由农民工的物质资本、人力资本、社会资本等多重因素决定。基于此，本章拟从农民工的经济状况、人力资本状况、享有公共服务的状况、政治参与状况以及社会认同等方面对农民工融入城市的进程进行全方位的考察。

第一节　生存化：农民工的经济状况

农民工市民化的实质是公共服务的均等化，而公共服务的提升必然会带来相应成本的增加。农民工作为市民化的主体和主要受益者，理应承担属于个人成本的部分。但是，当前农民工群体普遍在次属劳动力市场就业，面临着“同工不同酬”“同工不同时”“同工不同权”等制度性歧视，其工资收入远低于劳动贡献，仅能维持养家糊口的基本生存需求，我们称之为“生存化”的经济状况。该状况的无限期持续，不仅降低了农民工在城市的生活质量，也严重制约其支付住房、社会保障等个人成本的能力，延缓农民工融入城市的步伐。

---

① 张善柱：《新生代农民工优先市民化的必要性与可行性研究》，《调研世界》，2013 年第 3 期。

一、农民工的职业

职业是社会分工和技术进步的产物，是劳动者与生产资料相结合的载体。劳动者在从事某项职业的过程中，通过运用自身知识、技能或体力为社会创造物质和精神财富，并从中获得相应报酬，以保障基本生活所需。随着生产力发展和传统产业转型升级，职业的技术性特征日益突出，专业知识和技能在职业选择中的不可替代性日趋明显，并由此导致工资性收入的持续分化和社会阶层结构的深度整合。职业是影响劳动者收入的关键变量，决定着经济社会资源的分配状况，进而影响到阶层分化的结果及社会流动的机会①。因此，学界一般把职业作为衡量社会地位的首选指标。从事社会阶层研究的学者陆学艺以职业划分为基础，按照组织资源、经济资源和文化资源的占有状况，构建了社会阶层划分的理论构架②。

农民工在选择进城务工的同时，意味着将自身置于残酷竞争的劳动力市场，接受职业竞争的优胜劣汰。与农村尚未实现分化的劳动力市场不同，城市劳动力市场被分割为首属劳动力市场和次属劳动力市场，呈现出二元对立且封闭固化的态势。前者对专业知识和技能的要求较高，以脑力劳动为主，具有典型的不可替代性，从业者普遍能够获得较为丰厚的收入和较高的社会地位；而后者对专业知识和技能没有特殊要求，以体力劳动为主，且具有劳动强度大、工资收入低、职业风险高等特点。农民工群体普遍缺少基本的专业知识和技能，难以胜任专业性较强的职业，只能凭借吃苦耐劳的美德和劳动力成本低廉的相对优势，进入次属劳动力市场。

分行业看，农民工的职业分布呈现出“第二产业下降，第三产业上升”的新趋势（详见表2－1－1）。以2016年为例，就业于第二产业的农民工占比52.9%，比去年减少2.2个百分点。其中，从事制造业的农民工占比30.5%，减少0.6个百分点；从事建筑业的农民工占比19.7%，减少1.4个百分点。就业于第三产业的农民工占比46.7%，比去年增加2.2个百分点。其中，从

---

① 田丰：《城市工人与农民工的收入差距研究》，《社会学研究》，2010年第2期。

② 陆学艺：《当代中国社会流动》，北京：社会科学文献出版社，2004年，第223页。

事批发、零售业的农民工占比12.3%，增加0.4个百分点；从事社区服务、维修及其他服务业的农民工占比11.1%，提高0.5个百分点[①]。需要注意的是，农民工职业结构变动的新趋势与国家的宏观经济形势及产业政策调整息息相关。从调查数据来看，第二产业仍是吸纳农民工就业的主渠道，但呈现出明显的下降趋势，而第三产业的吸纳能力稳中有升。巧合的是，第二产业减少的农民工与第三产业增加的农民工在数量上大体相当，该趋势与二三产业占GDP的比重变化保持一致，这也从侧面印证了国家的产业结构调整战略已初见成效，需坚定不移地持续推进。制造业和建筑业作为传统的吸纳农民工就业的两大支柱行业，其作用有所下降，这也是国家宏观经济政策调整的连锁反应。以制造业为例，近年来，中国制造转型升级的步伐明显加快，部分低端制造业被淘汰出局，而那些“幸存者”纷纷加大投入，进行技术创新和技术攻关，对工人的“数量”需求呈下降趋势，但对工人的“质量”要求大幅提升。在此背景下，制造业农民工的比重呈下降趋势也就不足为奇了。而建筑业农民工的比重下降则与国家“去产能”“去库存”的宏观政策密切相关。

表2-1-1 农民工的职业分布

	2015年	2016年	增减
第一产业	0.4	0.4	0.0
第二产业	55.1	52.9	-2.2
其中：制造业	31.1	30.5	-0.6
建筑业	21.1	19.7	-1.4
第三产业	44.5	46.7	2.2
其中：批发和零售业	11.9	12.3	0.4
交通运输、仓储和邮政业	6.4	6.4	0.0
住宿和餐饮业	5.8	5.9	0.1
居民服务、修理和其他服务业	10.6	11.1	0.5

资料来源：《2016年农民工监测调查报告》

① 国家统计局：《农民工监测调查报告》，2016年。

分地区来看，中西部地区就业于第三产业的农民工比重显著提高。在中部和西部地区从事第三产业的农民工分别比去年提高 1.9 和 3.1 个百分点，从事批发、零售业，社区服务、维修及其他服务业的农民工明显增多。其中，在中部地区从事批发、零售业的农民工占比 13.9%，从事社区服务、维修及其他服务业的农民工占比 11.5%，分别比去年提高 0.7 和 0.6 个百分点；在西部地区从事批发、零售业的农民工占比 14.8%，从事社区服务、维修及其他服务业的农民工占比 12.9%，分别比去年提高 1.7 和 1.1 个百分点[①]。如表 2－1－2 所示，东部地区农民工主要从事第二产业，占比高达 60.2%，而中、西部地区的农民工主要在第三产业就业，占比均超过 50%，其中，东、西部地区第三产业农民工的比重相差多达 15 个百分点。导致“东低西高”反常现象的原因可能是，东部地区因率先发展而积累了先进的制造业基础，西部地区充分发挥后发优势而优先发展第三产业。但可以预见，随着产业梯度转移由东向西依次进行，西部地区从事第二产业特别是制造业的农民工会有所增加。

表 2－1－2 分地区农民工的产业分布

	东部地区		中部地区		西部地区	
	2014 年	2015 年	2014 年	2015 年	2014 年	2015 年
第一产业	0.4	0.4	0.4	0.3	0.8	0.7
第二产业	61.2	60.2	52.5	50.7	47.1	44.1
第三产业	38.4	39.4	47.1	49.0	52.1	55.2

资料来源：《2015 年农民工监测调查报告》

从代际差异来看，第一代农民工和新生代农民工的就业结构呈现出明显的差异（见表 2－1－3）。与第一代农民工主要从事建筑业、制造业不同，新生代农民工的就业范围更为广泛，其中从事制造业的比例最高，达到 44.4%，比第一代农民工高近 13 个百分点；从事居民服务、销售、快递等第三产业的比例为 12.4%，比第一代农民工高 1.4 个百分点，但从事建筑业的比例大幅

---

① 国家统计局：《2015 年农民工监测调查报告》，http：//www.stats.gov.cn/tjsj/zxfb/201604/t20160428_ 1349713.html.

度下降，仅为9.8%，比第一代农民工降低了18个百分点。

表2-1-3 农民工外出从业的主要行业分布

行业分布	外出农民工（%）		
	合计	第一代农民工	新生代农民工
制造业	39.1	31.5	44.4
建筑业	17.3	27.8	9.8
交通运输、仓储和邮政业	5.9	7.1	5.0
批发和零售业	7.8	6.9	8.4
住宿和餐饮业	7.8	5.9	9.2
居民服务和其他服务业	11.8	11.0	12.4
其他行业	10.3	9.8	10.8

资料来源：国家统计局住户调查办公室：《新生代农民工的数量、结构和特点》，2011年

经过纵向比较，我们欣喜地看到，随着时间的推移以及农民工代际转换的完成，农民工从事的职业与三十年前、二十年前甚至十年前相比，不论是在工作时间、劳动强度还是职业安全防护等方面都有了长足进步，但与户籍居民相比，仍存在全方位、深烈度的差距。整体而言，农民工仍只能在次属劳动力市场实现非正规就业。

值得注意的是，农民工进入次属劳动力市场就业，并不能完全归因于专业技能缺失，也不完全是市场竞争的结果，更深层次的因素是城乡二元户籍制度的屏蔽功能。面对浩浩荡荡的“民工潮”，城市政府和户籍居民产生了自相矛盾的复杂心态。一方面，农民工用勤劳和汗水铸就了城市的繁华，创造了节节攀升的财政收入，为市民生活提供了便利，对此，城市政府和市民是高度认可和由衷钦佩的；另一方面，又有人担忧农民工的大规模涌入会挤占公共资源，抢夺市民的“饭碗”，进而会加剧两大群体间的对立，威胁社会稳定。为防“患”于未然，城市政府普遍采取保护主义措施，利用户籍制度在二元劳动力市场之间架起一道难以逾越的藩篱，规定只有拥有城市户籍的劳动者才能进入首属劳动力市场，农民工因没有户籍而被迫进入次属劳动力市场。

其实，二元分化的劳动力市场并非中国独有，也未必会冲击社会公平、危及社会稳定。相反，劳动力市场的二元格局正是市场机制主导下优胜劣汰的自然结果。但与西方不同，中国劳动力市场的分割并不完全是市场竞争使然。在我国，劳动者能否进入首属劳动力市场并不完全取决于自身的竞争力，而是要看有没有城市户籍。地方政府的保护主义行为，看似保障了本地居民的就业机会，但从长远来看，则是后患无穷。因为，户籍属于先赋性因素，在国家宏观制度没有松动的前提下，不论农民工后天如何努力都无法改变自己的身份，自然也就无法进入首属劳动力市场。长此以往，本地市民和外来农民工的利益隔阂会日益加深，城市内部的“二元结构”会日益固化，当二者之间的张力积蓄一定程度时，市民的既得利益也将不复存在，最终会导致两败俱伤。因此，无论是从促进农民工职业发展的角度，还是站在维系社会和谐稳定的高度，都应当彻底取消户籍制度的屏蔽功能，打通二元劳动力市场之间的流动渠道，让原本在次属劳动力市场非正规就业的农民工获得向上流动的希望和机会，真正做到由人力资本因素而非先赋性的户籍因素来实现人力资源的合理配置。

二、农民工的收入

职业具有功利性或经济性的特征，劳动者在从事某项职业的过程中，不仅要自觉服从社会分工，创造社会价值，实现社会功利性，同时也要满足个人或家庭的基本需求，实现个体功利性，二者互为条件、互相促进。对于劳动者来说，通过职业获得的收入是个体功利性的具体表现形式，是满足个人或家庭基本需求的经济保障，同样也只有获得一定的收入，劳动者才会有充足动力和充分条件去追求公共利益的实现。

农民工“亦工亦农”的双重身份特征决定其收入来源有两大渠道，即务农收入和务工收入。对于第一代农民工而言，他们主要是在农闲季节外出打工，农忙季节返乡务农，就像候鸟迁徙一样呈现出鲜明的季节性，因而，他们的收入来源以务农所得为主，进城务工的收入仅能贴补家用。但随着市场化的持续推进和工业化的迅猛发展，务农与务工的收入差距日益扩大，在农村推力和城镇拉力的综合作用下，“常年外出”或“举家进城”成为越来越多农民工的理性选择，农民工流动的季节性特征日趋淡化。对于作为曾经主要收入来源的承包地，他们通常的做法是，要么以极低的价格（更多情况下是免费的）转让给亲友，要么直接选择撂荒。至此，农民工的收入来源已完成由“务农为主，务工为辅”的二元格局向“以务工收入为主”的一元格局的过渡。而职业的转型和收入来源的切换，进一步促动了农民工的阶层演进和国家的政治认可。2004 年中央一号文件《关于促进农民增加收入若干政策的意见》中明确提出，“进城就业的农民工已经成为产业工人的重要组成部分”，促使中央做出这一判断的主要依据便是工资性收入已经成为农民工收入的主要来源。与第一代农民工的“兼业”不同，新生代农民工基本没有务农经历，他们一般在初中或高中毕业后直接进入城市从事非农产业，务工所得成为其唯一的收入来源，已经成为名副其实的“产业工人”。

尽管从职业特征和收入来源来看，农民工已经具备了产业工人的特征，并且得到了国家层面的政治认可。但是，在整体收入水平、综合素质、专业技能等方面，与现代产业工人相比尚有较大的差距。仅就收入而言，目前农民工的收入呈现出总体偏低、增长缓慢、工资拖欠严重等急需破解的难题。

1. 农民工的收入水平整体偏低

首先，农民工的收入与其社会贡献不相匹配。市场化改革以来，农民工凭借勤劳的双手和吃苦耐劳的精神，为企业发展与城市繁荣立下了汗马功劳，缔造了世界最大经济体持续高速增长的经济奇迹。但是，与其创造的巨大经济、社会效益相比，农民工仅能拿到养家糊口的微薄收入，而无力购买子女教育、技能培训、社会保障等基本公共服务，严重制约了农民工融入城市的进程。

其次，农民工的收入整体偏低。由于户籍制度的限制，农民工只能进入“劳动强度大、工资收入低”的次属劳动力市场，而城市居民可以凭借户籍的先天优势，进入“工作体面、待遇优惠”的首属劳动力市场。劳动力市场的二元分割阻碍了劳动者在不同行业之间自由流动，并由此导致了工资差异和工资歧视问题①。据统计，2015 年农民工人均月收入为 3072 元，而同期城镇

---

① 蔡昉，都阳，王美艳：《户籍制度与劳动力市场保护》，《经济研究》，2001 年第 12 期。

居民人均月收入为5270元，二者相差多达42%。2013年上海市农民工家庭年收入比城镇居民家庭可支配收入低32.3%。与城市居民比较，农民工不仅收入偏低，而且劳动强度大。据湖南、四川和河南三省的抽样调查结果显示，农民工实际劳动时间超过城镇农民工的50%，但平均工资收入不到城镇农民工平均工资水平的60%。与2006年国家统计局农民工生活质量调查的数据相比，农民工对收入不满意的程度由32.94%上升至59.7%，增加了26.76个百分点，取代医疗卫生条件成为农民工最不满意的问题，也是最希望政府协助解决的问题。对于农民工和城市户籍居民之间的工资差异，有学者进行了实证研究，结果证实，"户籍"是导致城乡居民"同工不同酬"的主要因素。王美艳利用中国社会科学院2001—2002年的调查数据研究发现，由劳动力市场分割造成的收入差距可以有效解释二者之间全部工资差异的43%[①]。谢嗣胜、姚先国利用浙江省2003—2004年的调查数据，认为劳动力市场分割能够解释农民工与城市工人50%以上的收入差距[②]。田丰利用2008年的调查数据核算了城市工人和农民工的收入，结果显示，城市工人总体收入水平高于农民工，其中年收入高31.6%，月收入高11.9%，小时工资收入高26.2%，而且二者差异的61.2%是因户籍因素限制了农民工进入收入更高的公有制单位而导致的[③]。

最后，与西方国家相比，我国企业的工资成本偏低。据调查，发达经济体的人均工资成本占人均增加值的比例一般在35%到50%，其他类型的国家也能达到20%到35%，而我国的这一数据仅为9.3%[④]。数据的对比充分说明，当前农民工的工资水平仍然偏低，在未来很长一段时间内，农民工的工资性收入仍有较大的提升空间。值得注意的是，国际金融危机爆发以来，部分企业因经营成本上升或经济形势低迷而压低农民工工资，部分学者甚至提出了"农民工工资过快上涨导致中国制造竞争力丧失"的极具迷惑性的观点。对于这些错误的观点和行为，学界和劳动保障部门必须进行有力的回击并坚决地予以纠正。企业也要以此为契机认真思考企业和农民工的利益共生关系，

① 王美艳：《城市劳动力市场上的就业机会与工资差异》，《中国社会科学》，2005年第5期。
② 谢嗣胜，姚先国：《农民工工资歧视的计量分析》，《中国农村经济》，2006年第4期。
③ 田丰：《城市工人与农民工的收入差距研究》，《社会学研究》，2010年第2期。
④ 国务院研究室课题组：《中国农民工调研报告》，北京：中国言实出版社，2006年。

应当通过产品升级、技术改进或企业转型，而非压低农民工工资来实现企业的长远发展。

2. 农民工的收入增长缓慢

农民工的收入不仅微薄，而且增长缓慢。调查显示，珠三角地区的农民工工资在13年间仅增长68块钱，若扣除物价因素，农民工的收入实际是负增长，这与珠三角地区蓬勃发展的经济形势相比形成了强烈反差。2015年农民工工资继续保持了增长趋势，与去年相比增长7.2%，但增速比去年下降2.6个百分点。其中，制造业、建筑业、住宿和餐饮业、社区服务、维修及其他服务业农民工月均收入增速分别比去年下降6.7、4.4、2.2和4.1个百分点（见表2-1-4）。在农民工收入增速趋缓的同时，各大城市的生活成本特别是房价一路攀升，远远超过了农民工的支付能力，成为制约农民工市民化的最大现实障碍。

表2-1-4　分行业农民工人均月收入及增幅

	2014年（元）	2015年（元）	增长率（%）
合计	2864	3072	7.2
制造业	2832	2970	4.9
建筑业	3292	3508	6.6
批发和零售业	2554	2716	6.4
交通运输、仓储和邮政业	3301	3553	7.7
住宿和餐饮业	2566	2723	6.2
社区服务、维修及其他服务业	2532	2686	6.1

资料来源：《2015年农民工监测调查报告》

3. 拖欠农民工工资现象屡禁不止

农民工不仅收入微薄，而且经常面临工资被拖欠的风险。一旦工资被拖欠，农民工赖以维持生计的唯一收入来源就会被切断，农民工个人乃至整个家庭的生活都会陷入困境。正因为如此，走投无路的农民工才被迫采取“暴力讨薪”“跳楼讨薪”等以自身生命为赌注的极端方式来维护个人正当权益。

因此，与低廉的收入相比，拖欠农民工工资的性质更为严重、影响更为恶劣，既违背市场经济规则，更违背道德良心，已成为引发劳动关系群体性事件的主要导火索，严重冲击社会和谐稳定。

2003 年，时任国家总理温家宝亲自为农民工讨薪，并严肃指示“欠农民的钱一定要还”。该事件引起了媒体和社会的广泛关注，治理拖欠农民工工资问题也顺理成章地纳入各级政府的议事日程，并在全国范围内掀起了一场“讨薪风暴”。在国家层面，集中开展了“百日欠薪大检查”活动；在地方政府层面，各地相继开展了整治和清理拖欠民工工资的专项行动。北京市相关部门制定专项措施，对拖欠农民工工资实行“一票否决”，凡是严重拖欠民工工资的企业一律被逐出北京建筑市场。上海、杭州、深圳等地也出台了“欠薪保障条例”。在这场突如其来的“讨薪风暴”中，中央与地方携手为农民工追讨工资约 1000 亿元，农民工工资拖欠现象得到有效遏制，但由政府发起的集中讨薪行动，毕竟属于治标之策。为了从源头上彻底解决拖欠、克扣农民工工资的痼疾，2006 年国务院出台《关于解决农民工问题的若干意见》，提出要“建立农民工工资支付监控系统制度和国内工资保证金制度”。

但是，政府的高度重视和法律法规的逐步完善，并没有从源头上彻底解决问题。近年来，拖欠农民工工资现象又有死灰复燃之势。如表 2－1－5 所示，2015 年被拖欠工资的农民工所占比例为 1%，同比提高 0.2 个百分点。分地区看，东部地区的农民工被拖欠工资的比例为 0.8%，同比提高 0.3 个百分点；中部地区的农民工被拖欠工资的比例为 1.5%，同比提高 0.3 个百分点；西部地区的农民工被拖欠工资的比例为 1.3%，同比提高 0.2 个百分点。分行业来看，2015 年建筑业农民工被拖欠工资的比例为 2%，比去年提高 0.6 个百分点，远高于其他农民工集中的行业。制造业农民工被拖欠工资的比例为 0.8%，比去年提高 0.2 个百分点；交通运输、仓储和邮政业农民工被拖欠工资的比例为 0.7%，比去年提高 0.2 个百分点。批发和零售业、住宿和餐饮业、社区服务、维修及其他服务业农民工被拖欠工资的比例均为 0.3%，其他行业农民工被拖欠工资的比例均有不同程度的增加，而且农民工人均被拖欠工资有所上升。2015 年农民工人均被拖欠工资为 9788 元，比去年增加 277 元，增长 2.9 个百分点。

表 2-1-5 分行业农民工被拖欠工资的比重

	2014 年	2015 年	增减
合计	0.8	1.0	0.2
制造业	0.6	0.8	0.2
建筑业	1.4	2.0	0.6
批发和零售业	0.3	0.3	0
交通运输、仓储和邮政业	0.5	0.7	0.2
住宿和餐饮业	0.3	0.3	0
居民服务、修理和其他服务业	0.3	0.3	0

资料来源：《2015 年农民工监测调查报告》

党的十八大以来，新一届党中央高度重视农民工问题，并多次就拖欠农民工工资问题作出指示，要求相关部门高度重视并彻底消除农民工“干了活却拿不到工钱”的不合理现象。2016 年国务院办公厅颁布《关于全面治理拖欠农民工工资问题的意见》，为系统治理拖欠农民工工资问题提供了更为全面、更具操作性的政策保障。2017 年初，李克强总理在云南鲁甸考察灾后恢复重建情况时，得知农民工甘永荣还有 5 万元工钱没有拿到手，总理随即指示，“拖欠农民工工资，既违背市场规则，更违背道德良心”。从 2003 年到 2017 年，前后横跨十四个年头，两任总理亲自为农民工讨薪，这充分反映了中央政府对民生问题的高度重视，但也充分说明了拖欠农民工工资问题的严峻性、复杂性和反复性。对此，相关部门务必要做好打“持久战”和“攻坚战”的准备，在加强组织领导、提高违法成本、加大执行力度、强化监督问责等方面下足功夫，从源头上彻底解决拖欠农民工工资问题。

三、农民工的消费

英国经济学家凯恩斯认为，收入是消费的前提条件，随着劳动者收入的增加，其消费能力和消费欲望也会相应提升①，而消费水平反过来则可以反映收入水平的高低。为了更全面、真实地考察农民工的经济状况，我们对农民

① ［英］约翰·梅纳德·凯恩斯：《就业、利息和货币通论》，北京：商务印书馆，2005 年。

工的消费水平和消费支出结构进行分析。

如表2－1－6所示，2015年农民工月均生活消费支出为1012元，增长7.2%，而同期城镇居民的消费支出约为农民工的三倍。其中，居住支出人均475元，增长6.7%；居住支出占生活消费支出的比例为46.9%，比去年下降0.2个百分点。分地区看，东、西部地区农民工的生活消费支出增长快于中部地区，而且东部地区的农民工居住支出增长最快。分城市类型看，在直辖市和省会城市就业的农民工月均生活消费支出为1106元，增长8.4%；在地级市就业的农民工月均生活消费支出为1043元，增长7.7%；在小城镇就业的农民工月均生活消费支出为892元，增长4.5%。在地级以上城市就业的农民工居住支出占生活消费支出比例与去年大体持平，在小城镇的农民工居住支出占生活消费支出的比例比去年下降0.6个百分点。

表2－1－6　不同地区的农民工月均生活消费和居住支出

	生活消费支出（元）		其中：居住支出（元）		居住支出占比（%）	
	2014年	2015年	2014年	2015年	2014年	2015年
合计	944	1012	445	475	47.1	46.9
东部地区	954	1028	447	480	46.8	46.7
中部地区	861	911	414	425	48.0	46.7
西部地区	957	1025	449	469	46.9	45.8

资料来源：《2015年农民工监测调查报告》

为了更直观地比对城镇居民和农民工的消费水平，我们借助恩格尔系数来进行分析。恩格尔系数是指居民的食品消费支出占个人生活消费支出总额的比例，是国际上公认的用以衡量一个家庭或国家富裕程度的主要标准。一般来说，居民的收入水平越低，用于食品支出的比重就越大，恩格尔系数就越高，即收入水平与恩格尔系数成反比。由于缺少农民工恩格尔系数的全国性权威数据，我们暂且使用农村居民的恩格尔系数与城镇居民进行比较。如图2－1－1所示，自改革开放以来，不论是城镇居民还是农村居民的恩格尔系数均呈整体下降趋势，这表明改革开放带来的红利使城乡居民同时获益，二者的生活质量均显著提升。但是，农村居民的恩格尔系数整体高于城镇居民，这表明城乡居民获益的程度并不均衡，农村居民的收入及消费水平一直滞后于城镇居民。尽管二者之间的相对差距呈缩减之势，但绝对差距则被明显拉大。

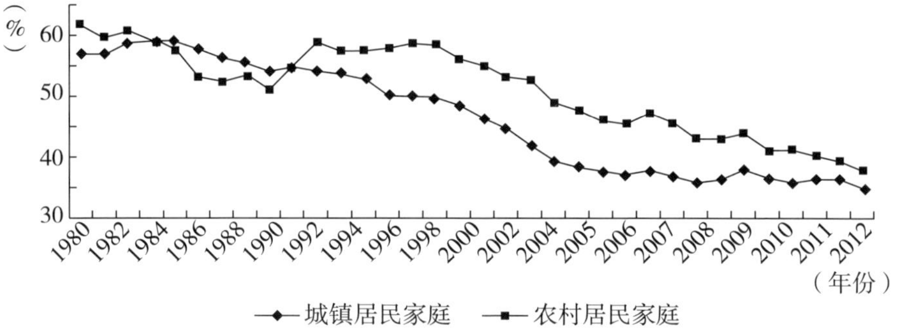

图 2－1－1　1980—2012 年城镇和农村居民恩格尔系数变动趋势

尽管缺乏农民工恩格尔系数的全国性数据，但有研究者基于实地调查，测算了具体城市的相关数据，可供我们参考。2009 年国家统计局上海调查总队针对农民工的消费状况，进行了实地调查。结果显示，农民工最主要的生活消费支出为食品消费，占消费总支出的 46.49%；第二是住房支出，比重为 17.79%；第三是交通通信支出，占比 9.02%；第四是煤水电支出，占比 6.64%；第五是随迁子女教育支出，占比 5.40%；第六是医疗卫生支出，占比 4.68%[①]。2009 年上海市农民工的恩格尔系数为 46.49%，而同期城镇居民的恩格尔系数约为 36%，两者相差多达 10 个百分点。

根据联合国粮农组织制定的国际标准，恩格尔系数在 59% 以上为贫困，50%—59% 为温饱，40%—50% 为小康，30%—40% 为富裕，低于 30% 为最富裕。由此可见，上海市农民工的生活水准，整体已达到小康水平，但与城镇居民的富裕生活相比，仍存在明显的差距。如果说恩格尔系数能较为准确地反映居民的收入水平，那么“文教娱乐”支出则更能体现居民的生活质量。2013 年城镇居民的该项支出为 12.73%，而农民工的该项支出仅占 5% 左右，而且有限的支出主要投入子女教育方面，娱乐方面的支出几乎为零（见表 2－1－7）。这充分表明，虽然农民工的收入及消费水平相较于改革开放初期已有明显改善，但整体上仍处于“生存型收入”的阶段，而城镇居民已过渡到“发展型收入”阶段。

① 程名望等：《流动性转移与永久性迁移：影响因素及比较》，《外国经济与管理》，2014 年第 7 期。

表 2-1-7　1990—2013 年城镇居民消费支出结构

项目 年份	食品	衣着	居住	家庭设备及用品	交通通信	文教娱乐	医疗保健	其他
1990	54.25	13.36	4.76	8.48	3.17	8.78	2.01	5.21
1995	50.09	13.55	8.02	7.44	5.18	9.36	3.11	3.25
2000	39.44	10.01	11.31	7.49	8.54	13.40	6.36	3.33
2010	35.67	10.72	9.89	6.74	14.73	12.08	6.47	3.71
2011	36.32	11.05	9.27	6.75	14.18	12.21	6.39	3.83
2012	36.23	10.94	8.90	6.69	14.73	12.20	6.38	39.94
2013	35.02	10.55	9.68	6.74	15.19	12.73	6.20	3.88

表面上看，压低农民工的工资水平，有利于促进企业的原始扩张，有利于保障城市居民的既得利益，有利于维持中国制造的低成本优势。但是，从长远来看，这种方式不仅提前透支了农民工的健康资本，影响了农民工在城市的生活水准，也从源头上制约了农民工融入城市的能力，延缓了农民工市民化的进程。

第二节　低技能化：农民工的人力资本状况

诺贝尔经济学奖得主西奥多·W. 舒尔茨对 1929—1957 年美国教育投资和经济发展的关系进行了定量分析，系统论述了教育投资对经济发展的贡献率，首次提出了“人力资本”概念，并进一步指出，劳动者的人力资本可以通过正规教育和职业技能培训两种途径得以提升①。明瑟建构了教育收益率指标，从微观层面阐释了劳动者的人力资本状况对工资收入的影响，认为在统一、竞争的劳动力市场条件下，劳动者工资收入的差异是其人力资本差异在价格上的具体呈现，并把教育水平和职业技能素质作为衡量劳动者人力资本状况的主要指标②。

① Theodore W. Schultz. *Investment in Human Capital*. The American Economic Review. 1961.

② Mincer. *The Distribution of Labor Incomes: A Survey with Special Reference to the Human Capital Approach*. Journal of Economic Literature 8. 1970.

一、农民工的受教育程度

由于受到历史传统和现实条件的约束，农村居民长期以来面临教育资源稀缺和教育机会不均等的不公正待遇，导致农民和市民两大群体的人力资本状况出现显著差异。据统计，我国每 10 万人口中，接受过高中、中专、大专、本科、研究生教育的城市居民分别农村居民的 3. 4 倍、6. 1 倍、13. 3 倍、43. 8 倍和 68. 1 倍。相较于留守农村的传统农民而言，进城农民工的受教育程度和开拓进取意识具有一定的比较优势，但是与城市户籍居民以及城市产业升级的需求相比，仍存在相当明显的差距。2012 年，高中、中专及以上文化程度的农民工人口占比 26. 5%，而同期城镇居民中该类人口的比重为 50. 0%；大专及以上文化程度的农民工占比 7. 8%，同期城镇居民中该类人口的比重为 25. 2%。统计数据显示，2015 年农民工群体中，未上过学的占 1. 1%，小学文化程度的占 14%，初中文化程度的占 59. 7%，高中文化程度的占 16. 9%，大专及以上的占 8. 3%。高中及以上文化程度的农民工所占比重比上年提高 1. 4 个百分点。其中，外出农民工中高中及以上文化程度的占 27. 9%，比上年提高 1. 9 个百分点；本地农民工中高中及以上文化程度的占 22. 6%，比上年提高 1. 2 个百分点（见表 2 – 1 – 8）。

表 2 – 1 – 8　农民工的文化程度构成

	农民工合计		外出农民工		本地农民工	
	2014 年	2015 年	2014 年	2015 年	2014 年	2015 年
未上过学	1. 1	1. 1	0. 9	0. 8	1. 6	1. 4
小学	14. 8	14. 0	11. 5	10. 9	18. 1	17. 1
初中	60. 3	59. 7	61. 6	60. 5	58. 9	58. 9
高中	16. 5	16. 9	16. 7	17. 2	16. 2	16. 6
大专及以上	7. 3	8. 3	9. 3	10. 7	5. 2	6. 0

资料来源：《2015 年农民工监测调查报告》

从农民工群体内部的代际差异来看，新生代农民工的受教育程度较之第一代农民工有了明显提升。如表 2 – 1 – 9 所示，高中及以上文化程度的第一代农民工占比15.9%，而新生代农民工的比重为28.9%，二者相差多达13个百分点。由此可见，新生代农民工相较于父辈而言，接受了更好的教育，拥有了更多的人力资本，因此具备了更强的融入城市的能力，但与城市户籍居民相比，新生代农民工的人力资本仍显薄弱。中国社会科学院的调查数据显示，城市白领的平均受教育年限为14.9年，城市蓝领的平均受教育年限为12.4年，而新生代农民工仅为9.9年。

表2-1-9　两代农民工的受教育程度

	农村劳动力	外出农民工		
		合计	第一代农民工	新生代农民工
受教育年限（年）	8.2	9.4	8.8	9.8
文化程度（%）	—	—	—	—
不识字或识字很少	6.6	1.1	2.2	0.4
小学	24.5	10.6	16.7	6.3
初中	52.4	64.8	65.2	64.4
高中	11.2	13.1	12.4	13.5
中专	3.1	6.1	2.1	9.0
大专及以上	2.2	4.3	1.4	6.4
参加职业培训（%）	14.3	28.8	26.5	30.4

资料来源：《2015年农民工监测调查报告》

根据劳动经济学的理论，受教育程度是影响劳动者工资收入的主要变量。一般来说，受教育程度越高，劳动者掌握的人力资本就越多，在劳动力市场上的竞争力就越强，就更有可能找到高收入的工作。Psacharopoulos的研究表明，20世纪90年代中后期世界平均的教育明瑟收益率为9.7%，其中亚洲国家的平均水平为9.9%，OECD国家为7.5%[①]。相比之下，我国农村劳动力非农工资的教育回报率仅为2.3%，明显低于亚洲国家的平均水平。如果仅从数据来看，教育对农村劳动力收入增长的贡献似乎十分有限。在我国农村，

① George Psacharopoulos and Harry Anthony Patrinos. *Returns to Investment in Education: A Further Update World Bank Policy Rehash Working Paper No. 2881*, World Bank, September, 2002.

教育收益率之所以低于国际平均水平，一方面是因为农村劳动力的受教育程度整体偏低，另一方面是因为农民工多在次属劳动力市场就业，对文化水平的要求相对较低。尽管农民工群体的教育回报率明显偏低，但不能因此而否认劳动者的受教育程度越高越有助于收入增长的事实。以 2009 年的上海市农民工为例，随着受教育水平的提高，农民工的收入水平呈现显著增长趋势，其中，收入最高的是大专及以上学历的农民工，其月均收入达到 2555. 01 元，分别较中专和高中学历的农民工增长 27. 02% 和 23. 13%，收入最低的是文盲，其月均收入仅为 1736. 21 元①。而且，教育程度差异也是导致农民工与城市居民收入悬殊的主要因素，田丰的调查显示，农民工与城市居民的人力资本差异能够解释二者的收入差别。鉴于此，各级政府应大幅增加农村教育资源的投入，从源头上提高农民工群体的受教育水平，增强其在劳动力市场的竞争力，为其融入城市积淀充足的人力资本。

二、农民工的专业技能

改革开放以来，我国依靠巨大的人口红利和“高消耗、高污染”的粗放型发展模式，迅速成为世界制造业的中心，“中国制造”凭借物美价廉的优势畅销全球。但伴随经济发展阶段的演进，劳动力成本逐年增加，资源环境承载能力已接近极限，粗放型发展模式难以为继，中国制造迫切需要完成“由大向强”的蜕变。2008 年国际金融危机的爆发，使世界各国深刻认识到制造业才是经济发展的根基所在。为了尽快走出金融危机的泥沼，世界主要经济体相继出台振兴制造业的宏大计划。美国政府率先启动“先进制造伙伴计划”，德国政府推出“工业 4. 0”，日本则提出“再兴战略”。中国政府适时颁布了《中国制造 2025》，从战略层面描绘了打造制造强国的宏伟蓝图。中国制造的转型升级不仅需要宏观层面的顶层设计，更急需无数掌握精湛技艺的技术工人作为支撑。鉴于此，习近平总书记强调：“工业强国都是技师技工的大国，我们要有很强的技术工人队伍。”党的十九大报告进一步提出，建设知识型、技能型、创新型劳动者大军。不论是中国制造的转型升级还是工业强

① 程名望等：《流动性转移与永久性迁移：影响因素及比较》，《外国经济与管理》，2014 年第 7 期。

国战略的成功实施，都离不开一支宏大的高素质技能人才队伍作为支撑。长期以来，我国劳动力规模虽然庞大，但整体技能状况偏低，难以支撑产业结构转型升级的现实需要。据人力资源和社会保障部统计，截至2015年底，我国技能人才队伍的规模为1.65亿人，仅占全体就业人员的20%，高技能人才的规模为4501万人，占技能人才的比重为27.3%，高技能人才占农民工总数的比重仅为5%。而在西方发达经济体尤其是那些制造业强国，高技能人才普遍占到农民工总数的40%以上。在日本，高技能人才占整个产业工人队伍的40%，德国则高达50%①。

经过近四十年的持续转移，农民工已成为我国产业工人队伍的主体力量。农民工在装备制造、机械加工、智能生产等领域已成为支撑中国制造的中坚力量。因此，农民工的技能素质将在很大程度上决定我国产业工人队伍的整体技能水平，进而会影响中国制造的品质和竞争力。近年来，伴随着我国产业结构逐步升级，劳动力市场对技能型劳动者的需求呈井喷之势，我国农村剩余劳动力转移呈现出新的趋势，经历了从“民工潮”到“民工荒”的转变。但仔细分析发现，“民工荒”的出现并非农村剩余劳动力的绝对短缺，而是结构性短缺。一方面，掌握一技之长的农民工供不应求；而另一方面，没有技术专长的农民工则面临无人问津的尴尬处境。据统计，在当前的劳动力市场，技能型劳动者的求人倍率普遍在1.5∶1以上，高级技工的求人倍率甚至可以达到2∶1，技术工人短缺的状况已从东南沿海逐步扩散到中西部地区，从季节性短缺演变为经常性短缺②。

国家统计局发布的《农民工监测调查报告》显示，2017年接受过农业或非农职业技能培训的农民工占32.9%，与上年基本持平。其中，接受非农职业技能培训的占30.6%，比上年下降0.1个百分点；接受农业技能培训的占9.5%，比上年提高0.8个百分点；农业和非农职业技能培训都参加过的占7.1%，比上年提高0.6个百分点。其中，本地农民工接受农业或非农职业技能培训的占30.6%，比上年提高0.2个百分点；外出农民工接受农业或非农职业技能培训的占35.5%，比上年下降0.1个百分点。尽管从纵向比较来看，

① 李守镇：《建设高素质产业工人队伍，打造更多“大国工匠”》，《中国工人》，2017年第4期。

② 桂杰：《我国农民工中接受过职业技能培训的仅占30%》，《中国青年报》，2014年8月7日，第11版。

农民工接受专业技能培训的比例有所提升，但是与城市户籍居民的技能素质相比，农民工群体的技能水平仍存在明显的短板，远不能支撑中国制造转型升级的现实需要，也制约了农民工群体进入首属劳动力市场，进而融入城市的进程。

导致农民工群体职业技能素质偏低的原因是多方面的。首先，“重文化、轻技术”的文化传统，扭曲了农民工群体对职业技能的正确认识。中国在历史上是典型的农业文明国家，农业被历代统治者视为巩固江山社稷的基石，而手工业和商业则因利于启发民智而受到压制，各种技术上的创新或改进往往被蔑视为“奇技淫巧”而未能得以推广普及，由此形成了根深蒂固的“重文化、轻技能”的文化氛围。近代以来，落后挨打的被动局面使统治者深刻认识到发展现代工业和技术创新的重要性和紧迫性，“重文化、轻技能”的文化传统在一定程度上得到扭转。但是，传统文化中“万般皆下品，唯有读书高”“劳心者治人，劳力者治于人”的落后观念，仍深刻影响着社会公众的职业评价观念和职业选择动机。例如，大部分高中毕业生更倾向于选择普通本科院校就读，而仅有极少数未能如愿的毕业生会选择职业院校，这与德国等工业强国70%的初中毕业生选择进入企业或职业院校接受“双元制”职业教育形成鲜明对比①。由此可见，尽管我国已经成为世界制造业中心，尽管农民工群体为经济发展立下了汗马功劳，但他们仍未赢得社会的认同与尊重，这从源头上制约了农民工学习职业技能的积极性。

其次，激励机制不健全，挫伤了农民工学习职业技能的积极性。中央电视台拍摄的纪录片《大国工匠》播出之后，引起强烈社会反响，大国工匠一夜之间成为全民偶像。他们不仅熟练掌握令人叹为观止的精湛技艺，更让人钦佩的是其“耐得住寂寞，守得住清贫”的无私奉献精神。但是，这也从侧面反映了技术工人培养激励机制不健全的社会问题，突出表现为：技术工人的薪酬待遇整体偏低，与其技术水准和社会贡献不匹配，难以形成劳动致富、技术改变命运的示范效应，阻滞了技术工人后备人才队伍的长远建设；技术工人在职务晋升、职称评定、继续教育、知识产权保护等方面面临机会不均等、渠道不通畅等难题；由于二元户籍制度的制约，技术工人在住房、医疗、

① 李海宗，陈磊：《德国职业教育衔接模式对我国的启示》，《中国高教研究》，2012 年第 9 期。

子女教育等方面未能享受到均等的公共服务；除此之外，技术工人还面临着社会地位不高、政治参与渠道有限等社会问题。

最后，传统的技术工人培养体系瓦解，制约了农民工职业技能素质的培养。在计划经济体制时期，技术工人的技能培养主要有三个渠道：一是以“八级工”制度为代表的职业技能认证体系；二是以单位制和稳定就业为前提的“师徒制”培养体系；三是主要面向城镇户籍居民的职业教育体系。伴随着改革开放的持续深化和社会主义市场经济体制的逐步确立，传统的技术工人培养体系日益式微。曾经为新中国培养大量技术工人的“八级工”制度退出历史舞台，取而代之的是五级职业资格证书制度。实践证明，新的职业资格证书制度更侧重理论知识的考察而非实际的技术操作，导致大量一线工人已熟练掌握某项技术却通不过资格证书考试的尴尬现象。农民工的流动性特点，使得体制内“师徒制”的空间迅速萎缩。职业教育面临资源投入有限、培训模式僵化、培训供给与市场需求不匹配等瓶颈，难以满足广大农民工多元化、高层次、大批量的培训需求①。

在经过市场经济的洗礼和有了城市务工的经历之后，多数农民工已经认识到技能培训对于自身素质提高和职业发展的重要性，普遍具备较为强烈的培训意愿。但由于技能培训在为农民工带来技能素质提高的同时，并没有实现经济收入的同步增长，这在一定程度上影响了农民工参加职业技能培训的预期收益，进而迟缓了产业工人队伍建设改革的整体推进。从长远来看，应着力完善职业技能培训的制度供给和政策保障，通过为农民工提供更加稳定的预期收益，激发其参加职业技能培训的内生动力，引导其做出理性选择。

第一，构建政府主导、企业主体、工会参与的职业技能培训供给格局。政府的主导作用主要体现在政策制定、顶层设计、资源投入和考核监督等方面，而不是直接为农民工提供技能培训，也就是说，政府的角色是“掌舵”而非“划桨”。从调查结果来看，农民工对政府提供的技能培训较为冷漠，主要原因是该类培训难以匹配企业具体的岗位标准和职业操作要求。因此，从实用主义的角度考虑，农民工更倾向于参加企业内部组织的技能培训。企业作为用工主体，是农民工技能水平提升的主要获益者。因此，企业要严格按

① 张善柱：《工会培养工匠精神的路径研究》，《中国劳动关系学院学报》，2017 年第 4 期。

照国家有关规定，将农民工技能培训纳入劳动合同和厂务公开内容，按时足额提取职工教育培训经费，并确保将60%以上的经费用于职工技能培训。政府作为监管者，要把相关规定的执行情况纳入企业税收贷款、人才引进、工商年检、先进表彰的考核体系，从制度设计上调动企业开展农民工技能培训的积极性。工会及其他社会组织、培训机构要结合自身优势，通过购买服务等方式为农民工提供个性化柔性化培训。

第二，大力推广新型学徒制，充分发挥高技能人才的领军作用。从调查来看，多数农民工认为“师父传授经验”是最有效的技能培训方式，但传统师徒制具有“一对一”的局限，难以满足广大农民工提升专业技能的培训需求。为此，企业应在融合传统师徒制优点的基础上探索新型学徒制，充分发挥高技能人才在“传帮带”中的示范引领作用，为其搭建技能大师工作室、劳模创新工作室、工匠工作室等发展平台，选拔一批有潜力、有意愿的年轻农民工进入工作室，近距离、全方位地向高技能人才学习。技能培训具有实操性强的特点，通过师父面对面的经验传授和手把手的技艺传承，学徒可以在短时间内掌握关键技术的要领，而且师徒之间在“教”与“学”的同时可以增进感情，更有利于师父将毕生所学倾情相授。

第三，建立企业自主技能评价与政府技能评价之间的衔接机制。长期以来，农民工的技能水平主要通过政府授权的技能鉴定机构进行评价，但随着经济社会快速发展，该模式暴露出评价主体单一、职业标准开发滞后等问题。在此背景下，国家陆续出台了一系列政策法规，鼓励企业自主开展技能评价。实践证明，企业自主进行的技能评价更贴合岗位实际，但调研发现，企业的技能评价属于“地方粮票”，农民工一旦离职就会遇到难以与“国家粮票”有效对接的难题。为此，需要国家层面进行顶层设计，从制度上赋权龙头企业、行业协会在职业标准制定和技能评价方面进行自主探索，并以此作为政府技能评价的主要依据，从而实现企业自主技能评价与政府技能评价的有机衔接。

第四，完善政策保障，稳定农民工参加技能培训的预期收益。农民工作为理性的“经济人”，在参加职业技能培训时会权衡成本与收益的关系，只有当预期收益高于成本时，农民工才会做出参加培训的理性选择。为此，相关部门要依据中央全面深化改革领导小组会议审议通过的《关于提高技术工人待遇的意见》，进一步完善按技能要素参与收入分配、技术晋级、奖优评先的政策体系，从源头上激发农民工参加技能培训的内生动力，通过增加预期收益引导农民工的行为选择。企业作为用工主体也要处理好眼前利益与长远利益的辩证关系，持续增加技能培训的资源投入，健全与农民工技能素质相匹配的薪酬体系和激励机制，真实体现技能人才创造的经济和社会价值①。

第三节　双轨化：农民工的公共服务享有状况

公共服务是指政府为保障全体公民生存和发展的需要而提供的公共产品与服务，包括加强城乡公共设施建设，发展教育、科技、文化、卫生、体育等公共事业，为社会公众参与社会经济、政治、文化活动等提供保障。我国的基本公共服务体系建设坚持“以人为本”的发展理念，以涵盖教育、劳动就业创业、社会保险、医疗卫生、社会服务、住房保障、文化体育等领域的基本公共服务清单为核心，以促进城乡、区域、不同群体之间的基本公共服务均等化为目标，以各领域重点任务、保障措施为依托，以统筹协调、财力保障、人才建设、多元供给、监督评估五大实施机制为支撑，是政府保障全民基本生存发展需求的制度性安排。近年来，中央政府日益重视民生问题，不断完善公共政策供给，持续加大相关领域的资金投入，已初步构建起覆盖全民的国家基本公共服务制度体系。但就农民工群体而言，虽然他们已经实现了职业的非农化，却由于户籍身份限制，难以获得与户籍配套的公共服务。中国社会科学院发布的《农民工市民化现状报告》显示，2012 年在享受到的公共服务方面，农民工只有城镇居民的 44%。这种依据户籍配置公共资源的制度，不仅降低了农民工在城市生活的品质，而且制约了他们融入城市的进程。

一、社会保障

社会保障是国家依法建立的保障人民基本生活水平、调节社会分配的一项社会制度，是基本公共服务均等化的重要内容。社会保障突出以人为本，

① 张善柱：《预期主导选择：职工视角的职业技能培训》，《调研世界》，2018 年第 6 期。

其理论基础是人道主义和公平价值理念，包括面向劳动者的各种社会保险项目、面向全体国民的各种社会福利以及各项具有互助互济、分散风险性质的保障措施①。健全的社会保障不仅能保障人民的基本生活，而且发挥着化解社会矛盾、维护社会公平、促进社会和谐发展等多方面的功能，彰显了政府和社会对弱势群体的关怀，是促进家庭人转化为社会人的必要条件。正因为如此，世界各国普遍将社会保障状况作为评估社会进步的重要指标。

一个国家的社会保障体系并不是凭空建立的，而是与当地的经济发展水平、财政实力，以及该国的政治制度密切相关。新中国成立以来，我们在一穷二白的基础上探索建立了符合国情的社会保障体系，特别是农村合作医疗制度取得了巨大的成功，有效解决了广大农民的看病问题。数据显示，到1976年，农民合作医疗制度的参与率已达到90%以上，农民看病基本上能做到“小病不出队，中病不出社，大病不出县”，农村合作医疗模式也因此被世界银行和世界卫生组织称赞为“发展中国家解决卫生经费的唯一范例”。尽管当时的社会保障体系合乎国情，且为城乡居民提供了基本的生活保障，但客观而言，那时的社会保障水平严重偏低，难以满足百姓对美好生活的追求。改革开放以来，随着生产社会化、经济市场化的深入，国家进一步明确了社会保障制度改革的目标、原则、路径，社会保障项目日趋完备，逐步建立起了以社会保险为主体，包括社会救济、社会福利、优抚安置、住房保障以及慈善事业在内的社会保障制度框架，社会保障改革取得了举世公认的巨大成就。但改革过程中也出现了一些亟待解决的问题，诸如农村社会保障制度缺失、社会保障基金供给不足、社会保障法制化进程缓慢，特别是在城镇化进程不断提速的背景下，农民工在城乡、地域、产业之间的流动日益频繁，给以户籍制度为基础的社会保障体系带来了严峻挑战。

20世纪90年代以来，政府先后出台了一系列针对农民工的社会保障政策，以改善农民工的生活水平和生活质量。《国务院关于解决农民工问题的若干意见》指出，要“高度重视农民工社会保障工作，积极妥善解决农民工社会保障问题”。2007年，《中华人民共和国劳动合同法》的颁布，促进了农民工获取平等的劳动权利；2009年，全国陆续开展了新型农村社会养老保险的

① 郑功成：《社会保障学》，北京：中国劳动社会保障出版社，2005年。

试点工作；2011 年 7 月 1 日，《中华人民共和国社会保险法》的施行，标志着我国的社会保险完成了从行政管制到依法运行的过渡。但不可否认的是，农民工在获取社会保障权利、维护自身合法权益方面，仍与城市居民存在显著差距。近年来，农民工参保人数迅速增长，但与城市本地劳动者相比，他们在各项社会保险的参与率上还明显偏低①。从 2009—2013 年农民工社会保险参保率来看，这一系列政策法规的实施，为推动农民工参与社会保险起到了一定作用，但到了 2014 年底，除生育保险外，其他社会保险参保率均呈下降趋势。总体来看，2009—2014 年农民工社会保障覆盖率长期处于较低水平，其间农民工参保率最高的工伤保险年均参保率也仅为 26.3%。在养老和医疗保险方面，由于养老和医疗保险的接续、流转、异地结算等问题没有解决，导致农民工的城镇社会保险参与率整体较低。2012 年，农民工养老保险、医疗保险、失业保险、生育保险的参保率仅为 14.3%、16.9%、8.4%、6.1%，而同期城镇居民的参保率分别达到 42.75%、75.36%、21.39%、21.68%。

表 2-1-10　农民工参加社会保险的比例：2009—2014 年（%）

	2009 年	2010 年	2011 年	2012 年	2013 年	2014 年
养老保险	11.52	13.56	16.38	17.30	18.20	16.7
工伤保险	24.31	26.01	27.01	27.34	27.01	26.2
医疗保险	18.87	18.92	18.36	19.02	18.66	17.6
失业保险	7.15	8.22	9.46	10.29	13.91	10.05
生育保险	2.4	2.9	5.6	6.1	6.6	7.8

资料来源：根据《2009—2014 年全国农民工监测调查报告》整理而成

导致农民工参保率不高的原因是多方面的，既有农民工流动性较强而参保难的问题，也有企业片面认为为农民工缴纳社会保险会加重企业负担的问题，还有现行社会保障制度脱离农民工实际需求的问题。

1. 社会保障制度“碎片化”严重

所谓“碎片化”就是缺乏统一性。青连斌认为，“碎片化，准确地讲，就

---

① 郭菲，张展新：《农民工新政下的流动人口社会保险：来自中国四大城市的证据》，《人口研究》，2013 年第 3 期。

是按照不同的人群，分别设计不同的社会保障制度，享受不同的待遇”[①]。目前，我国城镇社会保障体系的统筹单位是省和市（县）[②]。各地区因地制宜制定农民工社会保障政策，使得我国社会保险存在多种模式。总体而言，分为涵盖新农合与新农保的“农保模式”，将农民工的工伤、医疗、养老三项保险统一缴费的“综保模式”，把农民工社保纳入城镇社保中的“城保模式”和浙江推出的“低缴费低享受”的“双低模式”。

“农保模式”是针对农村居民设计的农村社会保险，包括医疗和养老两个险种，不涉及生育、工伤、失业保险。医疗部分是指新型农村合作医疗，它是以大病统筹为主的农民医疗互助共济制度。养老部分则是指新型农村社会养老保险，其待遇由社会统筹与个人账户两部分构成。2016 年，党中央、国务院明确提出整合城镇居民医保和新农合两项制度，建立统一的城乡居民基本医疗保险制度。按照人力资源社会保障部的部署，截至 2013 年，全国约半数省份将新农保与城镇居民社会养老保险合并，称为城乡居民社会养老保险。从政策导向可以预见，新农合、新农保在未来将与城镇居民社会保险在全国范围内合并，曾经为农民看病发挥重要作用的新农合将退出历史舞台。

“综保模式”是指在同一个制度框架下，将工伤、医疗、养老等多种社会保险合并统一承办的一类农民工社会保障模式，采用该模式的有天津、大连、上海等城市。该模式的优点在于：一是实行综合保险充分满足了农民工的各种保障需求，“三险合一”的做法既可以解决农民工未来的养老问题，又可以同时兼顾当前的工伤和大病医疗风险的防范问题。二是简单易行，费用统一征收，待遇一次性给付，降低了制度建设、操作运营以及管理方面的成本。三是较低的缴费率容易为农民工和用人单位所接受。四是通过商业保险公司运转，既有利于保险金的保值增值，也有利于解决保险关系跨地区转移难的问题。但该模式也并非完美无缺：一是很难实现与其他养老保险模式的衔接，该模式完全是个独立的险种，无法和城市职工的基本养老保险制度及农村的养老保险制度相衔接，不利于社会养老保险制度的统一。二是在筹资模式上采用完全积累的个人账户模式，没有设立社会统筹部分，不能实现统筹账户

---

① 唐钧等：《社保走向全国“一盘棋”》，《时事报告》，2012 年第 8 期。

② 李迎生，袁小平：《新型城镇化进程中社会保障制度的因应》，《社会科学》，2013 年第 11 期。

的“互助共济的功能”。三是由商业性保险机构运营养老保险基金的模式会面临与基本社会保障的衔接与转换问题。四是农民工在退休后一次性领取养老补贴的制度设计不能体现养老保障的可持续性原则①。

“城保模式”是指那些城镇化程度较高的地区，在有条件的情况下，将农民工纳入统一的城镇职工社会保险体系。如广东省《社会养老保险条例》已将农民工纳入城镇职工社会养老保险体系，其他险种也不排斥农民工。“双低模式”将农民工纳入城镇职工养老、医疗、工伤等保险中，但与城镇职工社会保险又有一定的差别，代表地区有北京市、浙江省。目前，这四种模式的实施范围较为混乱，相互间也不易衔接，加之农民工参保意识本就不强，复杂的社会保险制度严重削弱了农民工参加社会保险的积极性。因此，只有改变社会保障制度的“碎片化”问题，提高社会保险的统筹层次，实现在全国范围内的转移接续，才能激发农民工参加社会保险的积极性，为农民工融入城市解除后顾之忧。

2. 社会保险制度约束力不强

自新中国成立以来，相关部门尚未出台一份专门的社会保障基本法，致使社会保障法制不健全、立法层次较低，处于社会边缘层次的农民工群体，更是缺乏有效的特殊保护。2006 年发布的《国务院关于解决农民工问题的若干意见》提出，鼓励各地因地制宜将农民工纳入社会保险体系。在农民工的社会保险问题上，中央没有制定“一刀切”政策，而是将自主决策权下放给地方政府，其初衷是既要兼顾不同地区的实际情况，又能调动地方政府推进农民工社会保险的积极性。但在实践中，“因地制宜”带来的负面效应是各地政策“参差不齐”，这不仅导致了全国社保制度的“碎片化”，也降低了相关公共政策的约束力，不利于提升农民工社会保险参与率。除此之外，社会保险约束力不强、自愿性条目过多等政策缺陷，也会在一定程度上影响农民工对社保制度的信心，使之更多地指望家庭保障而非社会保障。

3. 社会保险缴费率过高

统计数据显示，外出农民工群体的收入水平远低于城镇职工。以 2015 年

---

① 李爱芹：《我国农民工养老保险制度设计的缺陷与完善——以“城保”模式、“仿城”模式和“综保”模式为例》，《广西社会科学》，2015 年第 8 期。

为例，全国城镇非私营单位就业人员年平均工资为62029元，全国城镇私营单位就业人员年平均工资为39589元，外出农民工人均月收入水平仅为3072元[①]。与农民工的低收入水平形成鲜明对比的是，缴纳社会保险的费用明显偏高，远远超过了农民工的支付能力。有研究根据2011年至2015年北京统计年鉴中的数据，计算出北京市每年单个农民工市民化的总成本为150878.1元，其中，个人生活成本所占比例为9.29%，参与社会保障成本所占比例为9.80%[②]。在调研中我们发现，其实大多数农民工都有参加社会保险的强烈意愿，但考虑到高额的费用和捉襟见肘的收入，他们往往心有余而力不足，从而使得现实中农民工的参保率偏低。此外，从企业视角来看，农民工多从业于中小企业，而这些企业在激烈竞争的市场环境中普遍面临严峻的生存压力，高额的社会保险费用会进一步挤压他们的利润空间。根据人民日报驻外记者调查及美国社保局研究报告统计，2012年中国五项社会保险法定缴费率之和相当于工资水平的40%，雇主支出占29%。基于理性考虑，企业往往倾向于违背国家的相关规定，尽量少缴甚至不缴社会保险，以通过压缩生产成本的方式实现维系企业生存的目标。当农民工和企业都持避缴态度并达到行动上的一致时，低参保率也就在所难免了。

4. 社会保险转移接续困难

农民工跨地区流动时社会保险转移接续困难是农民工低参保率的一个不可忽视的因素。自2009年以来，中央政府出台了一系列政策法规，以解决农民工的高流动性以及由此带来的社会保险转移接续难的问题。但是，从实际调查和政策对象的反应来看，这些公共政策的预期目标并没有完全实现，农民工因频繁流动而导致权益受损的问题仍屡禁不止。2015年，深圳市农民工因养老保险费用补缴问题将深圳市社保局送上了被告席。这则典型案例表明，尽管国家出台了诸多公共政策，但这些政策在执行中遇到了来自地方政府、企业等利益主体的阻挠与歪曲，导致政策执行偏离了政策制定的预期目标。调查显示，农民工社会保险转移接续中面临的问题主要有两个：一是同一个

---

① 人力资源和社会保障部：《2015年度人力资源和社会保障事业发展统计公报》，http://www.mohrss.gov.cn/SYrlzyhshbzb/dongtaixinwen/buneiyaowen/201605/t20160530_240967.html.

② 冯虹，赵一凡，艾小青：《首都农民工市民化的成本测算研究》，《国家行政学院学报》，2017年第3期。

险种在不同的群体制度中的转移接续困难。比如，在城镇就业的农民工，有的参与城镇企业职工基本养老保险、有的则参与城乡居民养老保险，它们之间相互转移的手续烦琐，周期较长。二是某一险种在地域间转移接续困难。由于各地区采取的社会保险模式不同，转移接续范围狭窄，地域间相互衔接的政策较少，导致农民工在跨地区转移过程中引发权益的流失，他们自然不愿参保甚至选择退保。

二、居住条件

宅者，人之本。人因宅而立，宅因人得存[①]。住房是公民的基本生存需要，是保障公民参与其他社会活动的物质前提。享有住房权是劳动者的一项基本权利。《世界人权宣言》《经济、社会及文化权利国际公约》《消除一切形式种族歧视国际公约》等国际公约一致确认住房权是一项基本人权。2003年，联合国更是指定每年二月的最后一天为世界居住条件调查日，以推动各国政府更加重视改善公民的居住环境和条件。

就农民工而言，他们为城市经济发展贡献了青春与汗水，但其居住条件却不容乐观。长期以来，“城中村”等居住环境恶劣的“非正式”住房容纳了大量农民工[②]。这些住房普遍条件很差，没有厨房以及单独的厕所和浴室，没有暖气或者空调设备，卫生环境也比较差[③]。而像廉租房、经济适用住房一类的政策性住房只对拥有城市户籍的人口开放，农民工群体则被排斥在制度之外。随着国家整体经济形势、科技发展状况以及宏观经济政策调整，农民工居住状况逐年改观。国家统计局公布的《2016 年农民工监测调查报告》显示，农民工住房配备电冰箱和洗衣机的比重分别为 57. 2% 和 55. 4% ，分别比上年提高了 2. 9 和 3. 8 个百分点；86. 5% 的农民工住房有自来水，比上年提高 0. 3 个百分点；77. 9% 的农民工住房有洗澡设施，比上年提高 2. 8 个百分点；69. 6% 的农民工住房有独用厕所，比上年提高 0. 2 个百分点；85. 5% 的农民

① 《旧题黄帝撰·宅经》，上海：古籍出版社，1991 年，第 2 页。

② 郑思齐等：《农民工住房政策与经济增长》，《经济研究》，2011 年第 2 期。

③ 高波，李国正，陈琛：《新型城镇化过程中农民工居住现状及住房选择——基于 2013 年中国流动人口动态监测数据》，《甘肃行政学院学报》，2015 年第 6 期。

工住房能上网（计算机或手机），比上年提高 7.1 个百分点。

2010 年发布的《关于加快发展公共租赁住房的指导意见》规定，公共租赁住房的保障对象“主要是城市中等偏下收入住房困难家庭”，但“有条件的地区，可以将新就业职工和有稳定职业并在城市居住一定年限的外来务工人员纳入供应范围”。该文件的出台，标志着城市住房体系实现了对农民工群体的全覆盖。但就进城农民工的购房比例来看，2016 年在进城农民工中，租房居住的农民工占 62.4%，比上年下降 2.4 个百分点，其中，租赁私房的农民工占 61%，比上年下降 1.9 个百分点；购房的农民工占 17.8%，比上年提高 0.5 个百分点，其中，购买商品房的农民工占 16.5%，比上年提高 0.8 个百分点；单位或雇主提供住房的农民工占 13.4%，比上年下降 0.7 个百分点；以其他方式解决居住问题的农民工占 6.4%，比上年提高 2.6 个百分点；购买保障性住房和租赁公租房的农民工不足 3%①。可见，保障性住房政策的调整，并没有显著改善农民工群体的住房条件。大多数进城务工农民工仍旧以租赁私房的形式居住，购买保障性住房的农民工比例只占极小一部分。受到高房价和低收入的双重约束，大多数农民工并不具备购买商品房的经济实力。根据公安部 2007 年的调查，按照自身收入水平，有 74.1% 的农民工能够承受的购房单价在 3000 元/平方米以内，有 19% 能够承受 3001—4000 元的单价，能够承受 4000 元以上的仅占 6.9%。然而，3000 元/平方米的房子主要集中在中、西部地区的县市，在农民工集中流入的东部沿海地区，即便是县城的房价也已经超过 3000 元/平方米。经过十年的快速上涨，当前多数大城市的房价已经跨过了“万元大关”，远远超过了农民工的支付能力。拥有自己的商品房，对多数农民工而言已经成为一个遥不可及的梦想。

有研究发现，许多农民工宁愿住在“城中村”，也不愿意住在政府提供的保障性住房中②，并认为此情况的产生源于保障性住房与农民工之间的供需矛盾，即农民工的住房保障参与主体过多而合作不足、农民工住房保障政策供

① 国家统计局：《2016 年农民工监测调查报告》，http：//www.stats.gov.cn/tjsj/zxfb/201704/t20170428_1489334.html.

② 孙聪，宋志达，郑思齐：《农民工住房需求特征与城市住房保障体系优化——基于北京市“城中村”调研的研究》，《农业技术经济》，2017 年第 4 期。

给不足[①]，以及政府忽视了农民工的住房需求偏好等方面。针对此类情况，政府应当确立农民工住房保障的主体地位，以此进行全局性的政策设计和重构，在打破城乡二元结构的基础上，充分考虑农民工的居住区位、面积需求和支付能力，并轨对接各类住房政策法规，形成一套系统化的住房保障政策体系。

三、医疗卫生

医疗卫生事业关系到人民群众的身体健康和生老病死，与人民群众切身利益密切相关，是社会高度关注的热点，也是贯彻落实科学发展观，实现经济与社会协调发展，构建社会主义和谐社会的重要内容之一[②]。随着医疗卫生体制改革进一步深化，医疗卫生保险项目发展迅速，整合型医疗卫生服务体系逐渐形成。截至2016年底，全国基本医疗保险参保人数超过13亿人，参保覆盖率稳定在95%以上[③]。

虽然医改成效显著，但农民工医疗保障情况仍有待提高。从就业领域来看，农民工主要在次属劳动力市场就业，从事建筑、采矿、家居装修等职业伤害和职业病高发的行业，且他们更容易被雇佣在非正式部门和那些职业安全卫生管理不善的小型私营企业。因此，农民工的健康风险总体很高，主要涉及职业病、工伤、传染病、免疫接种等方面。在医疗保险的参与方面，绝大多数流动人口参加的是新型农村合作医疗制度，由于城乡二元分割，他们在城市几乎无法享受医疗卫生服务[④]。

近年来，为了改善农民工的就医条件，减轻其就医负担，国家陆续出台了一揽子政策方案。在基本医疗保障的基础上，2015年开始全面实施的城乡居民大病保险可对大病患者发生的高额医疗费用给予进一步保障。大病保险

---

① 娄文龙，杨春江，唐学庆：《农民工住房保障供给机制存在的问题及其解决路径》，《城市问题》，2016年第10期。

② 国家卫生和计划生育委员会：《发展医疗卫生事业，为构建社会主义和谐社会做贡献》，http：//www. moh. gov. cn/wsb/pzcjd/200804/21036. shtml.

③ 国务院新闻办公厅：《中国健康事业的发展与人权进步》，http：//www. scio. gov. cn/ztk/dtzt/36048/37159/index. html.

④ 朱亚鹏，岳经纶，李文敏：《政策参与者、政策制定与流动人口医疗卫生状况的改善：政策网络的路径》，《公共行政评论》，2014年第4期。

聚焦大病患者高额费用负担，在基本医保的基础上对合规医疗费用再支付50%以上。据调查，实施前后，大病患者医疗费用报销比例在基本医保之上平均提升10个百分点以上①。工伤保险是保障劳动者权益，缓解农民工医疗问题的“稳定剂”。为促进农民工参保，2015年3月27日，人力资源社会保障部决定开展建筑业“同舟计划”，用三年左右时间，全面推进建筑业从业人员参加工伤保险，湖北、浙江、江苏、山东等地积极开展该计划，并已取得一定成效。2016年1月12日，国务院发布的《国务院关于整合城乡居民基本医疗保险制度的意见》要求，“整合城镇居民基本医疗保险和新型农村合作医疗两项制度，建立统一的城乡居民基本医疗保险制度”，这标志着农民工在制度上被纳入了城市医疗保险体系。

不可否认，中央政府制定政策的出发点是好的，政策本身也是经过严格论证的，但由于这些公共政策涉及不同主体的利益调整，因此对于这些政策能否取得预期的效果，还不能盲目乐观。对此，中国人民大学公共管理学院教授李珍认为：“新农合与城镇居民基本医疗保险的合并虽然可以解决城乡分置造成的管理问题，但不能解决居民保障不充分的问题，也不能解决城乡居民医保和职工医保不平衡的问题。”人力资源和社会保障部的调查也证实上述观点并非杞人忧天，数据显示，2016年城镇职工医保住院费用实际补偿水平为72.2%，城乡居民医保为56.3%，二者相差15.9个百分点。由此可见，两者之间存在较大差距，农民工享受与户籍居民均等的医疗卫生服务仍任重道远。

四、随迁子女教育

教育是劳动者获取知识，提升人力资本水平，进而获得谋生能力的基本途径。对于那些处于社会边缘地位的群体而言，教育是改变自身生存状况，实现向上流动，进而实现阶层跨越的最有效的形式。正因为教育对公民个体、对社会具有如此重要的作用，世界各国政府普遍高度重视教育问题，并将教

① 人力资源和社会保障部：《城乡居民大病保险成效显著》，http：//www.gov.cn/xinwen/2017－10/28/content_5235083.htm.

育作为基本公共服务的重要组成部分，由政府负责提供。由此可见，教育公平是最基本的公平，也是确保机会公平和起点公平的前提条件。农民工作为社会中的边缘群体，他们进城务工的目的，一方面是为了增加经济收入，更好地养家糊口，另一方面也希望给子女提供良好的教育条件，让子女通过接受良好的教育来改变人生命运，防止农民工身份的代际传承。

农民工进城谋生，其子女面临两种选择：一是与父母分开，留在家乡；二是随父母迁至流入地。父母是子女最好的老师，是其价值观念塑造、生活习惯培养最重要的领路人。缺乏父母关注与呵护的儿童，往往会出现性格孤僻、自觉性差等心理缺陷，严重制约了儿童未来的发展潜力。根据《中国留守儿童心灵状况白皮书（2015 年）》报告中的比例测算，在农村留守儿童中，全国约有近 1794 万孩子一年只能见父母 1—2 次，有 921 万孩子一年都没有见过父母。所以，农民工子女若选择留在家乡，与父母长期分离的状况会十分不利于他们的成长。近年来，农民工随迁子女数量不断增加，留守儿童数量呈现出波动性下降。据教育部《教育事业发展统计公报》显示，进城务工人员随迁子女数量从 2009 年的 997 万人增加至 2012 年的 1394 万人，3 年间累计增长近 40%①。国家统计数据和东北师范大学中国农村教育发展研究院在全国 12 个省份的调研数据则表明，2012 年到 2016 年，农村留守儿童数量总体呈减少趋势，五年间减少 544. 78 万人，减幅达 23. 99%②。随着越来越多的农民工子女被带入流入地，他们的教育问题成为农民工能否彻底融入城市的关键。

农民工随迁子女的教育状况主要取决于以下两个方面。

一是农民工子女进入城市后，能否拥有公平的入学机会。改革开放以来，农民工子女的教育政策经历了持续变迁，由 20 世纪的 80 年代中后期的“管制”取向，到 20 世纪 90 年代的“差别对待”，2000 年后的“两为主”③（以公办学校为主，以流入地政府为主）、“两纳入”（纳入城镇发展规划，纳入

① 人民政协报：《数据二：义务教育阶段进城务工人员随迁子女逐年增加（单位：万人）》，http：//epaper. rmzxb. com. cn/detail. aspx？ id = 348688.

② 中国教育新闻网：《中国农村教育发展报告 2017》，http：//www. jyb. cn/zgjsb/201712/t20171228_ 915238. html.

③ 谢建社，牛喜霞，谢宇：《流动农民工随迁子女教育问题研究——以珠三角城镇地区为例》，《中国人口科学》，2011 年第 1 期。

财政保障范围），再到“两统一”（统一以居住证为主要依据为随迁子女提供义务教育服务，统一随学生流动携带“两免一补”资金和生均公用经费基准定额资金）的演进[①]，教育公平的理念逐渐深入人心。然而，这些政策的出台并不代表农民工子女教育得以顺利解决，在政策执行过程中，各地对农民工子女教育接纳的政策口径并不一致。以北京市为例，2002 年的政策要求非本市户籍的适龄儿童入读北京公办学校须出示法定监护人及儿童、少年的身份证明、居住证明、工作证明四证，2010 年减少为家长在京居住证明、户口簿两证，2012 年则增加为出示法定监护人在京暂住证、在京居住证、户口所在地乡镇政府出具的在当地没有监护条件的证明、在京务工就业证明、全家户口簿五证。除了将非京籍适龄儿童的入学门槛从 2010 年的“两证”提高至“五证”，“五证”的审核权限也从街道上收至区县。2014 年到 2016 年，各区县在社保缴费年限、缴费金额、居住地点、居住证的持有时长等方面对“五证”的要求也逐渐提高。政策上的不断变更，加之门槛的再度提高，使很多农民工选择放弃在流入地政府接受教育。截止到 2015 年底，在北京市普通中小学（含民办打工子弟学校）接受义务教育的流动儿童总数为 48.36 万人，其中 37.87 万流动儿童在公办学校就读，占义务教育阶段在读流动儿童总数的 78.31%，约 8 万流动儿童在民办打工子弟学校就读，占义务教育阶段在读流动儿童总数的 16.54%，其余 2.49 万流动儿童在高收费民办学校就读（每学期学费在 10000 元以上），占义务教育阶段在读流动儿童总数的 5.15%[②]。

2017 年，国家统计局发布的《农民工监测调查报告》显示，随着国家宏观政策的保障力度持续加大，农民工随迁子女的教育状况已有明显好转。调查显示，3—5 岁随迁儿童入园率（含学前班）为 83.3%，比上年提高 0.6 个百分点。3—5 岁的在园儿童中，26.7% 上的是公办幼儿园，比上年提高 1.3 个百分点；33.8% 上的是普惠性民办幼儿园，比上年下降 0.8 个百分点。义务教育年龄段随迁儿童的在校率为 98.7%，与上年基本持平。从就读的学校类型看，小学年龄段随迁儿童的 82.2% 在公办学校就读，比上年提高 0.4 个

---

① 邬志辉，李静美：《农民工随迁子女在城市接受义务教育的现实困境与政策选择》，《教育研究》，2016 年第 9 期。

② 21 世纪教育研究院与新公民计划主编：《流动儿童蓝皮书——中国流动儿童教育发展报告（2016）》，社会科学文献出版社，2017 年。

百分点；10.8%的在有政府资助的民办学校就读，比上年提高1.7个百分点。初中年龄段随迁儿童的85.9%在公办学校就读，比上年提高2.7个百分点；9.7%的在有政府资助的民办学校就读，比上年下降0.4个百分点。但仍有55.8%的农民工家长反映孩子在城市上学面临一些问题，其中入学费用高、本地升学难、孩子没人照顾是农民工家长面临的主要困难。

二是农民工子女在进入城市公立学校后，是否受到排斥与边缘化。在入学机会上，农民工子女处于劣势。那么，进入城市公办学校读书是否就意味着农民工子女完成了教育融入呢？调查表明，那些进入城市公办学校的农民工子女，在社会互动、社会心理层面上仍存在一些亟待解决的深层次问题。首先，在社会互动上，农民工子女和城镇学生出生在不同阶层的家庭。由于受到成长环境的影响，农民工子女在语言、卫生、衣着、生活习惯等方面与城镇学生有较大差异。如刚进入城市读书的农民工子女可能难以听懂当地方言，普通话说得不够流利，语言障碍在无形中拉大了与城镇学生的距离。由于受到家庭经济条件的限制，农民工子女往往穿着土气，不够注意个人卫生，常常因此而受到城镇学生歧视。在多种因素的综合作用下，农民工子女在与城镇学生的互动中慢慢被边缘化。在社会心理层面，农民工子女一方面生活在繁华的都市，享受着现代化所带来的生活便利；另一方面也在一定程度上存在自卑、自尊心强、孤独、压抑、缺乏归属感等不健康的心理状态。心理学研究表明，边缘人心理和性格存在不同程度的扭曲，不仅有碍于个人的健康成长，同时也成为影响社会稳定的高危群体①，而农民工子女在学校中扮演的往往是这种边缘人的角色。若想彻底解决这一境况，关键是流入地政府要真正地接纳农民工及其子女，尊重农民工的职业与身份，给予他们更多的公平待遇，使其享受与户籍居民均等的公共服务。

第四节　非制度化：农民工的政治参与

政治参与是公民的一项基本政治权利，是实现民主政治的基本途径，是

---

①　吴霓，张宁娟，李楠：《农民工随迁子女教育的五大趋势及对策》，《当代教育科学》，2010年第7期。

衡量政治现代化的重要指标。农民工作为转型社会中的一个庞大群体，其政治参与权利的行使状况，不仅关系到该群体的利益表达和权益维护，而且涉及国家政权的稳固和社会的和谐安定。政治参与是一个古老的概念，但在漫长的发展历程中人们并未对政治参与的概念达成一致。整体来看，研究者对这一概念界定的分歧主要集中在通过非法形式参与政治是否属于政治参与。主流观点认为，只有通过合法的形式参与政治，才属于政治参与。如美国学者诺曼·H. 尼和西德尼·伏巴强调政治参与的合法性，他们认为，“政治参与指的是平民以影响政府人员的选择及他们的行动为直接目的而进行的合法活动①”。我国学者大多数认为只有制度化的参与才属于政治参与，强调了政治参与的合法性和有序性。陈振明认为，“所谓政治参与，就是普通公民通过各种合法途径影响政府决策与公共管理的行动②”。王浦劬认为，“政治参与是指普通公民通过各种合法方式参加政治生活并影响政治体系的构成、运行方式、运行规则和政策过程的行为③”。与之相对的观点认为，凡是以影响政府决策为目的行为都属于政治参与的范畴，而不论其参与方式是否合法。孔奇认为，“政治参与可以解释为全国或地方、个人或集体支持或反对国家结构、权威和有关公益分配决策的行动④”。亨廷顿认为，政治参与是指平民试图影响政府决策的活动，这种活动既包括合法的或采用和平手段的行为，也包括非法的或使用暴力手段的行为⑤。

笔者认为，其实公民参与政治的目的很直接、很简单，就是维护并扩大自身利益。因此从参与目的的角度来说，非法参与和合法参与并没有本质区别，而是殊途同归。正如马克思所言，人们奋斗所争取的一切都与自身利益有关。如果脱离了目的，而仅仅根据达成目的的形式来界定政治参与的内涵显然是不合适的，因此不能因“非法”二字，而把非法政治参与排斥在政治

---

① ［美］诺曼·H. 尼，西德尼·伏巴：《政治参与》，见格林斯坦，波尔斯比：《政治学手册精选》，北京：商务印书馆，1996 年。

② 陈振明：《政治学》，北京：中国社会科学出版社，2004 年。

③ 王浦劬：《政治学基础（第三版）》，北京：北京大学出版社，2014 年。

④ ［美］帕特里克·J. 孔奇：《政治参与概念如何形成定义》，王胜明，范云萍译，《国外政治学》，1989 年第 4 期。

⑤ ［美］塞缪尔·P. 亨廷顿：《变化社会中的政治秩序》，王冠华，刘为等译，上海：上海人民出版社，2008 年。

参与的范畴之外。当前，农民工的政治参与主要包括制度化政治参与和非制度化政治参与两种途径。制度化政治参与主要是指农民工通过国家和政府提供或认可的途径或平台，表达自身利益诉求的行为。非制度化政治参与主要是指通过非法的方式和途径进行政治参与，从而达成自己的利益诉求。

一、农民工的制度化政治参与

所谓制度化政治参与，是指公民依照法定程序参与公共事务管理的行为，是一种合法的政治参与行为。现阶段我国公民制度化政治参与的形式主要有参加会议、政治投票、竞选、参与监督、投诉以及诉讼等活动。具体到农民工而言，制度化政治参与的主要形式包括加入党团组织、参加党的代表大会或人民代表大会、参加人大代表选举、加入工会等形式。

1. 通过党组织进行政治参与

政党是近代民主政治的产物，是代表特定阶级或阶层的利益，以掌握或参与国家政权为目标，有一定组织纪律和施政纲领的政治组织。随着民主政治的发展，现代政治已步入“政党政治”时代，即大多数国家的政权都掌握在某一个政党的手中，或者说大多数国家的政治领袖都有党派身份或背后有强大的政党作为后盾。在我国，政党在国家的政治生活中更具有重要的特殊地位。中国共产党不仅带领全国人民推翻了三座大山，建立了社会主义制度，而且在建设和改革时期探索出了在和平时期长期执政的宝贵经验，顺利完成了从革命党向执政党的转变。正如党的十九大报告所提出的，东西南北中，党政军民学，党是领导一切的，中国共产党的领导是中国特色社会主义最本质的特征。鉴于中国共产党在国家政权体系中的极端重要性，加入共产党成为我国各阶层公民参与政治、维护自身利益的最有效的途径。《中国共产党章程》明确规定，中国共产党是工人阶级的先锋队，工人阶级是国家的领导阶级。农民工作为工人阶级的重要组成部分，积极加入共产党，行使参与管理国家公共事务的权利，不仅是维护农民工群体合法权益的有效形式，更是坚守中国共产党本色、坚持社会主义制度的必然要求。

为了吸引更多优秀农民工加入党组织，党的十七届四中全会通过的《中共中央关于加强和改进新形势下党的建设若干重大问题的决定》明确要求，

“实行城乡基层党组织一方为主、接续培养、两地考察、相互衔接的优秀农民工入党办法”。这一规定为农民工加入党组织提供了制度支持，加强了农民工对执政党的政党认同。政党认同是指公众“在心理上对某一政党的归属感或忠诚感”，是普通民众对执政党理念、方式、能力、绩效及制度的热爱、信任和忠诚。从制度安排上吸纳农民工入党，不仅有利于为农民工政治参与提供新的制度化渠道，而且有利于加强党组织同社会公众的密切关系，不断扩大和巩固政党的阶级基础和群众基础。正是在国家宏观政策的支持下，农民工这个身份特殊的群体获得了加入党组织的政治认可，农民工党员的数量显著增加。通过加入党组织、参加党代会，已成为农民工群体维护自身权益的一个新的制度化渠道。但总体来看，农民工借助党组织这个平台进行的政治参与还存在诸多问题，制约了他们在城市的利益表达以及融入城市的进程。

首先，农民工党员数量偏少。2017 年 7 月中共中央组织部发布的《2016 年中国共产党党内统计公报》显示，截至 2016 年 12 月 31 日，中国共产党党员总数为 8944.7 万名，比上年净增 68.8 万名，增幅为 0.8%。中国共产党现有基层组织 451.8 万个，比上年增加 10.5 万个，增幅为 2.4%。其中基层党委 22.0 万个，总支部 27.7 万个，支部 402.1 万个。工人（工勤技能人员）13.3 万名，企事业单位、民办非企业单位专业技术人员 23.7 万名，企事业单位、民办非企业单位管理人员 17.7 万名，农牧渔民 34.1 万名（其中外出务工经商人员 1.3 万名），党政机关工作人员 10.8 万名，学生 68.9 万名，其他职业人员 22.6 万名[①]。其中，农民工党员 7101 名，仅占全体党员总量的 0.008%，占农民工总量的 0.003%，而当年农民工群体占全国总人口的比例高达 20.37%。由数据对比可知，农民工加入党组织的比例明显偏低。除了加入党组织之外，能够参加党的代表大会是农民工实现制度化政治参与更有效的形式。2007 年党的十七大代表中，首次出现了农民工群体的身影，3 位农民工历史性地参加了党的全国代表大会。2012 年党的十八大代表中，农民工代表的数量为 26 名，与五年前相比有较大幅度的增加，但考虑到农民工群体的庞大规模，农民工党代表的数量明显偏低，仅占全体代表的 1.14%。

---

① 中共中央组织部：《2016 年中国共产党党内统计公报》，http：//news.12371.cn/2017/06/30/ARTI1498810325807955.shtml.

其次，农民工党员政治参与的素质和能力亟待提高。早在古希腊时期，苏格拉底、柏拉图等思想家就提出，政治参与是一门艺术，需要专业知识和理性态度作为支撑，否则就容易陷入多数人的暴政。长期以来，受到历史传统和现实因素特别是收入水平的制约，农民工普遍没有机会接受系统的教育，知识文化素质较为欠缺。尽管那些能够当选党代表的农民工，已经是该群体中的佼佼者，但相对于参政议政所需要的知识和能力来说，他们仍需要大幅提高自身政治参与的素质和能力。此外，比政治素质缺失更为紧迫的是，一些农民工政治参与的积极性不高，甚至出现了一定程度的政治冷漠。据一项调查显示，有将近一半的农民工对于有无政治权利表示无所谓，只有其中的少数人认为他们应该具有并且行使自己的权利，希望自己能为国家政治建设贡献自己的力量，这种消极态度也制约了农民工的政治参与①。

最后，农民工党员的管理不规范，制约了农民工政治参与的效能。农民工一般是在户籍所在地，即农村加入党组织，但由于他们常年在城市务工，使其成为数量庞大的“流动党员”。“流动党员”的形成，不仅导致农民工无法参加所在党支部组织的活动，行使党员应有的权利，而且使党组织无法了解监督农民工党员的思想、行为状态。

2. 通过共青团进行政治参与

中国共产主义青年团是中国共产党领导的先进青年的群众组织，是广大青年在实践中学习中国特色社会主义和共产主义的学校，是党的助手和后备军。作为国家政权的重要社会支柱，共青团担负着协助政府管理好青年事务的职能；作为党和政府联系青年的纽带，担负着代表和维护好青年利益，反映青年意愿和呼声的任务。正是在这一意义上，习近平同志强调，共青团要努力帮助广大青年树立远大理想，坚定走中国特色社会主义道路的人生信念，用科学的理论武装青年，用历史的眼光启示青年，用伟大的目标感召青年，用光明的未来激励青年。随着农民工内部代际更替的进行，以 80 后、90 后为主的新生代农民工已成为农民工队伍的主体力量，其中大部分是初中或高中毕业就直接进入城市的青年人。他们既是农民工队伍的主力军，也是共青团

---

①　吴新芳，李德刚：《当前我国农民工政治参与的困境及解困路径分析》，《河北青年管理干部学院学报》，2016 年第 5 期。

的生力军和后备军。

共青团作为我国重要的群团组织，在国家政治体系中占有不可或缺的地位，完全可以成为新生代农民工实现制度化政治参与的主要平台。共青团在组织、凝聚新生代农民工、促进其融入城市方面具有不可比拟的优势。近年来，团中央日益重视农民工随迁子女的教育问题，并联合中国青年志愿者协会在全国范围实施“共青团关爱农民工子女志愿服务行动”，探索出了“七彩课堂”“七彩小屋”等一些行之有效的形式，增加了对农民工随迁子女的社会关爱，提高了他们的受教育水平。但总体而言，共青团作为农民工政治参与主要平台的作用尚未充分发挥出来，除了参与解决农民工随迁子女的教育问题之外，共青团还应当结合自身优势和农民工群体的现实需要，在更广范围内、更大程度上参与农民工市民化的全过程。

共青团与农民工的自组织团结协作、互帮互助，可以缓解农民工在城市融入过程中遇到的权益维护、自我发展、社会融合、技能提升等方面的困难，促使其早日实现扎根城市的目标。所谓自组织，是指农民工自发成立、自主发展、自行运作和自我治理，具备一定规模、拥有组织章程和组织框架的青年非政府组织。目前，农民工的自组织以其非正式性、地域性、趣缘性、自治性、网络化等特点，发展非常迅速，加入的人数日益增加。面对此种情况，共青团组织必须主动调整工作思路，深入了解农民工自组织的发展轨迹、管理模式、运作流程、活动特点，学习借鉴其灵活的组织方式和多元化的服务手段。通过改善工作方式、改进工作效率、提升工作效能等方式，把农民工吸纳到团组织中来，拉近与农民工的心理距离。

3. 通过参加选举进行政治参与

根据马歇尔对于公民权的界定，公民权主要由民事权利、政治权利和社会权利构成，其中公民行使政治权利的主要途径是参加选举。自法国启蒙思想家卢梭提出人民主权这一划时代的理论以来，“权力来自人民”的理念已经深入人心，且得到了绝大多数国家的政治认可。按照古希腊思想家对民主本意的解释，民主就是人民的统治，即“权力属于人民，也应该由人民直接行使”。但是，在民族国家形成后，每个国家的领土和人口空前扩张，实行直接民主在现实中已经不具有操作性。在此背景下，英国思想家约翰·斯图亚特·密尔提出了代议制的设想，即由选民选举产生代表（或议员）进入国家的权力机关，代表人民行使权力，而人民则始终保留权力的所有权。密尔的代议制设想，有效缓解了权力的所有权和行使权之间的张力。我国是人民当家作主的社会主义国家，人民是国家的主人，也是公共权力的主人，但由于人口基数过大，人民难以直接行使权利，而只能选举合适的人进入各级人民代表大会，由他们代表人民行使权利。因此，参加人大代表选举是公民的一项基本政治权利，也是公民实现政治参与的主要形式。

首先来看农民工参加人大代表选举的情况。根据《选举法》规定，凡是年满十八周岁、没有被剥夺政治权利的中国公民都依法享有选举权和被选举权。由此可见，只要满足上述条件，包括农民工在内的各群体就拥有选举各级人大代表的权利。在西方国家，法律普遍对选民投票有居住时间的限制，也就是说，选民必须在本选区居住满一定时间方可投票。不同国家对居住时间的限制长短不一，少则一个月，如德国、澳大利亚，长则一年以上，如美国，大多数国家的规定是 3—6 个月，如英、法、瑞士、比利时，而冰岛、挪威规定的时间最长，达 5 年之久。西方国家限制选民居住时间的目的主要有两个方面：一是防止少数流动选民反复投票的不公平现象；二是确保选民了解本地的实际情况，真正把德才兼备的候选人选出来。在我国，没有对选民附加居住时间的限制，但设置了一个比居住时间更为苛刻的条件，即选民必须拥有当地户籍才能参加投票。根据这一规定，农民工只能返回户籍所在地，即农村参加选举。这时农民工就会面临两难的选择困境，如果不回家乡参加投票，就会间接丧失选举的政治权利；如果回家乡参加投票，则要付出一定的成本，这些成本不仅包括往返城乡的交通费用，还包括因投票而产生的误工成本，有些农民工甚至可能会面临失去工作的风险。即使回家乡参加投票，自己手中的选票也难以对选举结果产生实质性影响，而且由于农民工常年在城市工作生活，家乡的选举对其切身利益已没有直接的影响。因此，多数农民工基于成本与收益的理性考量，普遍会选择放弃行使选举权。如此一来，就导致数量庞大的农民工群体既不愿回农村参加选举也不能在城市参加选举的尴尬局面。除了制度安排不合理之外，农民工自身也存在政治参与意识淡化甚至政治冷漠的现象。在调查中，一些农民工受到传统文化观念和现实经济条件的制约，认为“政治是国家领导人的事情”“选举与自己无关”。在他们看来，与其浪费时间去参加投票，还不如好好工作多赚钱更实惠。农民工选举权的缺失，不仅制约了他们的利益表达，而且阻碍了农民工的城市融入，使其成为了“政治边缘人”。

其次来看农民工当选人大代表的情况。根据我国《选举法》规定，只要同时满足年龄、国籍和政治权利三个条件就享有被选举权，这为农民工当选为人大代表提供了法理依据。很显然，能够当选为人大代表并进入国家权力机关，亲自行使参政议政的权利，是一种比参加人大代表选举更直接、更有效的政治参与形式。但长期以来，由于社会排斥和社会歧视的影响，理论上拥有被选举权的农民工并没有获得进入人民代表大会的机会。直到 2003 年，全国人民代表大会中首次出现了农民工的身影，实现了农民工全国人大代表零的突破。2008 年农民工全国人大代表的数量增加到 3 名。2013 年第十二届全国人民代表大会农民工代表增至 31 位。2017 年第十二届全国人民代表大会第五次会议期间，提交到大会审议的《关于第十三届全国人大代表名额和选举问题的决定（草案)》明确规定：农民工代表人数要比上一届有所增加，2018 年第十三届全国代表大会中农民工人数代表为 45 位，与十二届全国人大相比增加了 31%，但仅占全国人大代表总量的 1.51%。由此可以看出，农民工当选为全国人大代表的比例仍然偏低。农民工通过参加人民代表大会，来实现自身权益维护、融入城市的梦想还有很长的路要走。

4. 通过工会进行政治参与

在我国，工会不仅是维护工人利益的群团组织，而且是党联系职工群众的桥梁和纽带，在国家政权体系中具有重要的地位，依法享有参与社会治理的权利。与西方国家的工会性质不同，我国的工会具有双重属性，即政治性与社会性。习近平总书记在党的群团工作会议上强调，政治性是群团组织的灵魂，是第一位的。工会是我国国家政权的重要社会支柱，必须自觉接受共产党的领导，严格遵守政治纪律和政治规矩，切实肩负起引导职工群众听党化、跟党走的神圣职责，把广大职工更加紧密地凝聚在党的周围。工会的社会性体现在工会是职工自愿结合的工人阶级的群众组织，必须维护广大职工的合法权益，为职工代言，替职工办事。工会的双重属性在 2016 年修订的《工会法》中也有鲜明的体现，即工会在维护全国人民整体利益的同时，维护好职工群众的合法权益[①]。

根据《工会法》规定，凡是在中国境内的企业、事业单位、机关中以工资收入为主要生活来源的体力劳动者和脑力劳动者，不分民族、种族、性别、职业、宗教信仰、教育程度，都有依法参加和组织工会的权利。虽然农民工的身份还是农民，但从职业上来看他们是名副其实的工人，工资收入已成为他们的主要生活来源。因此，农民工有加入工会组织的法定权利。《工会法》第五条规定，工会组织和教育职工依照宪法和法律的规定行使民主权利，发挥国家主人翁的作用，通过各种途径和形式，参与管理国家事务、管理经济和文化事业、管理社会事务；协助人民政府开展工作，维护工人阶级领导的、以工农联盟为基础的人民民主专政的社会主义国家政权。由此可见，工会不仅是农民工利益的代言人，而且是农民工实现制度化政治参与的重要平台。

但从现实情况来看，农民工加入工会组织以及通过工会政治参与的情况不容乐观。《2016 年农民工监测调查报告》显示，从对工会组织的知晓情况来看，已就业进城农民工中 20.8% 知道所在企业或单位有工会组织，59.6% 知道所在单位和企业没有工会组织，19.6% 不知道自己所在企业或单位是否有工会组织[②]。导致农民工入会情况不理想的原因是多方面的，一方面，农民工加入工会的积极性不高。大多数农民工仍坚守着传统的乡土情结和观念，当遇到困难时不是主动找政府和工会解决，而是找老乡或亲戚帮忙，这种根深蒂固的价值理念决定了农民工不愿意加入工会。另一方面，工会组织自身具有一定的局限性。工会主要分布于党政机关、国有企事业单位和行业协会等组织，而在农民工就业的中小微等非公企业，工会组织普遍没有建立起来，这导致农民工对工会不知情、不了解和不关注，不仅造成了农民工与工会之间的隔阂，而且使得工会开展农民工工作遇到一定的困境和藩篱。

工会作为维护职工合法权益的组织，应加强农民工工会的组建工作。对此，习近平同志指出，各级工会首先要把组织建设和队伍建设这两大任务摆到重中之重的位置，引导和指导各级各类企业完善组织壮大队伍，逐步打破户籍限制，消除职工和打工的区别，最大限度地把外来务工人员组织到工会

---

① 张善柱：《国家治理体系现代化中的工会参与》，《天津行政学院学报》，2018 年第 2 期。

② 国家统计局：《2016 年农民工监测调查报告》，http：//www.stats.gov.cn/tjsj/zxfb/201704/t20170428_ 1489334.html.

中来，通过组织制度的创新，使农民工真正有归属感，从而为解决农民工问题创造更好的条件[①]。针对农民工组织意识淡薄的特点，加大宣传工会活动的力度，让广大农民工了解工会和自身加入工会的权利和义务，增强农民工的组织性和阶级性，逐步引导他们主动加入工会[②]，切实发挥工会维权作用。加快建设企业劳资集体协商机制，形成规范合理的工资共决、支付保障和正常增长机制[③]，提高农民工合同签订率、改善农民工工作安全状况。工会一方面要维护农民工的权益，另一方面也要主动从农民工中收集各种企业改进生产、提高效益的信息和建议，加强双方的对话和沟通，增强相互之间的信任感，共同提高企业效益[④]，协调农民工与企业间的劳资矛盾，引导企业建立互利共赢、和谐稳定的新型劳资关系。

由于农民工文化素质受限、农民工利益表达机制构建不完善等多种原因，农民工在劳动权益受到侵害后不能及时获得有效救助[⑤]。在我国，劳动维权主体主要包括劳动保障部门、工会、法律援助机构、劳动争议仲裁机构、人民法院等[⑥]。作为维护职工合法权益的组织，工会应当发挥其应有的作用，主动宣传、吸纳农民工进入工会，适时组织农民工与企业展开集体谈判和协商，保障农民工的合法权益，促进工资正常增长机制的建立。针对农民工群体工伤易发的特点，工会应当切实履行起对农民工健康权益的维护。如《职业病防治法》第四十条规定："工会组织对用人单位的职业病防治工作提出意见和建议，与用人单位就劳动者反映的有关职业病防治的问题进行协调并督促解决。"同时《工会法》第二十三条规定："工会依照国家规定对新建、扩建企业和技术改造工程中的劳动条件和安全卫生设施与主体工程同时设计、同时施工、同时投产使用进行监督。"根据珠江三角洲工伤研究项目小组对佛山、中山、东莞、惠州、广州、深圳六个城市的582位工伤者所进行的问卷调查，

---

① 习近平：《干在实处 走在前列——推进浙江新发展的思考与实践》，北京：中共中央党校出版社，2013年。

② 张春华：《组织化：农民工"虚城市化"到市民化的理性路径》，《学术论坛》，2012年第1期。

③ 国务院发展研究中心课题组：《农民工市民化——制度创新与顶层政策设计》，北京：中国发展出版社，2011年，第181页。

④ 朱信凯：《农民工市民化的国际经验及对我国农民工问题的启示》，《中国软科学》，2005年第1期。

⑤ 高峰：《空间理论视角的外来农民工城市融入问题研究》，北京：科学出版社，2013年，第89页。

⑥ 柴海瑞：《关于农民工劳动权益保障机制构建的思考》，《山东社会科学》，2009年第8期。

在遭遇工伤时，53% 的农民工表示得到过一些关心，但得到基层工会关心的比例仅为 1.9% 。

工会同样可以在农民工培训教育方面发挥作用。农民工个人技能和文化素质的提高也会增强他们市民化的意愿、加快他们融入城市社会的进程。如文化部、人社部和全国总工会三部门在 2011 年下发的《关于进一步加强农民工文化工作的意见》强调，要引导用工企业做好农民工文化工作，鼓励用工企业加强农民工文化建设。在促进农民工技能和文化素质提高方面，工会应当监督、辅助企业开展面向农民工的相关培训。另外，工会可以用会费定期或不定期对农民工开展《劳动法》《合同法》等相关法律法规的培训，提高农民工自主维权意识。加强会费管理、运用等工作，通过督促企业运用工会会费组织农民工培训等多种方式，对农民工进行技能培训。通过加强对农民工法律法规的宣传，提高农民工自主维权意识，并在农民工权益遭受损害时，及时提供必要的政策支持和法律援助。

二、农民工的非制度化政治参与

当前，由于制度安排和自身素质的影响，农民工在经济收入、公共服务、子女教育、技能培训以及社会适应等方面都面临被边缘化的困境。当自身权益受到侵害时，政府、工会、人民代表大会等制度化的渠道和平台往往难以发挥预期中的作用，而通过法律方式维权又面临成本高、周期长、收益不确定的问题。因此，法治意识淡薄的农民工更倾向于借助老乡会、同乡会等组织力量，采取更为激进甚至暴力的方式，以此向相关政府部门施压，从而达到维护自身权益的目标。通过梳理近年来发生的农民工非制度化政治参与案例可以发现，农民工的诉求主要集中在工资收入低、工资被拖欠、发生工伤或职业病时无人负责、养老保险支付纠纷等领域，而这些诉求基本都属于经济层面的范畴。由此可见，增加收入仍然是当前农民工最迫切的利益诉求，相关部门应当明确工作重心，着力改善农民工的经济状况，提高农民工融入城市的经济能力。

曾经引起轰动的富士康“十三连跳”事件，就是典型的农民工非制度化政治参与。富士康集团从 1988 年开始在深圳地区投资建厂，至今已在深圳、郑州、太原、烟台、成都、武汉等地建立了30余个工业园区，吸纳就业人员近140万，其中大多数是新生代农民工。由于工资收入不高，且劳动强度大、休闲娱乐时间少，部分员工的心理压力逐渐加大，并在2010年集中爆发。2010年1月至2010年11月，接连发生13起跳楼事件，引起了社会舆论高度关注。从官方调查和媒体报道来看，这些员工的主要诉求是提高工资收入、降低工作强度、增加休闲娱乐活动。农民工希望通过以这种方式来吸引社会的关注，并向政府施压，以推动问题的解决。随后的事实证明，这种极端的非制度化参与的确起到了制度化参与所没有起到的作用。2010年6月2日，富士康集团宣布加薪30%以上，普通员工月工资从900元升至1200元。仅仅在5天之后集团又正式公告，增加深圳地区生产线员工的薪酬及工资，将经考核合格的一线员工（含作业员及线组长）的基本薪酬及工资由1200元调升至每月2000元，增幅达66%。

其实，从农民工的角度来考虑，他们更希望通过政府、人大、工会等制度化的渠道进行政治参与，因为制度化政治参与的成本更低、效果更好，而非制度化政治参与的成本高且效果并不理想。但是，当制度化政治参与的渠道不通畅或难以发挥作用时，作为社会弱势群体的农民工就被迫进行非制度化的政治参与，并以此引起舆论关注，倒逼政府进行改革。因此，要想从源头上减少非制度化政治参与，就必须完善制度设计，使其能够顺畅地通过制度化的平台反映自身的利益诉求。政府部门作为公共资源的分配者，要高度重视农民工提出的利益诉求。对于那些合理的利益诉求，相关部门要组织力量调查研究，拿出切实可行的解决方案，使其反映在公共政策和法律法规当中，从而对农民工合法权益形成制度化的保护。通过制度化平台作用的发挥，进一步压缩非制度化载体的生存空间，为农民工合法权益维护及其市民化提供持久保障。

第五节　内卷化：农民工的社会认同

农民工市民化是一个漫长的过程，也是农民工从多个维度融入城市的过程，其中既包括经济融入和政治融入，也包括社会融入和文化融入。也就是说，完成市民化的农民工不仅要有一份体面的工作，稳定的收入，健全的社会保障，随迁子女能够接受良好的教育，同时还要接纳城市的价值观念和生活方式。农民工不仅要自己认同属于市民的身份，而且要得到城市居民的接纳和认同，在城市找到参与感和归属感。

“认同”一词来自英文中的“identity”，该词在英文中具有多重含义，既包括客观的一些相似或相同特性，如相同的身份、相同的行为等，也包括心理认知的一致性及由此形成的关系。社会心理学偏重于对社会认同的心理活动层面的研究，而社会学更偏重于社会现象的一致特性、人们对此的共识及其对社会关系的影响。美国社会学家科尔曼在其《社会理论的基础》一书中提出了七类认同：对直接亲属的认同、对国家的认同、对雇主的认同、对主人的认同、对势力强大的征服者的认同、对社区的认同、法人行动者对其他行动者的认同①。社会学认为，认同是社会互动过程的结果。只有通过社会互动，人们才能通过参照群体，对自己以及与他人的关系有一种明确的定位，进而产生对自己的身份角色以及与他人关系的判定。

社会认同理论是20世纪70代末亨利·泰弗尔、约翰·特纳等人提出并加以完善的。该理论认为，社会认同是指个体从他感知到的自身所属团体那里得来的自我形象，以及作为团体成员所拥有的情感和价值体验。个体都在努力地维持和增强自尊，而社会团体以及团体内部成员都会赋予个体或积极或消极的价值内涵，这势必会影响到个体的社会认同②。社会认同的心理过程包括三个部分，依次是社会分类（social categorization）、社会比较（social comparison）和积极区分（positive distinctiveness）。农民工市民化的过程，是农民工离开熟悉的农村进入并融入陌生城市的过程。在这个过程中，农民工不仅要与城市居民发生正面的社会互动，而且可以换一个视角重新认识农村和“农民”的身份，并在此基础上进行“社会分类”“社会比较”和“积极区分”，重新认识、评价、定位自己的身份，即回答“我是谁”的问题。

---

① 科尔曼：《社会理论的基础》，邓方译，北京：中国社会科学文献出版社，1990年。

② Tajfel, H. & Turner, J. C. (1979). *An integrative theory of intergroup conflict.* The Social Psychology of Intergroup Relations, 33 (47), 33-47.

一、农民化的社会认同

尽管农民工已进入城市并从事非农产业，尽管国家已经将其界定为工人阶级的重要组成部分，尽管在国家统计局的统计口径中他们已成为市民，但由于受到成长环境、乡土文化、城乡差异、价值分歧等因素的影响，有些农民工认为，职业和生活场域的转换并没有改变自身的社会身份。在他们看来，农民工既不是工人，也不是市民，他们的身份就像户口簿上显示的一样，依然是农民。这种社会认同和身份定位在第一代农民工群体中更为常见。

1. 根深蒂固的乡土文化

不论是社会分类、社会比较，还是在此基础之上进行的积极区分，都具有一定的主观性，因此，社会认同在本质上属于社会意识的范畴，不可避免地会受到社会存在的影响。第一代农民工在进入城市之前，一直生活在封闭的农村，土地是他们赖以生存的唯一生活来源。当时的农村，没有四通八达的交通网络，没有便捷的获取外部信息的渠道，更没有现代城市文明的介入。在这样近乎静止的社会环境中，传统乡土文化的农耕性、血缘性、聚居性、自给性、封闭性和稳定性得以传承，生活其中的第一代农民工深受传统乡土文化的浸染，形成了独一无二、颠扑不破的社会认同，即他们的身份是农民。

费孝通曾将中国乡土社会的基本结构特征概括为“差序格局”。在这种社会格局中，社会关系是私人联系的增加，社会范围就是由所有私人关系所构成的网络。在农村社会中，人与人之间的关系主要是通过血缘、等级辈分和礼俗等维持的宗族内部秩序。相较于村庄的公共利益，村民更加重视本家族内部的人际关系和维护本家族的利益，一个大宗族的核心目标便是维护宗族利益、保证宗族发展的稳定性、增强宗族的凝聚力。农村社会是典型的礼俗社会，村民们更崇尚以血缘关系为基础的人伦关系的存在以及人们对这些关系的确认。“同姓则同德，同德则同心，同心则同志”“亲戚亲三代，宗族亲世代”的宗族认同观念，已经深深刻进了农民的思想观念和行为模式。当遇到家庭变故或遇到生活困难时，村民更倾向于寻求家族的支持而不是当地政府或村委会的帮助。

2. 不可避免的文化冲突

在不同的社会时空中，人们会有不同的生命历程和生活行动特点，这会给他们留下不同的社会记忆。所谓社会记忆，不是指过去的东西，而是指过去在现在“现存”的东西，是“活”的东西。“如果时间并非一系列现在的继替，而是海德格尔意义上的存现，那么记忆就是存现的某种特征。”① 人们总是凭借这样的记忆（或经验）来确定自己的行为，建构自己对周围的认识。对于第一代农民工来说，他们的社会记忆就是面朝黄土背朝天的农业生产，是日出而作日落而息的规律生活，是一家有难八方支援的宗族文化。当农民工进入城市之后，他们仍凭借这样的社会记忆为人处世，但在与城市居民的日常交往中，他们体会到了截然不同的价值观念和生活方式，面临着乡土文化在城市四处碰壁的尴尬处境。表面看来，这些分歧和冲突是城乡居民不同的生活习惯和文化背景所导致的，但其实质是传统乡土文化与城市现代文明的交锋，甚至是冲突。文化冲突是指因文化上的差异而导致的主体间心理上的对立与言行上的对抗。任何人的行为都具有一定的文化背景，而生活在某一种文化环境中的人当其初次接触到另一种文化模式时会产生思想上的混乱与心理上的压力，甚至会导致文化震惊②。农民工由农村文化氛围转入城市文化环境，也会产生文化与心理方面的不适应，从而影响他们与城市居民之间的人际交往。

3. 难以割舍的利益羁绊

除了文化冲突以外，还有其他因素固化了农民工的身份认知和自我评价。其实，多数农民工具有强烈的融入城市的意愿，但在城乡二元制度的屏蔽下，农民工无法享受到相应的公共资源，而且考虑到购房、子女教育、社会保障等高昂的生活成本，农民工意识到融入城市的愿望虽然美好，但回到农村叶落归根才是他们的归宿。对于第一代农民工来说，农村的土地也是吸引他们回流的一大因素。在进入城市之前，他们以务农为生，农业收入几乎是其唯一的生活来源，因此，第一代农民工对于土地具有难以割舍的感情和依赖。此外，对于第一代农民工来说，已经到了“上有老下有小”的阶段，他们既

---

① ［英］吉登斯：《社会的构成》，李康，李猛译，北京：三联书店，1998 年。

② 郑杭生：《社会学概论新修》，北京：中国人民大学出版社，1994 年。

要为子女的教育着想，还要考虑农村的留守老人。而且，第一代农民工深受传统文化中“养儿防老”观念的影响，为父母“养老送终”是他们义不容辞的责任和必须履行的义务。上述因素的综合交织，使得这些农民工认为城市对他们而言只是一个驿站，而农村才是其最终归宿，农民是伴随他们一生的“标签”。

二、市民化的社会认同

个体的社会认同是在个体将自身与其他个体或群体的比较中实现的，换言之，没有比较，个体就不可能实现社会认同。人们倾向于根据他人和自己的异同来进行分类，从而把对象归为同一分类的内群成员或者是不同分类的外群成员。自我归类的结果是自我与其他内群成员相似性增强，与其他外群成员相异性增强。一方面，自我归类使个体认为自身与群内成员是相似的，将群体概念放入自身头脑当中；另一方面，自我归类使个体在某些方面做出与归类相符的行为。简言之，自我归类就是将个体转换为群体的一个过程①。社会认同理论认为，个体为了获得和维持自尊，在群体比较时倾向于在特定维度上夸大群体间的差异，给群体内部的成员更加积极的评价②。这一论断在新生代农民工群体身上也得到了验证。与第一代农民工把城市视作驿站不同，新生代农民工进城的目的是开阔眼界，享受现代城市文明，并彻底融入城市。尽管他们在城市也会遇到来自各方面的歧视和不公正待遇，但这并没有影响他们在进行社会分类、社会比较时，仍把城市居民作为参照对象。在新生代农民工看来，他们与城市居民一样从事非农职业，生活在同一个区域，具有平等的社会地位，而且已经接纳了城市的价值观念和交往方式，因此，他们对自己身份的定位不再是农民，也不是农民工，而是市民。与第一代农民工相比，他们在信息获取、制度化维权以及政治参与等方面都有了明显进步。

---

① Hogg, M. A., van Knippenberg, D., &Rast III, D. E. (2012). *The social identity theory of leadership: Theoretical origins, research findings, and conceptual developments.* European Review of Social Psychology, 23 (1), 258 - 304.

② 张莹瑞，佐斌：《社会认同理论及其发展》，《心理科学进展》，2006 年第 3 期。

1. 获取信息便利化

现代社会是信息社会，特别是随着互联网技术的快速发展和广泛应用，信息发布、传播、更新的速率远远超过以往任何时代。置身这样的时代，社会个体接触、获取、使用信息的能力，将在一定程度上影响他们人力资本的积累和社会资本的拓展，进而决定着他们在社会利益格局调整中的流向。与第一代农民工相比，新生代农民工可以熟练地使用智能手机，并通过微博、微信等平台发出自己的声音，这为他们获取知识、掌握信息、了解社会，进而融入城市提供了得天独厚的便利条件。农民工熟练地使用现代交流工具呈现出以下特点：一是主体的广泛性。据《中国互联网络发展状况统计报告》统计，截至2016年12月，中国网民规模达7.31亿人，其中，农村网民占比27.4%，规模高达2.01亿人；农村外出务工人员占比2.9%，总数超过2000万人。由此可见，农民工网民已经成为我国网民队伍的“新生力量”，网络已成为农民工工作和生活中不可或缺的元素。二是信息内容的多样性。借助互联网，农民工不仅可以获取工作信息，减少寻找工作的成本，提高农民工的就业率；而且可以利用线上平台，便捷地学习专业知识，提高自身综合素质和城市适应能力；同时也可以运用微博、微信等媒介参与社会热点事件的评论，培养现代公民所必备的政治参与素质和能力。

2. 维权方式制度化

作为城市社会中的弱势群体，新生代农民工的合法权益常常受到侵害，但与父辈选择忍气吞声或通过极端方式维权不同，他们的权利意识和法治意识逐步觉醒，更倾向于通过制度化的方式维护自身合法权益。与第一代农民工相比，他们的维权方式呈现出以下特点：一是充分利用大众传媒工具。在劳动关系冲突中，劳资双方处于不对等的地位，资方凭借资本的优势处于强势位置，而农民工则无法与资方公平地进行讨价还价。在这种情况下，如果没有第三方的介入，劳方很难通过谈判或集体协商等和平方式，实现自己正当的利益诉求。随着社会发展与进步，大众传媒在社会监督以及维护社会公正方面的作用日益凸显。当农民工意识到仅靠自身力量无法与资方抗衡时，他们适当地运用了微博、微信等新生传播媒介，及时曝光自身遭遇的不公正待遇，并在短时间内形成强大的扩散效应，给政府或相关部门施加巨大的舆论压力，倒逼资方进行让步或政府做出政策调整。二是寻求法律援助。随着新生代农民工综合文化素质的提升，该群体的法治意识逐步增强。他们逐渐认识到，通过非制度化的方式只能逞一时之快，而且违法成本高，无法真正解决问题。北京致诚农民工法律援助与研究中心发布的《农民工法律援助十年变迁调研报告》显示，农民工劳动合同签订率提高，单纯欠薪案件明显减少。遭遇欠薪问题时，新生代农民工会通过司法渠道，依法维护自身权益，而不再采用跳楼、自焚、伤害他人等极端方式。三是寻求工会或政府部门的帮助。与第一代农民工主要依赖老乡或亲戚朋友不同，部分新生代农民工意识到他们之所以屡屡遭遇不公正的待遇，一方面是由于资本的贪得无厌，另一方面也与政府部门的公共政策有关。通过直接向工会或政府部门反映利益诉求，不仅有利于确保利益诉求传递的真实和效率，而且可以促使相关部门调整不合理的公共政策，从源头上解决农民工权益不断受损的问题。

3. 政治参与理性化

政治参与是农民工融入城市的必要途径，也是衡量农民工市民化程度的重要指标。与父辈相比，新生代农民工的权利意识和法治意识逐渐增强，行为模式渐趋理性化。一是利益诉求的多元化。第一代农民工进城务工的主要目的是养家糊口，因此，只要能实现增加收入的目标，他们并不在乎工作环境、劳动强度以及城里人的评价等问题。但对于新生代农民工而言，他们更关心职业发展前景、社会保障水平、技能培训机会、包容性、归属感、体面劳动等关系到自身长远发展和价值实现的因素。新生代农民工的多元化利益诉求已经超越了单纯的经济层面，并不是企业或其他社会组织所能解决的，更多地需要政府的公共政策予以规制和调整，这为他们积极进行政治参与提供了利益驱动。二是政治关心度提高。总体来看，第一代农民工并不关心政治参与，他们认为，“政治是国家领导人的事情，与自身利益无关”，属于典型的政治冷漠。相对而言，新生代农民工对政治和相关公共政策的关注度更高，综合文化素质的提高使他们意识到，政治并不是“高高在上”“与自己无关”，而是与自己的利益息息相关。基于这种认识，他们会在闲暇时间关注政治，关注与其利益相关的公共政策的调整。需要注意的是，新生代农民工的政治关注度虽然有所改善，但他们的政治认同感并没有随之提高。政治认同是指社会成员对其所生活于其中的政治体系所产生的基于情感和意识的归属感，还包括以一定利益为目的的积极支持、参与所在政治体系的实践活动。

唐斌通过对广州地区农民工政治信任状况进行实证研究发现，新生代农民工的政治信任度与第一代农民工相比较弱[①]。他们对中央政府的信任度最高，而对自己所在地的镇政府或社区政府信任度最低，这也提醒流入地政府或相关部门要加强对新生代农民工的关爱，为其政治参与搭建制度化的平台，使其能够畅通无阻地反映自身的利益诉求，在流入地感受到归属感和融入感。

三、内卷化的社会认同

与前两部分农民工具有明确的社会认同不一样，大部分农民工并没有明确的身份归属。由于职业、地域、身份、待遇的不匹配，导致他们常常游离于农民、农民工和市民等不同身份之间，从而遇到了角色模糊甚至错位的社会认同危机。对于农民工的社会认同危机，研究者从不同角度进行了剖析。周霞[②]认为社会的文化传统和分配制度共同导致农民工群体的不公正待遇，即农民工群体的身份加剧了扭曲化的制度建构与世俗认同。徐勇志[③]指出，固有文化和制度性的排斥等影响着农民工的社会认同。滕丽娟和徐佩文[④]指出，身份认同模糊、地域认同分化、文化认同固化和地位认同双重化等几个方面共同影响着农民工的社会认同。本文主要从地域认同、身份界定、与城市居民的社会交往三个维度进行阐述。

1. 矛盾的地域认同

农民工在迁移到城市后既保留了迁入前的乡土记忆，又新增了迁入后的城市体验。城市相对优越的生活条件、更多的发展机会、更高的经济收入，使得农民工对城市生活充满了期待和认可，他们希望通过努力打拼，能够成为城市的一员。但是，由于收入不稳定、社会地位低以及来自公共政策和城市社区的社会排斥等因素的影响，农民工陷入了既不愿意认可农村地区又不能融入城市社区的双重困境。“社会排斥”一词被广泛地应用在对政治社会变

① 史向军，李洁：《共享发展理念下新生代农民工政治认同研究》，《学术论坛》，2016 年第 10 期。

② 周霞：《承认的权利：城市化进程中农民工的认同研究》，《齐鲁学刊》，2016 年第 6 期。

③ 徐勇志：《城镇化进程中城市农民工的社会认同研究》，《中共四川省委党校学报》，2016 年第 3 期。

④ 滕丽娟，徐佩文：《新生代农民工城市社会认同及影响因素探析》，《大连教育学院学报》，2015 年第 2 期。

迁及社会政策的研究中，主要是指由于制度机制系统化地拒绝向某些社会群体提供资源，使之不能完全参与社会生活，因社会制度安排等原因而被推至社会结构的边缘地位的机制和过程。20 世纪 80 年代，欧盟的反贫困计划使用了社会排斥这一概念，试图通过调整社会政策，改变社会资源的分配，提高社会成员的社会参与，以解决福利国家面临的危机。美国社会学家帕金认为，任何社会都会建立一套程序或规范体系，使得资源和机会为社会上某些人享有而排斥其他人。在我国，也同样存在类似的社会排斥机制。在改革开放初期，限制人口流动的政策出现松动，农村剩余劳动力得以进入城市，但当时受到国家财力薄弱的制约，我国并没有为农民工提供全方位的公共服务，使其在城市沉淀下来并实现市民化。相反，以户籍制度为基础的城乡二元体制得以维系，农民工在经济、政治、文化等多个方面均受到来自城市社会的排斥，这些不同维度的排斥相互交织、相互累积，影响了农民工的社会认同，也从根本上制约了他们的城市融入。

2. 模糊的身份界定

从农民工的称谓可以看出，该群体是我国社会转型过程中产生的一个过渡性群体，从社会发展趋势来看，他们最终要摘掉“农”的帽子，成为名副其实的“工”，转化为拥有公民权的市民。但在当前，农民工面临户籍制度的排斥难以融入城市，同时也不愿返回农村重操旧业，因此他们成为了游离于城市社会和农村社会之间的“双重边缘人”。从劳动关系和职业的角度看，农民工已实现了职业的转换，成为了地地道道的工人；从生活地域看，农民工长期居住生活在城市，与城市居民朝夕相处，成为了统计意义上的“市民”；从土地的占有情况看，他们在农村拥有土地，却不再像传统农民那样进行耕种和劳作。但是，职业转换和地域转移并没有使其享受到均等的公共服务，而且在城市务工的亲身经历，又进一步迷惑了农民工的身份界定。一方面，在城市从事非农产业的经历，使得农民工有机会从现代市民的角度看待农村社会的传统观念和发展现状，也正是“旁观者”的身份使其深刻认识到农村发展的落后和乡土文化中封闭僵化的观念；另一方面，依然拥有农民身份的他们，同时会从农村的视角看待城市的现代生活，这又使其面临城乡文化的冲突与碰撞。正是农民工亦工亦农、非工非农的双重身份，使得他们在城市和乡村之间摇摆不定，在“农民”和“工人”的身份冲突和摩擦中形成了模糊的社会认同。

尽管农民工已经从事非农产业，而且长期在城市居住生活，但与户籍居民相比，他们仍然享受不到均等的公共服务，还没有成为真正意义上的市民。在我国，由于传统身份制观念的制约，特别是我国户籍制度的存在，农民工并没有获得真正的工人身份，他们的根仍然在农村，他们的社会身份依然被界定为农民。根据全国总工会法律工作部的一份报告，相对于城市职工，农民工未能享受平等的就业权利，只能在次属劳动力市场从事那些城里人看不上的工作；在生产劳动中，又面临同工不同时、同工不同酬、同工不同权的不公正待遇；如果被辞退、解雇或返乡后，农民工又面临未能被纳入社会保障体系而带来的一系列社会问题。由此可见，现行公共政策对农民工实行了双重劳动标准，由此导致农民工形成了既不是农民也不是市民的社会认同。

3. 社会交往的内卷化

“内卷化”一词，英文为“involution”，原意是边缘向内卷曲的。“内卷化”是个外来词，最初由美国著名人类学家戈登威泽用来分析一种文化结构模式内部不断复杂化的过程[①]。对于农民工来说，他们希望加强与城市居民的社会交往和深入了解，并借此实现个体的自尊和自信，但受到城乡二元制度的排斥、城市居民的社会歧视等因素的制约，使其产生了积极的“内群体”趋同倾向。在与城市居民交往受挫后，他们更愿意和来自家乡或邻近地区的人交往，因为从背景趋同的群体身上，农民工能够获得包括语言、文化、价值观念、生活方式、习俗等方面的认同，能够找回传统农村“熟人社会”的相互信任和相互依赖。换言之，已进入城市打拼多年的农民工并没有实现市民化的社会认同，而是老乡认同。国家统计局发布的《2016 年农民工监测调查报告》显示，在农民工的人际交往对象中，老乡占 35.2%，同比提高 1.6 个百分点；当地朋友占 24.3%，同比提高 0.8 个百分点；同事占 22.2%，同比提高 0.7 个百分点；其他外来务工人员占 3.1%，同比下降 1.1 个百分点；基本不和他人来往占 12.7%，同比下降 1.6 个百分点[②]。现有的实证调查也证

① 张艳国，谌润：《农民工“内卷化”研究述评》，《社会科学动态》，2017 年第 1 期。
② 国家统计局：《农民工监测调查报告》，2016 年。

实，在工作之余，农民工更多的是与拥有地缘、亲缘联系的老乡交往，而不是与陌生的城市居民交往。这种交往格局限制了农民工社会资本的积累，根据布迪厄的观点，社会资本是“实际的或潜在的资源的集合体，是行动者为了实现自身利益，在进行相互交换过程中形成的社会关系和社会资源”[①]。社会资本的缺失，不仅制约了农民工的市民化认同，而且从长远来看阻碍了他们融入城市的进程。

由此可见，由于受到城乡二元体制的排斥和城市居民的社会歧视，农民工被迫动员乡土关系网络来解决工作生活中遇到的困惑，这在一定程度上强化了他们对本群体的认同，导致其社会认同的内卷化。农民工社会认同的内卷化是指他们既不认同传统的农村社会，也没有得到城市社会的认可，而只能认同于自己这个特殊的社会群体。在现行的城乡二元体制下，农民工群体既不能融入城市社会，又难以回归农村社会，只能长期的在外流动。不仅表现在居住地上的“居无定所”，哪里有工作，哪里有钱可赚，就跑到哪里，过着“吉卜赛”式的生活，而且也表现为职业上的不稳定性，随时有可能失业。失业对农民工来说，意味着失去了基本的生存保障，因为国家没有为他们构建起一个安全的生存保障体系（特别是失业保障体系），他们会因此而沦为游民[②]。

总　结

由以上分析可知，尽管农民工市民化已成为社会各界的共识，而且已纳入国家宏观政策层面，但从实际情况来看，农民工在职业、收入、职业技能、居住条件、社会保障、政治参与、社会认同等方面均存在明显短板，距离中央政府所倡导的“以人为核心”的市民化还有很长的路要走，这也从侧面印证了多数学者关于农民工仍处于“半市民化”或“虚城市化”的结论。尤其值得注意的是，随着时间的推移，农民工群体内部已经产生了分化，他们市

① 布迪厄：《文化资本与社会炼金术》，包亚明译，上海：上海人民出版社，1997 年。

② 王春光：《新生代农村流动人口的社会认同与城乡融合的关系》，《社会学研究》，2001 年第 3 期。

民化的意愿也不尽一致。第一代农民工外出务工的主要目的是养家糊口，城市对他们而言只是一个驿站；而新生代农民工更加渴望融入城市，彻底转化为市民。但由于缺乏必备的职业技能，新生代农民工往往难以进入首属劳动力市场，过高的期望与残酷的现实形成巨大的落差。当在城市无法立足时，他们不愿甚至没有能力返回农村，成为游离于城市和农村之间的“边缘人”。如果长期不能迈过市民化这道“门槛”，累积到一定时期和规模时很有可能引发严重的社会问题。

第三章　农民工市民化进展缓慢的原因

前文已经对农民工市民化的现状进行了较为全面的分析，本章将在此基础上追本溯源，力图从“制度因素”和“非制度因素”两个维度，探究户籍制度以及与之配套的公共资源配置制度等制度要素是如何制约农民工融入城市的，同时也对农民工的自身因素、社会因素以及成本因素进行剖析，以期对农民工市民化进展缓慢的原因进行全方位的考察。

第一节　农民工市民化进展缓慢的制度因素

一、户籍制度

户籍一般是指登记户口的册籍，古时也称户版、丁籍、黄籍、籍帐等，其本意是用于人口登记，以便于统治者了解基层情况，有效地实施社会管理。我国的户籍制度最早可以追溯到商周时期，有甲骨文记载，“八日辛亥允，灾伐两千六百五十人”；《周礼》曾言，“司命掌登万民之数，自生齿以后，皆书于版……献其数于王”；《商君书》载商鞅提出“制工分民之律”对人口进行管理和调查；《史记》也记载，“籍吏民，封府库，而待将军”；汉承秦制，施行“编户齐民”；宋朝实行都保制，明清实行保甲制，民国《户籍法》推行。由此可见，早在我国古代社会，国家就制定了一系列相关的人口调查和户籍制度，政府通过这种手段和方式，实现对人口的有效控制和对流动人口的有效管理。

本书所说的户籍制度特指新中国成立后设立的户籍管理制度。1951 年，公安部颁布了新中国第一部户籍法规《城市户口管理暂行条例》，从基本形式上统一了城市户口登记工作。1953 年，农村户口登记制度在首次人口普查的基础上正式确立。随后，“五四宪法”颁布，明确了公民具有迁徙和居住自由的权利。随着经济建设开展，大规模的人口流动给城市管理带来了挑战，国家于 1956 年和 1957 年，在不到两年的时间内连续颁布了 4 个限制和控制农民盲目流入城市的文件。1958 年，出台了《中华人民共和国户口登记条例》，明确将城乡居民划分为“农业户籍”和“非农户籍”，进一步对人口自由流动进行严格限制和管控。值得注意的是，此次户籍制度的建立，并非像其名称那样仅限于人口登记与管理，而是在此基础上衍生出了资源配置的功能。该条例的颁布，标志着城乡二元体制正式确立。或许连政策制定者也意想不到的是，该政策对后世的影响如此深远，即使在 60 年后的今天仍未完全退出历史舞台。通过对新中国成立以来户籍制度演变的简单梳理，我们不难发现，户籍制度作为一项国家行政管理制度，曾经为城市经济社会快速发展以及资本的原始积累创造了得天独厚的条件。但该制度也影响了生产要素在城乡之间的合理流动。实践证明，这不仅侵害了农民自由迁徙的法定权利，而且也使城市发展失去了活力，最终导致城镇化远远滞后于工业化的畸形发展格局。

改革开放后，随着经济发展和城市建设需要，国家对人口流动和自由迁徙持开放态度，并引导有条件和有能力的农村剩余劳动力进入城镇。1997 年，国务院正式批准了《小城镇户籍管理制度改革试点方案》，规定从农村到小城镇务工或兴办企业的人员、机关团体和企事业单位聘用的管理人员、技术人员，在城镇购买了商品房或有合法自建房的居民，及其共同居住的直系亲属可办理城镇常住户口。1998 年，国务院批转公安部《关于解决当前户口管理工作中几个突出问题的意见》，对公众比较关注、反映强烈的新生儿随父母落户、夫妻分居、老人投靠等户口问题做出回应。2001 年，国务院批转公安部《关于推进小城镇户籍管理制度改革的意见》，对办理小城镇常住户口的人员，不再实行计划指标管理。

进入 21 世纪以来，农民工群体已经实现了从农村向城市的自由迁徙，但他们并没有因此而在城市沉淀下来，实现融入城市的梦想，相反却陷入了被边缘化的境地，导致城市内部形成了新的二元结构。农民工能够进入城市却不能融入城市，根源在于以户籍为基础的公共资源配置制度。近年来，特别是党的十八大以来，随着国家综合实力增强，我国已经步入了工业反哺农业、城市支持农村的新阶段，中央政府试图以户籍改革为突破口，打破城乡之间公共资源配置不均衡的制度。2012 年，国务院办公厅出台了《关于积极稳妥推进户籍管理制度改革的通知》，指出要引导符合条件的农村人口城镇落户，逐步实现城乡基本公共服务的均等化。2013 年，党的十八届三中全会通过了《关于全面深化改革若干重大问题的决定》，提出要“加快户籍制度改革，稳步推进城镇基本公共服务常住人口全覆盖，把进城落户农民完全纳入城镇住房和社会保障体系”。2014 年，国务院发布《关于进一步推进户籍制度改革的意见》，系统提出了推进户籍制度改革的整体方案，要求“进一步推进户籍制度改革，促进有能力在城镇稳定就业和生活的常住人口有序实现市民化，稳步推进城镇基本公共服务常住人口全覆盖”。

与中央政府大刀阔斧的改革相适应，各级地方政府也紧锣密鼓地进行了户籍制度改革，但从实践效果来看并没有达到预期的改革目标。当前的户籍制度改革总体来说呈现出“雷声大，雨点小”“中小城市势如破竹，大城市进展缓慢”的特征，根据《关于进一步推进户籍制度改革的意见》要求，全面放开建制镇和小城市落户限制，有序放开中等城市落户限制。在实际执行中，上述地方政府严格落实了中央政府的相关要求，农民工已经能够畅通无阻地进入建制镇、小城市务工并落户，而且大多数中等城市也已经制定了子女教育、就业、医疗等一揽子优惠措施，引导、鼓励农民工进城落户。但是，期待中的农民工进城落户潮并没有到来，相反，农民工对地方政府出台的优惠政策反应冷淡。对于这种现象，农民工给出了自己的解释。他们认为，进城落户的目的是享受城市优质的公共资源，但是与农村地区相比，中小城市的公共资源并没有显著的优势，而且在基层调研中有农民工反映，即使没有城市户籍也可以享受县城的公共服务。在他们看来，进城落户并没有特殊的意义，相反还要以放弃农村的土地及其他相关收益为代价，因此基于理性考虑，农民工普遍不愿意在中小城市落户。

农民工的这种心态也得到了实证调查的证实，有调查显示，70% 的农民工希望在省会及以上级别的城市落户。但是，按照《关于进一步推进户籍制度改革的意见》要求，国家的政策预期是引导农民工向中小城市落户，以解决大城市承载能力有限以及不同城市之间发展不平衡的问题。由此可见，农民工的落户意愿与国家的顶层设计和政策导向存在冲突。农民工进城落户的目的是享受优质的公共服务，而在现行体制下，公共资源的配置与城市的行政级别直接挂钩，导致大量优质资源向大城市尤其是北上广等特大城市集中，并由此带来了交通拥堵、环境污染、房价过高等“城市病”。大多数中小城市由于行政级别低，而无法获得优质的公共资源，并由此导致无法有效吸引农民工进城落户的结果。因此，引导农民工进入中小城市落户的关键并不是简单地放开户籍限制，而是合理配置不同级别城市之间的公共资源，通过完善制度设计合理引导教育、医疗等公共资源向中小城市流动，通过市场手段实现劳动力资源在大中小城市之间合理配置。

按照中央户籍改革的方案，农民工可以到大城市落户，但要合理确定落户条件。在城区人口 100 万至 300 万的城市合法稳定就业达到一定年限并有合法稳定住所（含租赁），同时按照国家规定参加城镇社会保险达到一定年限的人员，本人及其共同居住生活的配偶、未成年子女、父母等，可以在当地申请登记常住户口。城区人口 300 万至 500 万的城市，要适度控制落户规模和节奏，可以对合法稳定就业的范围、年限和合法稳定住所（含租赁）的范围、条件等作出较严格的规定，也可以结合本地实际，建立积分落户制度。但在实际执行中，多数大城市实行较为严苛的“积分落户”政策，实质上成为城市根据自身发展需要对“外来务工人员”进行分层和筛选的工具。各地“积分落户”政策多在“居住证制度”的基础上建立，以合法稳定就业、合法稳定住所、年龄、教育背景、纳税、参加城镇社保年限、连续居住年限等为主要指标，以科技贡献、创新能力、荣誉表彰及守法记录等为副指标，设置相应的积分分值，对达到规定分值的流动人口申请常住户口进行把控。大家习惯上将“积分落户”戏称为“498”，即 4 项资格条件，9 个积分指标和 8 个经办步骤。在北京市积分落户细则中，4 项必备资格分别是持有本市居住证、不超过法定退休年龄、在京连续缴纳社会保险 7 年及以上和无刑事犯罪记录。积分指标分别是连续缴纳社保满一年加 3 分，本市不动产证书连续居住累计满 1 年加 1 分，本科学历及学士学位加 15 分，研究生学历及硕士学位加 26 分，科技文创大赛国家奖加 12 分，投资每满一年加 1 分，近三年连续纳税个人所得纳税额平均每年在 10 万元及以上加 6 分。由此可见，对于收入水平、教育程度普遍偏低的农民工来说，很难满足如此苛刻的条件，通过积分实现落户大城市，对农民工而言是一个可望而不可即的目标。

二、与户籍配套的公共资源配置制度

在我国，户籍并不仅被用于人口登记与管理，而且是分配教育、医疗、就业机会、社会保障等公共资源的主要依据。当前，农民工已经能够顺畅地进城务工，但在现行的以户籍制度为基础的公共资源分配制度下，他们并不能与城市户籍居民一样享受均等的公共服务，这导致农民工虽然已经实现了职业的转换和生存场域的转移，但始终无法完成由农民到市民的身份转变，从根本上制约了他们融入城市的能力和进程。

1. 社会保障制度

社会保障是对国民收入再分配的一种方式，是保障公民基本生活权利，维护社会公平的重要制度设计。“在中国，社会保障应该是各种社会保险、社会救助、社会福利等各种政府或企业补助、社会互助保障等社会措施的总称。”① 我国施行城乡差别化的社会保障体系，是导致农民工市民化进程缓慢的重要原因。党的十九大虽然对“全面建成覆盖全民、城乡统筹、权责清晰、保障适度、可持续的多层次社会保障体系”作出了重要战略部署，但就全国范围来看，城乡之间的社会保障水平存在较大差距，社会发展不平衡现象依然突出，农村社保发展明显滞后，且包括农民工在内的大量流动人口尚未被纳入现有的社保体系中。当前，多数城镇职工能够享受较为完备的社会保障，而农民工群体的劳动合同签约率低、权益容易被侵犯，一些农民工连正常的工资报酬都被拖欠，更遑论其他保障②。即使是那些签订劳动合同的农民工，也面临社会保障覆盖率低和保障水平不高的现实问题。

当前，我国社会保障制度对农民工市民化进程的阻滞作用主要体现在以下几个方面：其一，对于大多数没有与企业签订劳动合同的农民工来说，他

---

① 郑功成：《社会保障学》，北京：商务印书馆，2000 年。

② 人力资源社会保障部副部长傅兴国在 2018 年 2 月 9 日举行的国务院政策例行吹风会上，回答记者关于农民工工资支付问题时，指出农民工劳动合同签约率不够高、权益容易被侵犯、工资被拖欠问题，力争实现到 2020 年农民工工资基本无拖欠的目标。

们只能在户籍所在地参加社会保障，即农村社保。但是，由于户籍制度的限制，他们在城市的工作与生活难以被农村社保所覆盖，比如，农民工在城市看病产生的费用并不能得到报销。因此，农村的社会保障对于常年在城市工作与生活的农民工来说，基本上形同虚设。其二，对于签订劳动合同的农民工来说，虽然企业为他们缴纳了相关的社会保险，但由于农民工具有流动性强的特点，他们常常游走于不同城市之间，在当前社保账户并没有实现全国统筹的背景下，农民工的社保会因此被迫中断，这也在客观上挫伤了农民工参加社会保障的积极性。其三，随着人口老龄化压力加大以及社会平均工资上涨，社会保障的个人缴费标准、缴费金额呈逐年增加的趋势。在农民工工资实际涨幅不大的情况下，社保缴费金额的增加，客观上将进一步挤占子女教育、医疗、住房条件改善等方面的支出，而在农民工看来，这些支出要比参加社会保障更为重要、更为迫切。因此，在工资收入没有大幅度提高的情况下，他们一般不会将有限的收入投入社会保障方面。其四，城乡最低生活保障的覆盖面和保障水平存在较大差距。城市的最低生活保障是基于当地的经济发展水平、物价和生活成本等因素综合确定的，其覆盖面和保障水平远远高于农村，如果农民工在城市工作生活，却在农村享受最低生活保障，这种保障对于高昂的城市生活开支来说无异于杯水车薪。因此，综合考虑种种因素，多数农民工会自己主动放弃参保，而仍然依靠传统的家庭式养儿防老或通过储蓄获得保障。

2. 土地流转制度

英国古典经济学家威廉·配第曾指出，土地对于人类生存和发展具有特殊意义。他认为，“劳动是财富之父，土地是财富之母”。对于多数农民工来说，土地曾经是他们最主要的收入来源，在融入城市充满不确定性的情况下，土地是保障他们基本生活的最后一道防线。自家庭联产承包责任制实施以来，农民获得了土地的自主经营权，农民的生产积极性得以调动。随着城镇化进程的加快，农村剩余劳动力持续向城市转移，导致农村土地出现了大面积的“撂荒”现象，不仅造成了土地资源的闲置或浪费，而且威胁到了国家的粮食安全。2004 年，国务院顺应农村土地发展需要，首次提出“农民集体所有建设用地使用权可以依法流转”。此举标志着农村土地流转走向合法化、规范化。土地流转成为继家庭联产承包责任制之后又一农村土地重大政策调整，其实本质是将土地承包权和经营权进行分离，农民仍保留土地承包权，而将土地经营使用权转让给承租人。从理论上来说，土地合理有序流转具有重大意义，一方面有利于激活闲置的土地资源，实现土地的集约化经营，另一方面有利于增加农民工的经济收益，增强其融入城市的能力。

经过十几年的摸索实践，各地土地流转有序进行，且出现了不少服务于土地流转的专业网络平台，如“土流网”和“聚土网”。农村土地流转确实能进一步解放农村剩余劳动力，且有助于降低进城务工人员的土地管理成本。但现实中的土地流转仍存在诸多问题：其一，农民在土地流转过程中处于弱势地位。从调查来看，多数农民对土地流转持积极态度，但也存在片面追求短期高收益而忽视长期增值及流转风险的倾向，而且由于对国家土地流转政策不甚了解，缺少相关方面的专业知识，导致土地流转出现纠纷时，无法有效地维护自身权益。其二，尽管国家出台了关于土地流转的公共政策，但土地流转在本质上属于市场行为，农民作为独立的利益主体有权自主进行决策，而政府的职责只是为土地流转提供良好的政策环境和交易平台。但是，面对充满风险的交易市场，农民希望政府能够直接参与土地流转或者以政府的名义提供担保，当政府无法满足这样的要求时，部分态度保守的农民不敢轻易选择土地流转。其三，土地流转的综合收益偏低，影响了土地流转的有序开展。从理论上来说，土地流转有利于土地资源的节约利用，有利于增加农民的收入，但从现实情况来看，土地流转的收益远低于农民的预期，对于改善生活质量、增强其融入城市的能力均没有实质性的帮助。因此，在权衡收益与成本的基础上，部分农民工宁可选择将土地闲置或撂荒，也不愿意进入充满风险且收益不高的土地流转市场。

3. 就业培训制度

就业是民生之本，是劳动者获得经济收入、实现自身社会价值的主要途径。对于农民工来说，进城务工会获得比务农收益更高的工资收入，但由于受到户籍以及人力资本等因素的限制，农民工只能进入次属劳动力市场就业，从事那些劳动强度大、职业风险高、工资收入低的工作。这种以身份属性人为分割劳动力市场的做法，不仅侵害了农民工获得正常劳动报酬的权利，制约了他们扎根于城市的能力，也进一步拉大了农民工与城市居民两大阶层之间的收入差距，不利于城市内部二元结构的化解和阶层之间的社会融合。

要彻底改变农民工在就业市场上的不公正待遇，一方面要调整国家的宏观政策，打破依据户籍分割的劳动力市场，另一方面农民工自身也要提高综合素质，特别是职业技能素质。经过改革开放四十年的持续积累，我国经济已经发展到了由过去追求量的增长到质的提升的新阶段，党的十九大报告做出了我国社会主要矛盾已发生转化的重要论断，明确宣示中国特色社会主义已经步入新时代，在经济领域要实现由高速增长向高质量发展的转变。与国家的社会主要矛盾转变相适应，我国的产业结构也要完成由劳动密集型向资本密集型和技术密集型的升级，实现从全球产业链中低端向中高端的跨越。而产业的发展和产业结构的升级，归根结底要靠建设一支规模宏大的高素质劳动者大军。这里所说的高素质，不仅是指科学文化素质，而且更强调职业技能素质和岗位操作水平。但从现实情况来看，我国职工队伍的技能素质不容乐观，远不能支撑中国制造的转型和工业强国战略的实施。正是在这样的背景下，中央政府出台了《新时期产业工人队伍建设改革方案》，提出要建设一支“有理想守信念，懂技术会创新，敢担当讲奉献”的产业工人队伍，围绕加强和改进产业工人队伍思想政治建设、构建产业工人技能形成体系、运用互联网促进产业工人队伍建设、创新产业工人发展制度、强化产业工人队伍建设支撑保障五个方面，提出了25条改革举措。党的十九大报告进一步提出，要建设知识型、技能型、创新型劳动者大军。

根据《中国职工状况研究报告（2017）》显示，近三亿农民工已成为产业工人队伍的主体，是国家现代化建设的重要力量。农民工的技能水平将在很大程度上决定着产业工人队伍的整体技能水平，进而影响着我国产业结构调整的进程。但是，当前农民工群体的文化素质普遍偏低，特别是职业技能素质与产业转型和社会需求相比仍有较大差距，各领域普遍存在严重的“技工荒”现象，技能型人才短缺已成为制约中国制造品质提升的一大瓶颈。西方制造强国的经验表明，职业教育和技能培训是在短时间内大规模提升劳动者技能水平的主要途径和有效形式。近年来，我国政府也出台了相关政策，持续加大资源投入，对农民工进行技能培训。但从实践效果来看并不理想，职业教育还存在收费高、学习周期长、专业设置脱离实际、产教融合及校企合作不深入等问题，在职业培训方面还存在“培训内容和需求脱节；培训次数少；参加非农技能培训负担重，但政府的补助少；培训方式落后；培训后的支持政策少”等问题①。近些年，随着政府职能转变和公共服务型政府推进，部分地区采用了向社会培训组织购买服务的形式，由社会组织采用市场化运营的方式为农民工提供技能培训，但由于缺乏针对性的监督考核，使得培训流于形式，甚至有些社会组织只为顺利拿到政府的培训资金，而对农民工技能是否提升则漠不关心。

4. 住房保障制度

20世纪90年代，我国学习西方发达国家解决低收入家庭住房问题的经验，在城镇地区全面推行了住房公积金制度，但该政策并非覆盖所有城乡居民和家庭，而是着重解决国家机关、企事业、社团和民营非企业单位“在职职工”的住房保障问题。随着房地产经济的发展，房价水涨船高，多数工薪阶层越来越买不起房，建设部又相继推出了廉租房和经济适用房。廉租房是指“政府和单位在住房领域实施社会保障职能，向具有城镇常住居民户口的最低收入家庭提供的租金相对低廉的普通住房”②。经济适用房是指“政府提供政策优惠，限定建设标准、供应对象和销售价格，具有保障性质的政策性商品住房”③。当前，这三大制度是我国住房保障体系的最主要构成部分，而申请这些政策性住房的必要条件之一是具有当地城镇户口，由此可见，目前的住房保障体系并没有将农民工群体覆盖在内。我们常说“安居乐业”，只有在城市拥有稳定的居住场所，才能为农民工安心工作、子女稳定地接受教育提供必要条件，才能为其融入城市奠定基础。在经济收入较低、无力购买商品房而又无法享受政策性住房的情况下，农民工只能居住在条件简陋的工棚或地理位置偏僻的城市郊区。居住地域的隔离，不仅导致农民工无法融入城市主流社会，而且进一步拉大了农民工与城市居民的心理距离。

---

① 罗万纯：《中国农民职业技能培训状况分析》，《中国农村观察》，2013年第2期。

② 1999年4月建设部发布《城镇廉租住房管理办法》，当年5月1日起施行。2003年12月建设部、财政部、民政部、国土资源部、国家税务局等多部委联合发布《城镇最低收入家庭廉租住房管理办法》，原办法同时废止。

③ 2004年建设部发布《经济适用房管理办法》，2007年建设部、国家发展和改革委员会、监察部、财政部、国土资源部、中国人民银行、国家税务总局七部门联合发布2007版经济适用房管理办法，改进经济适用住房制度，原办法同时废止。

5. 教育资源分配制度

“百年大计，教育为本”，教育对于国家发展的重要作用是不言而喻的。对于社会个体来说，教育是增强自身素质，实现向上流动的主要途径；对于农民工家庭来说，教育更具有特殊的意义，教育不仅能增强农民工的人力资本，在劳动力市场具备更强的竞争力，而且教育承载着农民工改变子女前途命运的期许。通过让子女接受优质的教育资源，提升其综合素质，使其获得更广阔的上升空间，进而阻断贫困的代际传递。随着经济实力的上升，国家对于教育事业的资源投入持续增加，教育事业取得了前所未有的成绩。但是，当前教育资源分配领域仍存在一些突出矛盾，集中表现为教育机会的不公平、教育资源在区域和城乡之间的配置不均衡。在这样的背景下，农民工子女在城市接受教育面临着诸多政策限制。

首先，农民工子女面临入学难的问题。根据《义务教育法》规定，适龄儿童拥有在户籍所在地就近入学的权利和义务，而农民工子女的户籍仍然在农村，这就决定了他们应该在农村接受教育，但如此一来就会产生与父母两地分居的社会问题。随着农民工随迁子女数量的增加，该问题引起了广泛的舆论关注，中央政府从维护社会公平正义的角度，制定了“两为主”的政策，即以流入地政府为主、以公办学校为主。表面看来，该政策的执行标志着城市的优质资源向农民工子女开放，保障了教育公平和机会公平，但实际上，地方政府并没有严格执行中央的相关政策，农民工子女仍面临着“无学可上”的难题。

其次，农民工子女还面临着回原籍参加高考的问题。对于那些在流入地接受教育的农民工子女来说，他们可以享受到比农村同龄人更好的教育资源，但根据现行的教育政策，学生必须在户籍所在地参加高考。这样就会使得农民工子女即使能够在城市接受教育，也必须回到农村参加高考的两难选择。一方面，农民工希望子女能够来到自己身边接受现代教育，以开阔其眼界和视野；另一方面，农民工也担心由于城市和农村的授课内容不一致、考试内容有差异等问题，导致子女在决定人生命运的高考中无法正常发挥。考虑到这些现实因素的制约，有些农民工只能忍痛放弃在城市接受教育的机会，让孩子提前回到农村以备战高考。以北京市为例，由于中考、高考目前仍然未向非京籍学生开放，超过4成的非京籍初中在校学生无法在京完成初中学业，只能选择在初中的最后阶段离开北京，返回户籍所在地继续就读。如果农民工随迁子女不能公平地接受教育，弥补其父辈曾经遭遇的教育缺失，那么他们又会再一次输在起跑线上，重复其父辈的人生轨迹，导致农民工身份的代际传承。

第二节 农民工市民化进展缓慢的非制度因素

不可否认，户籍制度以及与之配套的公共资源配置制度是阻碍农民工市民化的主要因素，但除此之外，农民工的文化素质、技能水平、阶层分化、家庭观念、现实需求等自身原因，传统文化中的腐朽因素、城市居民的社会歧视等社会原因，以及农民工的流动性等问题，都对农民工市民化产生了深刻的影响。

一、农民工市民化的意愿和能力呈现多元化

剥离开宏大的制度背景，农民工市民化进程也受到自身因素的影响，如果说前者是“外因”，则农民工自身因素是“内因”。本文将从三个维度探究农民工自身阻滞市民化进程的因素。

1. 农民工内部已经产生分化，市民化的意愿呈现多元化

马克思·韦伯的社会分层理论认为，经济标准（收入和财富）、政治标准（权力）和社会标准（声望和名誉）构成了社会分层的三重标准[①]。而在工业化社会中，社会分层的主要依据是个体所从事的职业。农民工作为中国特有的一种人口流动现象，一开始因其“不稳定性”而不被认为是一个阶层。随着“民工潮”持续进行达几十年，人们才将其作为中国现代化进程中发生并长期存在的一大社会阶层。[②] 随着时间的推移，农民工群体已经由改革初期的一个高度同质化的群体逐渐分化为若干个亚群体。早前有学者根据农民工的

① 李春玲：《社会分层理论》，北京：中国社会科学出版社，2008 年。

② 陆学艺：《当代中国社会流动》，北京：社会科学文献出版社，2004 年，第 306 – 337 页。

职业地位和职业权威，将农民工阶层划分为“管理者亚阶层”和“被管理者亚阶层，即通常所说的蓝领工人”①。而在政府部门的公开调查中则是以“时间”为节点，将农民工分为第一代农民工和新生代农民工，其中新生代农民工一般是指1980年以后出生的农民工。与第一代农民工相比，新生代农民工具有以下鲜明的特点：受教育程度普遍偏高；主要集中在东部地区及大中城市务工；八成以上选择外出从业；以从事制造业为主；在外务工倾向就地消费。② 从这些特点中我们不难发现，与父辈不同，新生代农民工拥有较高的教育水平，面临更好的发展机遇和发展空间，也有着与父辈迥异的消费和生活观念。这些变化说明他们拥有更为强烈的融入城市的意愿，也具备更强的适应城市生活和城市价值观念的能力。但新生代农民工自身亦有诸多不利于市民化的特质，与父辈相比，他们普遍缺乏吃苦耐劳的精神，缺乏坚毅和持之以恒的品质，职业稳定性差，更换工作频繁；目标感和自我学习能力尚待提高，尤其是那些“90后”农民工，自身定位不够清晰，对工作和生活缺乏规划，沉迷于网络和娱乐；在消费观和价值观上刻意向城市靠拢，追求高于自身经济能力的生活品质，成为“月光族”或“周光族”。客观地说，新生代农民工的消费方式和价值观念已经超越了他们的职业地位和收入水平，成为他们进一步融入城市的障碍。

2. 农民工的市民化能力不足，制约了农民工的城市融入

农民工能否顺利融入城市，一方面取决于国家的宏观政策供给，另一方面还要看农民工是否具备融入城市的能力。在完成由农民向市民身份的转变过程中，农民工不仅要支付生活支出、技能提升、住房条件改善等方面的物质成本，掌握一定的专业技能以适应企业转型升级的要求，同时还要重塑自身的价值观念和交往方式以适应与城市居民社会交往的需要。目前，农民工虽然具备强烈的融入城市的意愿，但整体来看，他们融入城市的能力普遍欠缺，具体表现为三大短板：一是资金短板。农民工大多数在次属劳动力市场就业，主要从事那些劳动强度大、职业风险高、工资收入低的工作，他们的劳动所得仅仅能够维持在城市的基本生活支出，而没有额外的资金用于购买

① 刘小年：《农民工阶层分化机制功能与政策研究》，《安徽农业科学》，2008年第17期。

② 国家统计局：《农民工监测调查报告》，2013年。

社会保险、参加技能培训以及改善住房条件。二是知识短板。当今社会已经进入知识经济时代，各类信息和知识呈爆炸式增长。在知识经济的推动下，一些新兴产业和知识密集型产业层出不穷，对劳动者综合素质的要求越来越高，特别是随着信息技术的普及和应用，一些传统产业的工作模式也发生了革命性变化，对从业者的综合素质提出了更高要求。比如，送外卖要学会使用智能手机，仓储入库要熟知电脑的基本操作，保安要学会看懂视频监控系统，看大门也要熟练使用智能化的车库管理操作系统。如果农民工不能及时更新知识结构，学习掌握新的技能，就会面临无工作可干的被动局面。三是技能短板。当前我国经济发展已经进入新常态，企业面临着利润下滑、生存压力加大的问题。为了摆脱困境，企业普遍寻求转型升级，在提升产品品质和技术含量上下功夫，这对企业职工的技能素质提出了更高要求，而农民工群体普遍没有接受过职业技能培训，只能从事体力劳动以及对技能要求较低的熟练性工种。在企业转型升级的背景下，如果农民工不能适应形势要求，尽快掌握一门过硬的专业技能，就很可能面临被劳动力市场淘汰出局的风险。

3. 农民工的家庭观念滞后，阻碍了农民工的城市适应

费孝通先生曾经在《乡土中国》中就中国的社会关系、社会结构进行过一个生动类比。他认为，中国的社会结构和西方不同，家庭在西洋是一种界限分明的团体，而在中国，“自家人”的概念相当模糊。中国的社会关系就像把一块石头丢在水面上所发生的一圈圈推出去的波纹，个体自身是波纹的中心，向外扩展有很多层波纹。他将这种存在形式称为“差序格局”。[①] 确实，受传统儒家文化影响，作为社会基本单位“家”的界限并不清晰，自家人的范围随时都会随着主客观变化而伸缩变化。随着现代化的深入发展，传统家庭观念、家庭结构已经发生了深刻变化，但不可否认，深入骨髓的“文化因子”仍然塑造着农民工的行为模式和价值取向。对于多数农民工来说，养育他们的故土就像一张充满引力的“网”，这张网上有自己牵挂的家人，有自己独特的交际圈和生活圈，使得农民工，尤其是第一代农民工，并不能完全割舍掉乡村的一切，而是在城市和乡村之间

① 费孝通：《乡土中国》，北京：人民出版社，2015 年。

摇摆不定。

传统家庭观念对农民工市民化的影响主要体现在三个方面：其一，相互攀比的婚嫁观给农民工带来了沉重的经济负担和压力。在当前大多数地区的农村，男性结婚不仅需要在县城买房，而且还要买汽车，这已经成为男女双方谈婚论嫁的必要条件。除此之外，还要向女方支付一定数额的彩礼，而且随着经济社会的发展，彩礼费用已经大幅增长。比如，山东某些地区的结婚彩礼已经由前几年的“万里挑一”增加到现在的“三斤三两”或“万紫千红一片绿”①。不少农民工辛辛苦苦数十载在外漂泊打工，遇到儿孙结婚就会“一朝回到解放前”，有些家庭甚至因此而负债累累。由此可见，高额的婚嫁费用已成为农民主要的生活支出，阻碍了农民工融入城市的进程。其二，“重男轻女”的畸形生育观在农村地区仍然有较大影响力。尽管社会已经发展到21世纪，农民工已经接受过市场经济和城市文明的洗礼，但“重男轻女”的传统生育观仍然根深蒂固。笔者在调研中曾遇到过一个农民工家庭，他们进城务工的目的并不是增加经济收入，而是为了躲避违反计划生育政策带来的惩罚。该家庭已经连续生了3个女孩，但由于没有实现“传宗接代”的愿望，他们会继续在城市打工，直到实现目标为止。其三，宗族连带关系紧密，间接强化了农民工和农村的联系。尽管农民工已经进入城市并从事非农产业，但他们的主要社会关系和情感寄托仍保留在农村。当遇到婚丧嫁娶及其他人情往来时，农民工仍会选择积极参与。从理性的角度考量，农民工返回农村参加上述活动并不划算，因为这不仅会耽误工作时间，而且要付出经济成本。但在农民工看来，通过参加这些活动，他们可以体验到血浓于水的亲情和友情的温暖，而这些感情上的回报恰恰是在陌生的城市生活中所缺失的。这种与农村社会的感情联系，尽管可以排解农民工在城市生活的孤独与无助，为其提供情感寄托，但从融入城市的角度来看，传统感情纽带的强化阻碍了农民工对城市价值观念和交往方式的学习与接纳。

---

① “万里挑一”是指10001元；“三斤三两”是指100元钞票的重量，一般是145000元左右；“万紫千红一片绿”是指5元纸币10000张，100元纸币1000张，再加50元纸币1张，合计150050元。

二、农民工面临着城市居民的排斥

从社会融合的视角来看，农民工市民化的过程就是被边缘化的农民工逐步在城市社区沉淀下来，并且学习接纳城市价值观念和交往方式，与城市居民以及整个社会融为一体的过程。因此，农民工融入城市的进程，除了受到宏观政策、农民工自身综合素质的影响外，还受到主流社会对农民工的社会认知、社会评价，以及城市居民对农民工群体的接纳程度的约束。

1. 传统文化中的腐朽因素，误导了人们对农民工的社会认知

中国在历史上是典型的农业文明国家，农业被历代统治者视为巩固江山社稷的基石，而手工业和商业因利于开发民智而受到打压，各种技术上的创新或改进往往被蔑视为“奇技淫巧”而未能得到推广利用，由此形成了根深蒂固的“重文化、轻技术”的文化传统。近代以来，落后挨打的被动局面使统治者深切领会到发展现代工业和技术创新的重要性和紧迫性，“重文化，轻技术”的文化传统在一定程度上得以扭转。但是，传统文化中“万般皆下品，唯有读书高”“劳心者治人，劳力者治于人”“重脑力劳动，轻体力劳动”的僵化观念，仍深刻制约着社会大众的职业评价理念和职业选择动机①。农民工的称谓中虽然带有“工”字，但由于他们的户籍仍然在农村，在城市主要从事又累又脏的边缘职业，而且在价值理念、行为方式等方面仍保留了农村社会的传统习惯。因此，尽管国家已经认可他们是工人阶级的主要组成部分，已经成为产业工人队伍的主体，但受到传统文化及其自身处境的影响，人们还是倾向于给农民工贴上“愚昧、落后”的标签，并由此形成了更为深刻的社会排斥。

法国学者勒内·勒努瓦在分析社会贫困问题时，提出了“社会排斥”理论。他认为，个体与社会整体之间在某些情况下存在断裂和纽带削弱的过程。这种社会排斥存在于人类生活的不同领域，政治上表现为政治参与的不足或被剥夺，经济上表现为两极分化贫困加剧，文化上表现为“文

---

① 张善柱：《工会培养工匠精神的路径研究》，《中国劳动关系学院学报》，2017 年第 4 期。

化中心主义”，本民族文化对外民族文化的优越感，或者同一民族中不同文化观群体之间的社会排斥。当前，农民工群体在城市的政治参与、经济生活、文化认同等方面也经历了来自各方面的社会排斥。强烈的社会排斥，不仅增加了农民工融入城市的难度，也降低了他们融入城市的意愿和信心。

2. 城市居民的社会歧视，阻碍了农民工的社会融入

社会学认为，社会行为、社会关系是构成社会现象的最基本单位，而人与人之间的交互行为、人与人结合而共同做出的集体行为、以整体为单位表现出来的团体行为共同构成了社会行为。在传统的二元体制下，农村居民和城市居民原本是两个没有交集的社会群体，他们各自在自己所在的场域过着互不相干的生活，但随着农村剩余劳动力进入城市，农民工与城市居民不可避免地发生了正面接触。按理说，农民工的到来给流入地政府和城市居民带来了不可估量的经济和社会效益，不仅促进了城市的持续繁荣，也为城市居民的生活提供了便利。城市居民作为东道主和受益者，理应对农民工持欢迎态度，积极帮助他们尽快适应城市生活，但实际情况并非如此美好。在城市居民看来，农民工并不是友好的“外来者”，他们的到来改变了原本均衡的“城市生态”，侵害了城市居民的既得利益。他们认为，农民工的到来抢了城里人的饭碗，导致城市居民失业率增加；挤占了原本稀缺的公共资源，导致了交通拥堵、环境污染、看病难看病贵等社会问题。同时，在城市居民看来，农民工群体文化素质低下，道德水准不高，导致城市犯罪率增加，影响了城市社会安全稳定。因此，基于上述因素考虑，城市居民往往对农民工采取歧视态度，这反过来会强化农民工在城市生活的不适应感，并进一步减缓其融入城市的步伐。

三、农民工的职业流动性强

中央政府推进农民工市民化的目的是，让农民工在城市有相对稳定的职业、有安全合法的住所，并最终在城市沉淀下来，但目前农民工的就业具有较强的流动性。这种高强度的流动性，不仅表现为农民工在城市和农村之间循环流动，还表现为在不同城市或同一城市的不同职业之间频繁流动。高流动性是农民工群体区别于其他社会群体的主要特征之一，也在客观上增加了农民工融入城市的不确定性。农民工群体的流动性引起了一些学者的关注，他们从劳动力市场分割理论、信息不对称理论、职业匹配理论等视角，并结合农民工群体的特征，对农民工高流动性的形成原因、应对机制进行了探索①。本文的侧重点不是解释农民工流动性强的原因，而是探究高流动性影响农民工市民化的作用机制。

首先，从农民工视角来看，高流动性增加了农民工就业的不稳定性，使其难以获得稳定的工资收入，不利于职业技能的持续积累，影响在职业发展方面的上升空间，而且在现行政策环境下，频繁的流动使得农民工缴纳的社会保险难以在不同城市之间转移接续。此外，高流动性使得农民工随迁子女被迫频繁转学，不仅不利于孩子接受可持续的教育，同时也影响了他们正常的人际交往和健康成长。

其次，从企业视角来看，农民工频繁流动增加了企业的用工成本，影响了企业正常的生产经营秩序，而且客观上增加了劳资双方发生冲突的可能性，不利于企业劳动关系的和谐稳定和包容性企业文化的构建，从长远来看必然会损害企业的可持续发展和软实力的提升。

最后，从社会视角来看，农民工的频繁流动助长了社会矛盾发生的风险，增加了城市社会治理的难度系数和管理成本，对城市现行的社会管理体制和应急管理能力提出了挑战。此外，农民工的跨区域、跨城市的大范围流动，还会助长地方政府的“搭便车”心理，使得本应承担主体责任的流入地政府名正言顺地推卸责任。

需要指出的是，农民工的高流动性并不意味着农民工群体本身乐于在不同职业或不同城市之间频繁转换，相反，高流动性会给农民工带来一系列显性和隐性的损失。农民工的频繁流动并不是他们主动选择的行为，而是面对企业侵害合法权益、城市社会排斥的无声抗议，是在无法改变企业和政府行为情况下的被迫选择。当农民工无法通过常规的制度化渠道维护自身权益时，就只能选择“用脚投票”，把希望寄托在下一个未知的城市

① 白南生，李靖：《农民工就业流动性研究》，《管理世界》，2008 年第 7 期；吴晓愚：《劳动力市场分割、职业流动与城市劳动者经济地位获得的二元路径模式》，《中国社会科学》，2011 年第 1 期。

或职业。由此可见，若想降低农民工的流动性或者让农民工在某个城市安定下来，关键是企业和流入地政府要尽职尽责，为农民工提供有吸引力、有竞争力的薪酬待遇和社会福利，唯有如此才能让漂泊的农民工逐渐沉淀下来。

第三节　农民工市民化的成本巨大

从已有的研究来看，多数学者认为，户籍制度以及与之配套的就业制度、教育制度以及社会保障制度改革停滞不前是导致农民工被屏蔽在城市之外的根本原因。然而，在这一系列被诟病已久的“双重制度”下，要实现对农民工和户籍居民一视同仁并不容易，因为每一项制度改革背后都需要投入大量的“真金白银”作为支撑。因此，巨大的成本似乎已成为农民工融入城市的最大拦路虎，也为相关主体推迟农民工市民化找到了合情合理的借口。如成都市统筹委、国土局官员在接受《中国新闻周刊》采访时曾算过一笔账：农民获得城镇住房和社保，政府需为每个农民相应投入10万—15万元，如将成都600万农民中的2/3转为城镇人口，政府需支付4000亿—6000亿元，这超出了成都21世纪头10年的财政收入总和，实在难以承受[①]。然而，事实真的如此吗?

农民工市民化的实质是为农民工提供与城市户籍居民均等化的公共服务。为此，必须对计划经济体制下形成的一系列资源分配制度如户籍制度、就业制度、社会保障制度等进行大刀阔斧的改革，而改革能否成功在很大程度上取决于改革的成本与收益的关系。因此，农民工市民化的成本到底是多少，本已不堪重负的公共财政能否承担，这些基本问题成了决策者和研究者关注的焦点。近年来，围绕农民工市民化的成本测算产生了一大批成果（详见表3-3-1），尤其是2013年以来，该类研究成果的数量直线攀升，为后续进行农民工市民化成本分担机制的研究打下了坚实基础。

---

① 杨中旭：《农民工市民化遇阻：官员坦承农民工保障房是0%》，《中国新闻周刊》，2013年第3期。

表 3-3-1 农民工市民化成本测算结果

时间	作者	测算标准	地域	结果（万元）
2012	申 兵	公共成本	宁波	1.35—2.55
2010	中国发展研究基金会	公共成本	全国	10
2010	国务院发展研究中心	公共成本	郑州武汉 重庆嘉兴	8
2012	杜 宇	公共成本	广州	24
			苏州	25.3
			南阳	12.9
			银川	13.8
			天水	4.7
2012	魏后凯	公共成本	全国	10
2013	潘家华 魏后凯	公共成本	全国	13
2014	南京市人口办 河海大学	公共成本	南京	13.14
2013	中国社科院	公共成本	东部地区	17.6
			中部地区	10.4
			西部地区	10.6
2011	张继良 马洪福	公共成本	江苏	第一代农民工 11.2； 第二代农民工 14.3
2010	魏澄荣 陈宇海	公共成本	福建	10.6
2011	周晓津	公共成本	广州	63.7
2013	谢建社 张华初	公共成本	广州	15.67
2012	杨聪敏	公共成本	宁波	16.8
2008	周小刚	公共成本	江西	3.6
2012	陆成林	公共成本	辽宁	2.5—7.5
2014	李长生	社会成本	云南	8

续　表

时间	作者	测算标准	地域	结果（万元）
2013	姚 毅	公共成本	成都	16.48
			四川	5.34
			乐山	4.69
			重庆	4.19
2013	徐建荣	公共成本	江苏	39.12
2011	丁萌萌 徐滇庆	公共成本	全国	0.4
2010	刘洪银	公共成本	全国	1.25
2003	张国胜	私人成本 + 公共成本	东部沿海	第一代农民工 10；第二代农民工 9
			内陆地区	第一代农民工 6；第二代农民工 5
2012	徐红芬	私人成本 + 公共成本	河南	5.7
2013	石忆邵 王樱晓	私人成本 + 公共成本	上海	私人成本 77.35；公共成本 35.25
2014	武雪媚	私人成本 + 公共成本	四川	6.8
2012	单菁菁	私人成本 + 公共成本	全国	私人成本 10.1；公共成本 12.9；合计 23
2005	中科院可持续发展战略研究组	社会成本	全国	2.5
2013	李小敏	社会成本		个人成本 5.6；公共成本 5.1；企业成本 0.4；合计 11.1
2013	李俭国　张鹏	社会成本	沿海城市	21
			内陆城市	16
2013	杜海峰	社会成本	深圳	私人成本 3.43；公共成本 0.83；企业成本 2.05；合计 6.31

注："测算标准"中的社会成本（总成本）包括私人成本、企业成本和公共成本；时间是研究者测算时引用的主要参考数据的年份，而非研究成果的出版时间；研究成果的统计时间截止到 2017 年 1 月 4 日。

按照中国科学院可持续发展战略研究组的测算，农民工市民化的人均社会成本为2.5万元，若把2亿农民工及其子女市民全部转化为市民，需要支付的社会总成本为5万亿元，若按14年的周期计算，年均社会总成本为3000亿元[①]。魏后凯的测算结果显示，农民工市民化的人均公共成本为10万元，假设在2030年前，全国有3.8亿农业转移人口需要实现市民化，则需要支付近40万亿元的公共成本[②]。而仅在一年之后，他们测算的人均公共成本就上涨至13万元[③]。张国胜、杨先明分地区、分类型测算了农民工市民化的成本，2003年东部沿海地区第一代农民工与第二代农民工市民化的社会成本分别约为10万元和8.5万元，内陆地区的第一代农民工与第二代农民工市民化的社会成本分别约为6万元和5万元[④]。中国发展研究基金会测算的结果显示，中国当前农民工市民化的平均成本为10万元[⑤]。周小刚以江西省为例，通过城市人均固定资产额、养老保险成本年支出额、人均医疗保障成本、人均失业保险金支出成本、农民工子女转为市民子女的人均教育成本支出和城市人均公共管理成本6个指标，计算出人均公共成本为3.6万元。2008年在江西省内务工的农民工及其子女分别为123.64万人和30.91万人，若他们全部享受均等的公共服务，各级政府需要支付439.97亿元的公共成本[⑥]。

国务院发展研究中心课题组基于对重庆、郑州、武汉、嘉兴等地的调查，依据2010年不变价格，测算出农民工市民化的人均公共成本为8万元。若剔除养老保险等远期支出，该成本会下降至4.6万元。若再将年度支付的成本进行分解，一次支付的公共成本最多为2.4万元，年均支付成本仅为560元。由此可见，农民工的市民化的公共成本并非难以承受，关键取决于政府的行

① 中国科学院可持续发展战略研究组：《中国城市化的成本分析》，选自《中国可持续发展战略报告》，北京：科学出版社，2005年。

② 魏后凯：《构建多元化的农民市民化成本分担机制》，《中国社会科学报》，2013年3月1日，第7版。

③ 潘家华，魏后凯：《中国城市蓝皮书：农业转移人口的市民化》，北京：社会科学文献出版社，2013年。

④ 张国胜，杨先明：《中国农民工市民化的社会成本研究》，《经济界》，2008年第5期。

⑤ 中国发展研究基金会：《中国发展报告2010：促进人的发展的中国新型城镇化战略》，北京：人民出版社，2010年。

⑥ 周小刚：《中部地区城镇化进程中农民工市民化问题研究——以江西为例》，南昌大学学位论文，2010年。

动能力①。2013 年 7 月中国社科院发布的《城市蓝皮书》，预测我国农业转移人口市民化的人均公共成本约为 13 万元，其中东、中、西部地区分别为 17.6 万元、10.4 万元和 10.6 万元。个人成本约为人均每年 1.8 万元，另外还需要集中支付一笔购房成本，约为人均 10.1 万元，一个农民工市民化的总成本为 24.9 万元②。

客观地说，现有研究为人们从理论层面了解农民工市民化的成本概况，以及从实践层面破解农民工融入城市的困境提供了一个基本参考，但是，还存在以下几个主要问题，需要进一步澄清和规范。

第一，关于农民工市民化成本的内涵界定不一致。概括起来主要有四种观点：一是认为农民工市民化的成本特指由政府承担的公共财政支出，即公共成本；二是认为农民工市民化的成本由私人成本和公共成本构成；三是认为农民工市民化的成本由企业成本和公共成本构成，个人成本为负值，故忽略不计；四是认为农民工市民化的成本由个人成本、企业成本和公共成本构成。另外，现有研究还存在概念使用不规范的问题。如，有研究者把企业成本纳入公共成本的范畴，也有研究者把社会成本等同于公共成本。概念使用不规范，不仅不利于该领域研究的持续深入，也难以对现有成果进行横向比较。因此，规范并统一核心概念的内涵及统计口径就显得尤为迫切。

梳理现有研究可以发现，大多数研究者认可第四种观点，即农民工市民化成本由个人成本、企业成本和公共成本构成，而且在最新的官方文件中，这一观点也得到了采纳。2014 年颁布的《国家新型城镇化规划（2014—2020 年)》是指导我国新型城镇化健康有序发展的宏观性、战略性、基础性规划，第八章明确提出要建立健全由政府、企业、工人共同参与的农业转移人口市民成本分担机制。因此，结合学界的主流观点和官方文件的最新表述，笔者认为，农民工市民化成本应当由公共成本、企业成本和个人成本三部分组成，而相应成本的承担主体分别是政府、企业和农民工个人。至于有研究者使用的“社会成本”应该等同于农民工市民化的总成本，同样由上述三部分构成，

① 国务院发展研究中心课题组：《农民工市民化进程的总体态势与战略取向》，《改革》，2011 年第 5 期。

② 潘家华，魏后凯：《中国城市蓝皮书：农业转移人口的市民化》，北京：社会科学文献出版社，2013 年。

而不宜将企业成本纳入公共成本的范畴，或将社会成本等同于公共成本。规范概念并统一统计口径是进行深入研究和进行横向比较的前提条件，否则只能是各说各话，缺乏为政府决策提供参考的价值。

第二，不同研究者的测算指标体系设置不一致。如，在基础设施支出是否应该纳入测算指标体系的问题上，研究者存在明显分歧。魏澄荣、石忆邵、李小敏等研究者把城镇基础设施成本纳入测算体系，但国务院发展研究中心课题组、张国胜、刘洪银等研究者均认为基础设施投资可以忽略，其理由是流入地政府在城市规划和建设中已经考虑到农民工存在的事实，基本能够满足城镇常住人口的最低需求，即使农民工实现市民化，也不需要追加额外的财政投入。张国胜也认为，农民工已经在城市工作生活，是在已享受部分公共服务的基础上逐步实现市民化，因此，农民工市民化对城市基础设施的需求明显小于其他人口城市化对基础设施的需求①。再如，在农民工随迁子女教育及城市管理支出两项指标设置上也存在争议。多数研究者将两项指标统计在列，但部分研究者，如胡桂兰认为，在沿海发达地区农民工随迁子女的义务教育问题已经基本解决，而且农民工已经被纳入城市公共管理的范畴，市民化后额外的财政支出非常有限。而在基础设施投资方面，当前农民工规模总体稳定，基本不需要追加投资②。杨聪敏亦认为，农民工子女的教育已基本得到保障，故无须增加太多；基础设施成本在目前的制度框架下与是否市民化无直接关系，未予以计算③。

可见，尽管上述研究采用同一内涵界定，但由于指标体系设置不尽一致，最终导致其结果相差悬殊。其实，研究者基于自己的考虑和研究视角而设置不同的指标体系，是完全可以理解的，但自相矛盾的结果势必会影响其解释力和决策参考价值。笔者赞同国务院发展研究中心课题组及张国胜等人的观点，即城市的基础设施建设、随迁子女义务教育、城市社会管理等已经考虑到农民工存在的既定事实，因此在成本核算时可以忽略不计。笔者认为，这种统计口径更符合实际情况，也更利于推进农民工市民化。因为，城市公共

---

① 张国胜：《基于社会成本考虑的农民工市民化：一个转轨中发展大国的视角与政策选择》，《中国软科学》，2009 年第 4 期。

② 胡桂兰等：《农民工市民化成本效益分析》，《农业经济问题》，2013 年第 5 期。

③ 杨聪敏：《农民工城市落户政策比较与成本预估》，《中共宁波市委党校学报》，2012 年第 3 期。

基础设施具有典型的非竞争性和非排他性，属于典型的公共物品，理应由政府承担。农民工的大量涌入，必然会增加对基础设施的需求，政府的财政支出也会相应增加。但现实情况是，流入地政府的基础设施建设及维护是以常住人口而非户籍人口为决策参考，已经充分考虑了农民工常住的既定事实，属于市民化前已经支付的成本，而且在市民化后需要额外增加的基础设施建设支出相对有限，因而该项净成本几乎为零，可以忽略不计。

如果说基础设施建设成本可以算作零成本的话，那么劳动权益保护成本和公共管理成本则属于负成本。理由其实很简单，试想如果市民化后，农民工能够实现梦寐以求的"同工同酬""同工同时""同工同权"，他们自然会全身心投入工作中，而不是消极怠工或与资方作对，劳资冲突的基础将大大削弱，协调劳动关系及劳动权益保护的成本也将相应下降。同理，农民工市民化前后的公共管理成本也呈现类似的规律。在市民化之前，由于农民工在城市的边缘化处境及少数个案的"晕轮效应"，使得地方政府习惯把农民工当作"维稳"的对象，在稳定压倒一切的政治考核体系指引下，地方政府投入大量人财物以防范其危害社会稳定。但在完成市民化之后，农民工能够享有完整的公民权利，能够享受到与户籍居民均等的公共服务，引发社会冲突的风险将大大降低，相应的维稳机制及投入终将成为历史。因此，农民工市民化的公共成本实际主要由就业成本、社会保障成本、医疗卫生成本、保障性住房成本构成。

第三，不同研究者的计算方式不一致。有些研究者计算的结果是指农民工市民化后个人、企业、政府需要承担的总成本。但是，实际上农民工在市民化之前已经享受了部分公共服务，如农民工随迁子女已经享受了义务教育，城市的基础设施和公共管理费用已经考虑了农民工长期稳定存在的事实，因而市民化所需要增加的实际成本可能并没有计算的那么多①。杜海峰同样认为，农民工在完成市民化之前多数成本同样存在，为了更准确地反映农民工市民化的真实成本，应该计算农民工市民化前后各项成本的差额，即农民工市民化的真实成本 = 农民工市民化后的成本 - 农民工市民化前的成本。比如，2011 年上海市调整义务教育公办学校生均公用经费标准至 1700 元，而农村中

① 薛以硕，张继良：《农民工市民化成本研究现状分析》，《调研世界》，2014 年第 10 期。

小学生的生均公共教育经费为525元，二者之间的差额为1175元/年。在计算上海市农民工市民化的义务教育成本时应该用1175元/年，而不宜直接用1700元/年来计算[①]。持类似观点的还有申兵、张继良等。丁萌萌、徐滇庆在此基础上进一步指出，应该用农民工融入城市的成本减去留在农村的成本[②]，因为农民工虽然工作在城市，但在农村仍保留了宅基地、承包地等财产性收入，如果农民工决定融入城市的话，可以通过土地流转等多种方式将上述财产兑换为货币收入，从而可以抵消部分成本。

其实两种计算方式都没有错，只是笼统地计算农民工市民化后的总成本，容易造成农民工融入城市成本过高、代价过大的错觉，客观上不利于农民工市民化工作的推进。为了给决策者传递更准确的信息，也为了减少各级政府对财政负担的顾虑，故采用第二种计算方式更为合理。

第四，成本测算与分担机制构建存在自相矛盾的现象。如，有研究者在内涵界定中并没有把企业成本纳入其中，但在成本分担机制构建中，却把企业作为成本的承担主体之一[③]。也有研究者认为，企业应该承担农民工市民化的成本，考虑到企业在农民工市民化前后承担的费用大体相当，可以忽略不计，只测算了公共成本和个人成本，但在分担机制构建中，作者又提出“应该尽快建立政府、企业、市场及个人共同参与的多元成本分担机制”[④]。这种不计算企业成本但又将其作为成本承担主体的现象，不仅容易造成前后矛盾之嫌，而且不利于指导企业参与农民工市民化成本的分担。

总　结

通过文献梳理可以发现，既有研究尚未就农民工市民化的成本达成一致。比如，申兵基于对宁波市跨省流动农民工的调查，认为宁波市政府为每个农

① 杜海峰等：《农民工市民化成本测算模型的改进及应用》，《当代经济科学》，2015年第2期。

② 丁萌萌，徐滇庆：《城镇化进程中农民工市民化的成本测算》，《经济学动态》，2014年第2期。

③ 徐红芬：《城镇化建设中农民工市民化成本测算及金融支持研究》，《金融理论与实践》，2013年第11期。

④ 单菁菁：《农民工市民化的成本及分担机制研究》，《学海》，2015年第1期。

民工提供均等的公共服务，需要增加财政支出 13507—25507 元；周晓津以广州市为例，认为如果一个农民工 25 岁时市民化，预期寿命 80 岁，政府需要增加公共支出 63.7 万元，如果再加上个人消费支出 56 万元，一个农民工成为广州市民需要的总成本高达 119.7 万元。然而，同样是对广州市的调查，谢建社得出的结论与之相差悬殊，他认为如果按 2013 年的不变价格来计算，每个农民工市民化的公共成本是 15.7 万元；张继良、马洪福对江苏省农民工调查的结果显示，不同经济发展程度的地区之间农民工市民化的成本存在明显差异（苏南、苏中、苏北分别为 14.6 万元、12.4 万元和 11 万元），如一次性实现农民工市民化公共财政需为每个农民工一生支付的成本是 92.7 万元。为了更客观地比较不同研究结果之间的差异，我们采用统一的标准即农民工市民化的公共成本，最小值是申兵的调查结果 2.5 万元，最大值是张继良的调查结果 92.7 万元，二者相差 37 倍，即使是针对同一城市广州的调查，周晓津和谢建社的测算结果也相差 4 倍。针对同一个问题的调查与研究，结果却相差悬殊，这种反差不仅给决策者造成了很大的困惑，也在一定程度上助长了地方政府推进农民工市民化工作的惰性。

而且可以肯定，即使在将来，研究者也难以就农民工市民化的成本测算达成共识。理由很简单：其一，不同研究者对农民工市民化成本的内涵界定不一致；其二，不同研究者的测算指标体系不一致；其三，不同研究者测算同一指标使用的标准不一致，例如，在测算社会保障成本时，需要计算农民工缴费的年限，但不同研究者假设的农民工预期寿命并不一致，有的是按人均寿命 75 周岁来计算，有的则按预期寿命 80 周岁来计算。除上述因素外，农民工市民化成本测算的结果还与研究时间以及地域有直接关联。比如，表 3－3－1 中列出的研究结果所参考的数据存在时间上的差异，最早是 2003 年的数据，最新是 2014 年的数据，而在此期间不论是物价、房价，还是政府的财政收入都发生了质的变化；不同地区、不同类型的城市之间由于经济发展程度不同，农民工市民化的成本也不在同一个层次；此外，由于第一代农民工与新生代农民工的先赋性差异，其市民化的成本也不能一概而论。

由此可见，我们不应执着于农民工市民化的成本到底是多少，也不应寄希望于不同研究者得出一个大家一致认可的数值，因为这几乎是一个不可能完成的任务。当然，我们也不能因此而否认农民工市民化成本测算的价值，这些研究成果将为后续评估农民工市民化的成本与收益的关系，明确政府、企业、农民工等相关主体之间的责任划分，以及中央政府制定农民工市民化的顶层设计提供基本参考。当前，人们除了对于农民工市民化的成本测算存在误解之外，在成本如何支付问题上也存在认识偏差，这些理论研究和思想认识层面的误区均在不同程度上影响了相关主体特别是政府部门的公共决策，滞后了农民工顺利融入城市的进程，亟须进行矫正、澄清和引导。

第四章　不同主体视角下农民工市民化的收益

现有研究多侧重于农民工市民化的成本测算，而忽略了硬币的另一面，即农民工市民化的收益，这种研究取向在一定程度上增加了利益各方特别是地方政府对能否支付巨额成本的担忧，在客观上阻碍了农民工市民化的顺利推进。实际上，农民工市民化具有强烈的正外部性。农民工市民化的推进，会带来一系列短期和长期、直接和间接的经济和社会效益，这些收益将远远超过我们为此支付的社会成本。农民工融入城市首先有助于农民工积累物质资本，享受与城市户籍居民均等的公共服务，同时农民工市民化的推进还会产生强烈的溢出效应，由此带来的收益会进一步惠及中央政府、地方政府、企业等不同利益主体。对于中央政府来说，农民工市民化有助于提高城镇化水平，增强政权合法性，维护社会和谐稳定；对于地方政府来说，农民工市民化有助于为城市的持续发展提供高素质劳动力，增强城市发展后劲；对于农村来说，农民工市民化有助于减少农村人口，实现农村土地的集约利用和规模化发展，实现农业现代化；对于企业来说，农民工市民化有助于增强职工的归属感，建设和谐稳定的劳动关系，有利于企业的可持续发展。因此，从成本收益的视角来看，农民工市民化是功在当今、利在后世的多方共赢之举。

第一节　中央政府的收益

这里所说的“中央政府”是与“地方政府”相对而言的，与地方政府主要谋划地方辖区内的经济社会发展相比，中央政府需要打破区域、地方、部门之间的界限阻隔，从宏观层面进行统筹规划。因此，从这一意义上讲，中央政府是国家利益的代言人，是社会公共利益的维护者，同时也是国防、大型基础设施等纯公共物品的供给者。如果我们把农民工市民化视为一项公共物品的话，则该物品具有普惠性强、受益边界模糊、成本分担不明确等特点，由此不可避免地会导致“搭便车”的集体行动困境。基于这些特点，农民工市民化的统筹推进毫无疑问应当由国家利益的代言人——中央政府来承担。作为农民工市民化的主要推动者，中央政府不仅会从中获取经济增长的“显性收益”，同时还会借此赢得农民工群体的政治支持、城乡一体化发展等“隐性”的政治和社会收益。

一、提升城镇化质量，推进以人为核心的新型城镇化

发达国家的发展经验证明，工业化和城镇化是一个国家实现现代化的双重驱动力。一般来说，随着工业化的推进，资本、技术等生产要素会向劳动生产率更高的城市汇聚，在工业化的“拉力”和农村“推力”的综合作用下，农村剩余劳动力会追随资本的足迹向城市集中。伴随着农村人口的职业转换和地域转移，农村人口慢慢减少，城市人口逐步增加，城镇化水平得到相应提高，整个社会就会完成从传统向现代的蜕变。对于长期以来以农业立国的中国来说，城镇化更具有特殊的重要性和紧迫性。新中国成立后，中央政府根据国内主要矛盾的发展变化，及时放弃了革命时期“农村包围城市”的策略，将工作重心和经济建设的主战场转移到城市。鉴于当时国内工业基础相当薄弱，中央制定了优先发展重工业的经济方针，举全国之力集中发展一批攸关国计民生的重大项目和关键技术。实践证明，“重工轻农”的策略选择的确收到了显著成效，不仅在短时间内建立了独立自主的工业体系，而且大幅提高了工业尤其是国防实力，增强了新中国在国际谈判桌上的话语权。但由此带来的负效应也是显而易见的，由于重工业多属于资本密集型和技术密集型，对于劳动力的数量需求相对不足而对专业知识和技术水平的要求较高，这导致我国在工业化水平明显提高的同时，并没有实现城镇化的相应增长，甚至在 1958 年颁布了《中华人民共和国户口登记条例》，以行政法规的形式限制农村人口自由向城市流动，形成了“逆城市化”的反常现象。

从世界经济发展的规律来看，在现代化过程中，城市化率均高于工业化

率，低收入国家高出 2 个百分点，中下等收入国家高出 21 个百分点，高收入国家如美国 1870 年的工业化率为 16%、城市化率为 26%，到 1940 年分别是 30.3% 和 56%，到 1970 年则分别达到 26% 和 74%，城市化率比工业化率高出近 50%。但是，特殊的国情和制度安排导致了我国的城市化严重滞后于工业化。在 1978 年以前，工业化率和城市化率总体很低，分别为 29.5% 和 17.9%，城市化率反而比工业化率低 11.6%。市场化改革以来，高度僵化的计划经济体制日渐式微，限制人口流动的政策逐步松动。在工业化的驱动下，农村剩余劳动力穿破城乡之间的体制壁垒进入城市务工，中国的城镇化从此步入快速发展的轨道。截止到 2017 年，我国的城镇化率已达到 58.52%，与改革开放初期相比提高了 40.62%，这意味着在改革开放 40 年的历程中，我国的城镇化率以每年 1 个百分点的速度持续提升，年均有超过 1000 万农村人口进入城市从事非农产业。这种城镇化的速度和规模在世界城市化的历史上也是绝无仅有的。

城镇化率是衡量一国经济发展程度和社会结构现代化转型的重要参考指标。一般来说，城镇化率是指城市人口占总人口的比例，但我国的城镇化率存在两种统计口径，公安部的统计以拥有城市户籍的人口为依据，而国家统计局则把在城市连续居住半年以上的常住人口统计为市民。与二元统计口径相对应，中国的城镇化率有两种截然不同的测算结果。2016 年常住人口城镇化率已达到 57.35%，而户籍人口城镇化率仅为 40%，二者相差 17 个百分点，中间多达 2.3 亿人的悬殊差距主要以农民工群体为主。改革开放以来，我国城镇化水平以年均 1 个百分点的速度快速提高，这在很大程度上归功于进城就业的农民工。统计数据显示，沿海经济发达省份城镇化率的提高主要来自进城农民工的规模不断扩张（分子变大），北京、天津、上海、浙江和广东等地农民工流入对城镇化的贡献率分别占到 30.7%、27.9%、24.7%、24.4%、18.6%。中西部地区城镇化率的提高主要来自外出农民工不断增加（分母变小），河南、湖南、安徽和四川等地农民工流出对城镇化的贡献率分别占到 9.5%、10.6%、13.3% 和 16.6%。依据国家统计局的口径，农民工已在城镇从事非农产业，且大多数满足连续居住半年的条件，因而被统计为城镇人口，但事实上，不论是其主观定位还是实际享受的待遇都与真正的“城里人”相去甚远。正是由于农民工职业与身份的脱离，造成了两大公共部门的权威数据相互“打架”的“假象”，却反映了农民工未能真正融入城市、享受均等公共服务的“真相”。

由此可见，尽管改革开放以来我国的城镇化取得了长足发展，但仍存在“重数量，轻质量”“重土地拆迁，轻配套服务”“见物不见人”等明显短板。数据显示，2000—2011 年，城镇建成区面积增长 76.4%，远高于城镇人口 50.5%的增长速度；农村人口减少 1.33 亿人，农村居民点用地却增加了 3045 万亩，呈现出“土地城镇化”快于“人口城镇化”的特征，这种“摊大饼”式粗放扩张引发了严重的“城市病”。数量庞大的农民工群体已经实现了职业转换和生活场域的转移，为城市经济社会发展做出了不可磨灭的贡献，却未能像城镇户籍居民一样享受到均等的公共服务，在城市内部形成了一个新的二元结构，衍生出广受社会关注的“农民工问题”。由于农民工难以在城市安居乐业，导致其被迫像候鸟一样往返于城乡之间，形成了蔚为壮观的“民工潮”，被国外媒体称为“和平时期最大规模的人口迁徙”，由此大大增加了经济社会运行的成本。

正是在这样的背景下，党的十八大报告首次提出，坚持走中国特色新型工业化、信息化、城镇化、农业现代化道路。党的十八届三中全会进一步提出，坚持走中国特色新型城镇化道路，推进以人为核心的城镇化，推动大中小城市和小城镇协调发展、产业和城镇融合发展，促进城镇化和新农村建设协调推进。新型城镇化是相对于传统城镇化而言的，新型城镇化首先“新”在以人为核心，“新”在人的城镇化。也就是说，城镇化本身是手段而非目的，城镇化的出发点和落脚点都是人，其目的在于通过资源、技术等生产要素的聚集，为居民提供更高质量的公共服务，增加人们的获得感、安全感、幸福感。对此，习近平总书记强调，城镇化要以人为本，要把促进有能力在城镇稳定就业和生活的常住人口有序实现市民化作为首要任务。针对农民工已经进入城市但未能享受均等公共服务的现状，新型城镇化的着力点就是拆除横亘在城乡之间的户籍壁垒，彻底打破按照户籍配置公共资源的规则，实现对常住人口的全覆盖，逐步缩减户籍人口城镇化率和常住人口城镇化率之间的差距，最终实现农民工能够与城市户籍居民一样享受均等的公共服务。

二、彻底解决“三农”问题，实现城乡融合发展

“三农”问题作为一个概念提出是在2000年，当时湖北省监利县棋盘乡党委书记李昌平向时任国家总理朱镕基写了一封信。作为我国最基层政府的负责人，李昌平拥有了解农业、农村、农民的天然优势，在信中他向总理反映了基层农村的真实情况，并将其概括为“农民真苦，农村真穷，农业真危险”，引起了中央高层的重视和社会广泛关注，这就是“三农”问题的由来。尽管“三农”问题作为一个概念是在2000年提出，但作为一个社会问题则可以上溯到20世纪50年代。新中国成立后，我们采取了“城市优先”和“工业优先”的发展策略，在这一策略的支配下，农村成为支援城市发展的“大后方”。农业为工业发展输送源源不断的廉价农产品，农民则在二元户籍制度的屏蔽之下被禁锢在土地上，没有及时分享到国家经济社会发展所带来的成果。“重工轻农”的策略原本是特殊时期的非常之举，但令人意想不到的是，这一临时性的政策在随后几十年的时间内慢慢被固化，为之后“三农”问题的出现埋下了隐患。

“城市优先”的发展战略在推动城市快速发展的同时，导致农村仍停留在“赤贫”状态。为了摆脱极端的贫困状况，1978年安徽凤阳小岗村的18户农民铤而走险，实行了对后世影响深远的“包产到户”，揭开了中国农村改革的序幕。家庭联产承包责任制的实行，极大地调动了广大农民被长久压制的生产积极性，然而，好景不长。八十年代中期以后，随着改革的潜能逐步得到释放，以及国家城乡战略的调整，农民收入的增长速度渐趋缓慢，与此同时，农民负担迅速增加，逐渐形成了大家所熟知的“三农”问题。“三农”问题不仅是关系农民增收、农业发展的经济问题，而且是关系城乡统筹发展、社会和谐稳定的政治问题。正是在这一意义上，亨廷顿在论述发展中国家的政治稳定时指出，“农村的作用是个变数，它不是稳定的根源，就是革命的根源。……如果农民默许并认同现存制度，他们就为该制度提供了一个稳定的基础。如果他们积极地反对这个制度，它就会成为革命的载体”①。而我国是

① ［美］塞缪尔·亨廷顿：《变化社会中的政治秩序》，北京：三联书店，1989年，第267页。

一个典型的以农业为主的国家，邓小平在论及这一特殊国情时强调，“中国有百分之八十的人口住在农村，中国稳定不稳定，首先要看这百分之八十稳定不稳定”[①]。

美国学者托尼在描述1931年中国农村的状况时曾这样写道，“有些地区农村人口的情况，就像一个人长久地站在齐脖深的河水中，只要涌来一阵细浪，就会遭遇灭顶之灾”。与1931年相比，如今的中国农民不论是政治地位还是经济收入都有了前所未有的提高，但是在变幻莫测的市场经济中，他们面对的已不再是土地和“熟人社会”中的村民，而是充满风险的市场和在资金、技术、信息等方面占据压倒性优势的商人。在这一转型中，政府并没有及时提供相应的引导和保护，反而征收名目繁多的税费，使农民的处境雪上加霜。与此同时，随着市场化改革的持续推进，广大农民的权利意识和法律意识开始觉醒，并开始拿起法律武器进行抗争。实行家庭联产承包责任制以来，法律赋予了农民独立的生产经营权和农产品的处置权，每个农户成为了完全独立的利益主体。当他们作为独立的利益主体与其他利益主体、自治组织和政府部门发生互动的时候，其利益主体意识就会进一步清晰化，逐渐萌生出权利意识和对自身利益的保护意识，并不断得到强化[②]。

当依法维权难以奏效时，农民被迫通过非制度化渠道进行非法政治参与，试图通过制造群体性事件引起社会关注，以达到向公共部门施压的目的。进入21世纪以来，农民群体性事件迅猛增加，农村干群矛盾多发频发，这一切都预示着“三农”问题已超出了经济问题的范畴，演变为威胁政权稳固的政治社会问题。如果没有一个稳定的农村，没有一个持续发展的现代农业，没有一个有序转移农村剩余劳动力的长效机制，中国的现代化建设就难以成功。正如孙立平所言，“在工业化、现代化的过程中，整个社会要从一个以农村为主的社会转变为一个以城市为主的社会，这是一个基本常识。……以目前中国的情况来看，如果不能顺利实现这种转变，也不会继续保持一个农村为主的社会，将会形成一个断裂的社会”。[③]

“三农”之中最紧迫的是农民问题，而农民反映最强烈的是负担沉重。这

---

① 邓小平：《邓小平文选（第三卷）》，北京：人民出版社，1993年，第65页。

② 程同顺：《当代中国农村政治发展研究》，天津：天津人民出版社，2000年。

③ 孙立平：《断裂》，北京：社会科学文献出版社，2003年。

一内在逻辑决定了解决“三农”问题的突破口是为农民“减负”。为此，中央政府于2000年在安徽进行税费改革试点；2005年十届全国人大常委会通过了废止农业税条例的决定草案。据统计，全面取消农业税后，与税费改革前的1999年相比，农民每年减负总额将超过1000亿元，人均减负120元左右[①]。但是，历史警示我们不能把解决这一复杂问题的希望完全寄托在税制改革上。明末清初思想家黄宗羲曾经对历代减轻农民负担的措施进行过系统研究。他肯定了这些改革大都可以在短期内使“向来丛弊为之一清”，但同时敏锐地意识到，这些改革的中长期效果却无一例外地与初衷相反。因为，原来税种繁多时虽有官吏易于上下其手之弊，但这些税种几乎包括了能够“巧立”的一切“名目”，使后来者难以再出新花样。如今并而为一，诸名目尽失，恰好为后人新立名目创造了条件。时间稍移，人们“忘了”今天的“正税”已包含了以前的杂派，一旦“杂用”不足，便会重出加派。黄宗羲精辟地将其总结为“积累莫返之害”[②]。这就是著名的“黄宗羲定律”。因此，如果只是简单地在税制上做文章，而不从根本上发展农村经济，增加农民收入，不从根本上合理划分各级政府的财权和事权，理顺各种利益关系，那么，税费改革也难以跳出困扰我国数千年的“黄宗羲定律”。

当然，通过税费改革减轻农民负担，只是解决“三农”问题的一个突破口，为将来从根本上解决“三农”问题赢得宝贵时间和民意支持。从长远来看，要想彻底解决“三农”问题，还需要从统筹城乡发展的高度，做好“加法”和“减法”。“加法”是指大幅度增加农民收入，为其改善生活条件提供财力保障，“减法”是指大幅度减少农民，提高城镇化水平，二者缺一不可。其中，减少农民是增加收入的前提条件，对解决“三农”问题具有根本性的推动作用。因为，人多地少的国情决定了若不大幅度地减少农民，增加农民收入只能是一句空话。与工业相比，农业本身是一个弱势产业，在激烈的市场竞争中处于不利地位，为此，西方发达国家普遍对农业和农民采取大力度的补贴政策，通过工业和城市的反哺来实现农业的可持续发展。经过四十年的持续快速发展，中央财政和城市政府已经积累了雄厚的财政实力，“我国现

① 谢登科：《解决“三农”问题的重大战略举措》，《农村经营管理》，2006年第2期。
② 秦晖：《“黄宗羲定律”与税费改革的体制化基础》，《税务研究》，2003年第3期。

在总体上已到了以工促农、以城带乡的发展阶段”，具备了工业反哺农业、城市支持农村的能力。

党的十八大以来，以习近平同志为核心的党中央高度重视“三农”问题，从农业现代化、农业科技进步、新型农民培育、城乡统筹发展、精准扶贫脱贫等方面打出了一套政策组合拳，为全面、系统地解决“三农”问题提供了政策保障。党的十九大报告进一步提出，农业农村农民问题是关系国计民生的根本性问题，必须始终把解决好“三农”问题作为全党工作重中之重。要坚持农业农村优先发展，按照产业兴旺、生态宜居、乡风文明、治理有效、生活富裕的总要求，建立健全城乡融合发展的体制机制和政策体系，加快推进农业农村现代化，实现乡村振兴。

农民工具有“亦工亦农”的双重身份，他们的职业在城市，户籍在农村，正是由于这种双重身份，使得农民工群体成为沟通城乡之间的桥梁和纽带。通过把有意愿有能力在城镇稳定就业和生活的农民工转化为市民，不仅为彻底解决“三农”问题提供了保障，而且可以建立健全城乡融合发展的体制机制，构建以工促农、以城带乡、工农互惠、城乡一体的新型工农城乡关系，逐步实现城乡居民基本权益平等化、城乡公共服务均等化、城乡居民收入均衡化、城乡要素配置合理化，以及城乡产业发展融合化。

三、改善经济结构，促进经济高质量增长

既有研究表明，城镇化是促进经济增长的主要动力，城镇化水平与经济发展速度之间存在着显著的正相关关系。钱纳里通过对世界各国的人均 GDP 和城镇化水平进行统计分析发现，一个国家的城镇化水平越高，人均国内生产总值就越高①。Henderson 通过进一步研究，测算出世界各国城镇化水平与人均 GDP 之间的相关系数达到 0.85②。周一星运用 1977 年世界 157 个国家和地区的数据，发现城镇化和经济增长之间存在十分显著的相关关系③。World Bank 运用 1978—1995 年之间的数据，测算了劳动力从农业部门转移到非农业

---

① ［美］钱纳里：《发展形式：1950—1970》，李新华等译，北京：经济科学出版社，1988 年，第 5 页。

② Henderson, J. V. , 1974, *The Sizes and Types of Cities*, American Economic Review, 61, 640 – 656.

③ 周一星：《城市地理学》，北京：商务印书馆，1997 年，第 5 页。

部门对中国经济增长的贡献率为16%[①]。Cai & Wang 运用与世界银行相同的测算方法发现，1978—1997年农村剩余劳动力转移对中国经济增长的贡献率达到20.2%，是改革开放以来支撑中国经济持续快速增长的主要因素[②]。World Bank 以2001年为基期，模拟取消户籍制度后城镇化对经济增长的影响，测算结果显示，1%的劳动力从农业部门转移出来将使GDP增长0.7%，10%的劳动力从农业部门转移出来将使GDP增长6.4%[③]。

根据经济学的一般原理，投资、消费和出口是拉动经济增长的三驾马车，但长期以来，我国经济增长更依赖投资和出口，而受到居民收入水平有限等因素制约，消费未能充分发挥刺激经济增长的作用。市场化改革以来，我国确立了以经济建设为中心的发展方略，为了充分调动地方政府贯彻落实这一方略的积极性，中央政府制定了与之配套的政绩考核体系，地方的经济实力和经济发展速度成为评价干部政绩的关键指标。在经济取向的政绩考核观支配下，地方政府及其官员作为理性的行动者，自然会把促进经济发展视为头等大事，以至于在全国范围内形成了“GDP中心主义”。为了在这场声势浩大的锦标赛中取得优异成绩，地方政府官员以公共权力为杠杆，动员一切可能的资源进行招商引资，并根据国家和地方产业发展规划进行大规模投资，形成了典型的“投资驱动发展”模式。实践证明，在经济发展的初级阶段，该模式有助于激发地方政府发展经济的内生动力，集中有限的社会资源，打破束缚经济发展的资金瓶颈，实现经济的跨越式发展。但是，随着经济发展阶段的递进，该模式的缺陷逐步暴露，突出表现为产能过剩、效率低下、政商关系难以厘清等问题，“投资驱动发展”模式逐步失灵。

改革开放以来，我国效仿亚洲“四小龙”的成功经验，制定了出口导向型发展战略。凭借着劳动力及其他要素的成本优势，物美价廉的“中国制造”开始走出国门并畅销全球，特别是在我国加入WTO之后，广阔的国际市场为出口导向型战略的成功实施提供了条件。但是，在国际金融危机爆发以来，

---

① World Bank, 1996, *The Chinese Economy: Controlling Inflation, Deepening Reform*, The World Bank Publication, Washington, D. C.

② Cai, F., & Wang, D., 1999, *Sustainability of Economic Growth and Labor Contribution in China*, Journal of Economic Research, 10, 62-68.

③ World Bank, 2005, *Integration of National Product and Factor Markets: Economic Benefits and Policy Recommendations*, Report 31973CHA.

国际市场需求陷入低迷，外贸规模急剧萎缩，经济发展受到严重冲击，为我国经济发展做出巨大贡献的出口导向型战略遇到了前所未有的挑战。

经过四十年改革开放的持续积累，我国经济总量已稳居世界第二位，综合国力大幅提升，人民生活水平显著改善，与此相适应，我国社会主要矛盾已由人民群众日益增长的物质文化需求与落后的社会生产之间的矛盾转化为人民日益增长的美好生活需要和不平衡不充分的发展之间的矛盾。在此背景下，我国经济发展的重心开始逐步由量的积累转向质的提升。正如党的十九大报告所提出，我国经济已由高速增长阶段转向高质量发展阶段，正处在转变发展方式、优化经济结构、转换增长动力的攻关期，必须坚持质量第一、效益优先，推动经济发展质量变革、效率变革、动力变革，提高全要素生产率。

农民工市民化对于经济高质量增长的贡献是多方面的。首先，农民工市民化有助于增加农民工的物质资本，增强其消费能力，带动基础设施建设、房地产、餐饮娱乐等相关产业的发展，从根本上改变我国经济过度依赖投资和出口的发展模式，提高消费对经济增长的贡献率，促进我国经济健康可持续发展。其次，农民工市民化有助于改善就业结构。长期以来，农民工只能在次属劳动力市场谋生，而市民化的推进会增加农民工的人力资本，促使其向首属劳动力市场流动，彻底打破劳动力市场人为分割的封闭格局，形成自由流动、公平竞争的劳动力市场。最后，农民工市民化有助于协调三次产业之间的关系，促进先进制造业、服务业的健康发展，优化经济的内部结构，为经济高质量增长提供持久动力。

国务院发展研究中心课题组根据 CGE 模型模拟结果发现，农民工市民化对经济增长和产业结构有显著影响。农民工市民化促进经济增长的第一个机制在于直接的消费增长，当农民工以及其负担的农村居民融入城市以后，农村居民的消费会减少而城镇居民的消费相应增加。由于中低收入城市居民的边际消费倾向要高于农村高收入居民，会使总消费有所增加。根据模拟结果，在不考虑住房投资和政府支出结构变化的情况下，如果有 1000 万农民工实现市民化，会使农村居民消费减少 680 亿元，城镇居民消费增加 920 亿元，居民消费总体提高 240 亿元。农民工转化为城市居民，会产生一系列服务性需求，例如会增加对餐饮等服务的需求，从而增加非农就业人员。在 CGE 模型中，假设推进 1000 万农民工融入城市，可增加就业 15 万人左右。此外，农民工市民化不仅有助于促进经济发展，对于经济结构也会产生一定的影响。首先，城镇居民和农村居民相比，其恩格尔系数更低，对服务的消费比重和水平更高；其次，政府对公共服务支出的增加也有助于推动服务业的发展。总体来看，农民工市民化有助于提高服务业的比重①。

四、增强政治合法性，维护社会和谐稳定

政治合法性是指政府在基于被民众认可的原则基础上实施统治的正统性或正当性。简言之，就是政府实施的统治在多大程度上被民众视为合理的和符合道义的。政治正当性是构成政府政治合法性的前提条件和必备要素。政治正当性作为政治伦理学和政治哲学中的核心概念，是任何时代、任何社会都必须面对和思考的基本命题。早在古希腊时期，柏拉图、亚里士多德等思想家就从正义、善等视角阐释政治正当性。例如，亚里士多德在《尼各马科伦理学》的开篇中就提出，人类的一切技术，一切研究以及一切实践和选择，都以某种善为目的②。如果说两千年前人们主要是从道德和伦理的角度理解政治正当性，那么在今天政治正当性则被赋予了更多的合法的、合规的意涵。换言之，如果一件事物具有政治正当性，则意味着它不仅具有道德合理性，而且要符合已经建立的规律或者被接受的规则或标准③。

就国家性质而言，我国是社会主义国家，其特点是工人阶级是国家的领导阶级，工农联盟是执政基础。工人阶级作为领导阶级，不仅要在政治上掌握国家政权，而且要在经济上代表先进生产力。在我国，生产资料公有制的性质决定了职工利益和国家整体利益在根本上是一致的，但伴随着市场化改革的深入，以效率优先为导向的改革导致各群体在根本利益一致的同时，具体利益呈现出此消彼长、对立统一的格局，广大职工的经济地位出现持续下

① 国务院发展研究中心课题组：《农民工市民化对扩大内需和经济增长的影响》，《经济研究》，2010 年第 6 期。

② ［古希腊］亚里士多德：《尼各马科伦理学》，北京：中国社会科学出版社，1999 年。

③ 周濂：《政治正当性的四重根》，《学海》，2007 年第 2 期。

滑，合法权益受损现象。特别是在当前经济下行压力加大和“去产能”以及铁腕治霾的背景下，钢铁、煤炭、水泥、石化等产能过剩严重和污染排放超标的行业面临较大生存压力，不少企业被迫“关停并转”或进行大规模裁员，给工人生活带来了前所未有的挑战。农民工群体作为工人阶级的主要组成部分，因没有城市户籍而难以享受到均等的公共服务，在城市中处于被边缘化的境地。

关于公民应该享有的权利，英国学者马歇尔进行了系统研究并提出了“公民权”的概念。他认为，公民权是给予一个共同体完全成员的地位，拥有这种地位的人所享有的权利和义务是完全平等的。公民权包括民事权利、政治权利和社会权利，民事权利是指人身自由、言论自由、财产权等基本权利，政治权利是指选举权和被选举权等政治参与的权利，社会权利是指享有公平就业、社会保障等福利待遇的权利①。在我国，农民工能够享受与城市居民同等的民事权利和政治权利，但在公平就业、社会保障、教育等社会权利领域却存在明显差距。农民工群体与城市居民同属中国公民，却因为户籍身份的影响，未能享受到均等的公共服务。这种“一城两策”的现象，显然有违基本的公平正义原则。

正是在这样的背景下，党的十八届三中全会强调，全面深化改革必须以促进社会公平正义、增进人民福祉为出发点和落脚点，这是坚持全心全意为人民服务根本宗旨的必然要求。全面深化改革必须着眼于创造更加公平正义的社会环境，不断克服各种有违公平正义的现象，使改革发展成果更多更公平惠及全体人民。党的十九大报告进一步指出，增进民生福祉是发展的根本目的。必须多谋民生之利、多解民生之忧，在发展中补齐民生短板、促进社会公平正义，保证全体人民在共建共享发展中有更多获得感，不断促进人的全面发展、全体人民共同富裕。习近平总书记强调，如果不能给老百姓带来实实在在的利益，如果不能创造更加公平的社会环境，甚至导致更多不公平，改革就会失去意义，也不可能持续。

如果农民工群体的不公正待遇得不到及时改善，势必会冲击以公平正义为核心的社会价值体系，侵蚀政府的合法性基础，影响执政党的执政根基。

---

① ［英］T. H. 马歇尔：《公民身份与社会阶级》，江苏：江苏人民出版社，2007 年。

在哈贝马斯看来，经济体系、社会文化体系和政治体系之间是相互贯通的，政治体系的正常运转需要以民众发自内心的忠诚为支撑，而民众的忠诚度取决于政治体系所提供的社会福利政策；如果政治体系制定的社会福利政策不能公平地覆盖所有社会群体，那些利益受损的群体就不会向它回报忠诚，长此以往就会导致政府遭遇合法性危机①。

制度是实现社会公平正义的重要保证。要把促进社会公平正义、增进人民福祉作为一面镜子，审视与农民工有关的体制机制和公共政策。通过改革城乡二元户籍制度及与之相关的社保、医疗、就业、教育等一系列公共资源配置制度，努力克服人为因素造成的有违公平正义的现象，保证农民工平等参与、平等发展、平等分享经济增长成果的权利。以政府为主导，促进农民工融入城市，不仅有利于农民工群体享受公平的公共服务，改变长期以来“一城两策”的不公正局面，而且有利于赢得农民工群体的政治认同和政治支持，巩固国家政权的政治合法性，维护社会持久和谐稳定。

第二节　流入地政府的收益

流入地政府是指农民工外出务工的目的地，是其工作、生活的主要场域，也有研究者称之为输入地政府。农民工的到来，不仅给流入地带来了丰富的劳动力资源，成为经济发展的生力军，而且支撑了产业发展，刺激了消费需求，为当地经济社会发展做出了突出贡献。但是，流入地政府并没有因此而积极推动农民工融入城市，而是采用“经济接纳，社会排斥”的实用主义策略。流入地政府的行为逻辑是，只要农民工能够在当地务工，即使他们没有实现市民化也同样可以享受人口红利，而推动农民工市民化则要支付巨额成本。从短期来看，农民工市民化确实需要付出一定的经济成本，但从长远来看，由此带来的经济特别是政治社会收益则是难以估量的。

---

① ［德］尤尔根·哈贝马斯：《合法化危机》，上海：上海世纪出版集团，2009 年。

一、刺激消费需求，促进经济可持续发展

从短期来看，农民工市民化会增加当地政府的财政支出，但从长远来看，把“亦工亦农”的农民工转化为户籍市民，有利于城市经济的健康可持续发展。首先，农民工市民化有利于推动产业结构转型升级。目前，我国服务业增加值占国内生产总值的比重仅为46.1%，与发达国家74%的平均水平相去甚远，与中等收入国家53%的平均水平也有较大差距。农民工市民化与服务业发展密切相关，服务业是就业的最大容纳器，加快发展服务业是产业结构优化升级的主攻方向。农民工市民化进程中的人口集聚、生活方式的变革、生活水平的提高，都会扩大生活性服务需求；生产要素的优化配置、三次产业的联动、社会分工的细化，也会扩大生产性服务需求。其次，农民工市民化有利于刺激消费需求，促进经济可持续发展。根据石忆邵的研究，假设上海市外来农民工平均年龄为38周岁、平均寿命为75周岁、平均退休年龄为55周岁、人均带眷系数为0.55，如果把有转化意愿的310万外来农民工转化为户籍市民，上海市政府需要支付的公共成本约为10922亿元，但公共收益远高于公共成本；就农民工个体而言，市民化的个人成本达773500元，但个人收益同样高于个人成本。根据测算，假设2013年将310万上海市农民工全部转化为本地非农户籍，人口市民化率将从53.4%增加约13个百分点至66.2%。这一转化过程为上海市经济带来的收益约为130032亿元。通过比较分析发现，上海市农民工市民化可计量的经济性收益远高于政府需要支出的公共成本，该收益约相当于农民工市民化成本的11.9倍[①]。

重庆市统筹城乡综合配套改革的实践也证明，推进农民工市民化完全在公共财政的承受范围之内，而且由此带来的收益远超成本。2007年，国家发展和改革委员会下发《关于批准重庆市和成都市设立全国统筹城乡综合配套改革试验区通知》，要求重庆市和成都市从实际出发，根据统筹城乡综合配套改革试验的要求，全面推进各个领域的体制改革、实现科学发展与和谐发展，

---

① 石忆邵，王樱晓：《基于意愿的上海市农民工市民化成本与收益分析》，《同济大学学报》，2015年第4期。

并在重点领域和关键环节率先突破，大胆创新，尽快形成统筹城乡发展的体制机制，促进城乡经济社会协调发展。以重庆市为例，2010 年该市常住人口城镇化率为53%，但户籍人口城市化率仅为28%，这其中25 个百分点的差距就是生活在城市里的农民工。之后，重庆市率先开展户籍制度改革，在短短几年之内，约400 万农民工转化为市民，户籍人口城镇化率大幅提高12 个百分点，办理城镇户口的农民工享受五个“一步到位”，即跟城市居民享受同样的养老、医疗、住房、教育、就业待遇。大量农民工融入城市并享受均等的公共服务，并没有加重城市公共财政的负担，也没有出现所谓的“城市病”，恰恰相反，农民工的市民化同步增强了这个西部工业重镇的生产和消费能力，带动其进出口贸易和工业生产大幅度提升①。2010—2014 年，重庆市经济增长速度分别达 21.4%、16.4%、14.5%、12.3%、10.9%，始终名列全国各地经济增长前列。

二、缓解人口老龄化压力，增强经济发展后劲

人是生产力中最活跃最根本的因素，人力资源是促进城市经济社会发展的核心资源。根据柯布－道格拉斯模型可知，一个地区的经济发展主要取决于资本、劳动力和综合技术水平三大要素，在资本和技术水平既定的情况下，劳动力供给的增加会促进经济增长。在改革开放初期，我国大多数城市主要发展劳动密集型企业，而在农村随着家庭联产承包责任制的实行，农村剩余劳动力由“隐性化”转向“显性化”，在经济利益的驱动下，剩余劳动力源源不断地从农村进入城市，为城市劳动密集型产业的发展输送了大量廉价劳动力。近几年，农民工总量虽然在持续增加，但增量和增速明显减缓，各地频频发生的“招工难”“用工荒”“抢工人”等现象，也证明我国农村剩余劳动力近乎无限供给的时代已经结束，支撑我国经济腾飞的人口红利正在逐步消失。种种迹象表明，经过四十年的持续转移，我国农村剩余劳动力的转移已经迎来了由无限供给到供给短缺的转折点，学界喊了多年的“刘易斯拐点”已经到来。

---

① 黄奇帆：《推进新型城镇化的思考与实践》，《行政管理改革》，2014 年第 8 期。

与此同时，我国人口老龄化的速度明显加快，据全国老龄办统计，截至2017年底，我国60岁以上老年人口为2.41亿人，占总人口17.3%，预计到2050年前后，我国老年人口将达到峰值4.87亿人。我国从1999年进入人口老龄化社会到2017年的18年间，老年人口净增1.1亿人，去年新增老年人口首次超过1000万人，预计到2050年前后，老年人口占总人口的比重将达到34.9%。2016年5月27日，中共中央政治局就我国人口老龄化的形势和对策举行第三十二次集体学习。习近平总书记强调，人口老龄化是世界性问题，对人类社会产生的影响是深刻持久的。我国是世界上人口老龄化程度比较高的国家之一，老年人口数量最多，老龄化速度最快，应对人口老龄化任务最重。从国际经验来看，西方国家普遍是在完成工业化和城市化，实现从传统向现代的转型之后，才逐步进入人口老龄化社会，而我国则是在社会转型尚未完成时，提前步入人口老龄化社会，呈现出典型的“未富先老”的特点。例如，瑞典、日本、英国、德国、法国等发达国家在进入老龄化时，人均GNP已达1万至3万美元。在全球72个人口老龄化国家中，人均GNP达1万美元的占36%，1万至3万美元的占28%，而我国则是在人均GNP仅为980多美元时就提前进入了老龄化社会。

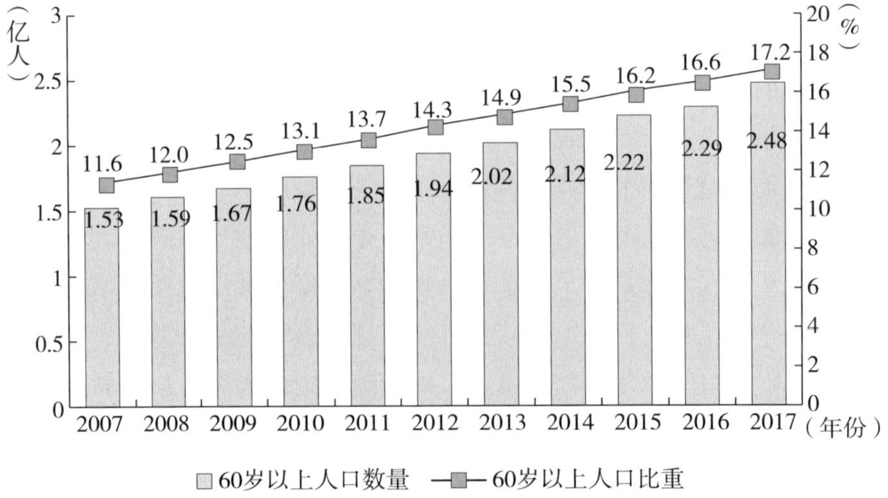

图4-2-1　2007—2017年中国60岁以上人口数量及比重

国家统计局发布的《农民工监测调查报告》显示，2016 年农民工群体的平均年龄为 39 岁，仍以青壮年为主，从年龄结构来看，40 岁以下农民工所占比重为 53.9%，比上年下降 1.3 个百分点；50 岁以上农民工所占比重为 19.2%，比上年提高 1.3 个百分点。农民工的大规模流入，可以在一定程度上稀释快速老化的城市人口，减缓流入地过快的老龄化趋势，为城市发展增添动力和活力。但是众所周知，由于受到工作不稳定、劳动权益被侵害等因素的影响，农民工群体具有强烈的流动性。在现实生活中，有些城市由于工作机会多、福利待遇好、包容性强而吸引了大量农民工涌入，这反过来又促进了经济增长，形成了人口流动和经济发展的良性循环，而有些城市则“无人问津”。2017 年至今，至少 20 个城市出台包括解决户籍、提供租房购房便利条件、支持创业等政策，吸引大学生前来落户。2018 年 3 月，西安公安局宣布大学生凭学生证和身份证即可在线落户的当天，就迁入 8000 多人；2017 年 6 月，武汉出台政策，力争 5 年留住 100 万大学生在武汉落户。可以预见，伴随着老龄化日益加速和劳动力短缺时代的到来，不仅是接受过高等教育的大学生，包括农民工在内的知识型、技能型劳动者也将成为城市之间竞争的核心资源。通过推进农民工市民化，可以让符合条件且有意愿的农民工沉淀下来，彻底转化为市民，这样就可以把农民工的流动性降到最低，为城市发展输送稳定的劳动者大军。

三、加快产业工人队伍建设，推动产业转型升级

习近平总书记强调，“工业强国都是技师技工的大国，我们要有很强的技术工人队伍”。这一论断，深刻阐明了产业工人队伍水平与国家工业化发展程度之间的内在逻辑关系。在全球激荡的变局中，一个国家、一个地区能否在全球格局中抢占先机、赢得主动，广大劳动者素质起着决定性作用。但是，目前我国劳动者素质还不容乐观。人力资源和社会保障部的数据显示，截至 2015 年底，我国技能劳动者总量约为 1.65 亿人，仅占就业人员总数的 20%；高技能人才总量约为 4501 万人，仅占技能劳动者总数的 27.3%，高技能人才占职工总数的 5%。而西方发达国家尤其是一些制造业强国，高技能人才占到工人总数的 40% 以上。在日本，高级技工占整个产业工人队伍的 40%，德国

则高达50%。由于产业工人整体素质和技能水平不高，中国劳动生产率水平仅为世界平均水平的40%，相当于美国的7.4%。以2015年为例，中国单位劳动产出7318美元，世界平均水平是18487美元，而美国是98990美元，1个美国人创造的财富，相当于我国13个人创造的财富，这也是我国工业制造“大而不强”的主要原因之一。

当前，新一轮科技革命和产业变革与我国加快转变经济发展方式形成历史性交汇，国际分工格局正在重塑。我国经济发展进入新常态，从高速增长转为中高速增长，经济结构不断优化升级，从要素驱动、投资驱动转向创新驱动，经济向形态更高级、分工更优化、结构更合理阶段演进。产业工人身处生产制造领域的最前沿，是创新驱动发展的骨干力量，是实施制造强国战略的有生力量，对生产制造领域的革新攻关、转型升级起着决定性作用。

经过近四十年的持续转移，农民工队伍的规模持续扩大，具有农民身份的工人已成为我国产业工人队伍的重要组成部分，该群体的职业技能素质将在很大程度上决定产业工人队伍的技能素质，进而影响到中国制造能否顺利转型升级。因此，从长远来看，农民工市民化是推进产业工人队伍建设改革的必然要求，是打造一支有理想守信念、懂技术会创新、敢担当讲奉献的宏大高素质劳动者大军的必然要求。促进农民工融入城市，公平地进入劳动力市场，接受均等的职业技能培训，有助于大幅提升农民工的职业技能水平，从源头上解决长期以来制约我国工业发展的“技工荒”难题，为中国制造转型升级输送源源不断的高素质技术工人，进而会为《中国制造2025》和工业强国战略的顺利实施提供坚实的技术支撑。

作为全国统筹城乡综合配套改革的试验区之一，成都市在提高农民工技能素质、促进农民工融入城市方面进行了积极探索，积累了宝贵的经验。数据显示，2015年成都市从业人员总计826.41万人，其中农民工人数为290.35万人，占整个从业人数的35%。由此可见，农民工已经成为产业工人队伍的重要组成部分，农民工市民化的进展，将在很大程度上影响当地产业工人队伍建设改革和产业结构转型升级。为了提升农民工群体的职业技能素质，进而提高产业工人队伍的整体素质，成都市借助职业教育资源对农民工进行分类别、针对性培训。对即将进入城市的新生代农民工，通过订单、定向和定岗式培训，开展就业技能培训；对已经从业的农民工，依托职业教育资源和企业实际需求，开展岗位技能培训；对因节能减排、产能过剩而面临失业风险的农民工，开展转岗培训、技能提升培训和技能储备培训；对具备较高职业技能和发展潜力，具有较强职业发展需求和自主创新创业意愿的农民工，开展创新创业培训。

通过大规模、针对性的职业技能培训，成都市农民工的职业技能素质大幅提高，产业队伍规模不断扩大，产业工人素质持续提升。截至 2015 年底，成都市共有各行各业人才 376.25 万人，占全市从业人员总数的 45.5%。其中技能人才 153.3 万人，专业技术人才 150.75 万人，占人才总量的 81%。在全市各类人才中，具有大专以上学历或者初级以上职称的人员 250.12 万人，占人才总量的 66.48%。专业技术人才中具有大专以上学历 146.15 万人，占 96.95%；技能人才中具有大专及以上学历 66.09 万人，占 43.11%。农民工技能素质的提升，不仅为其顺利融入城市提供了一技之长，也为成都市产业发展战略的实施提供了坚实的人力资源支撑。

四、消除城市二元结构，提升城市软实力

城市是人类文明进步的结晶，城市化是实现现代化的必由之路。从一定意义上说，人类社会的发展史，就是一部城市由无到有、由少到多、由弱到强的发展史，是一部城市化水平持续提高的历史。1800 年，全球仅有 2% 的人口居住在城市，到了 1950 年，这个数字就迅速攀升到 29%。而到了 2000 年，世界上大约有一半的人口迁移到了城市。2014 年，全世界的城市人口占总人口的 54%，预计到 2050 年将增长到 66%。城市之所以能够成为人们向往的目标，成为促进经济发展的主要动力，关键在于城市具有资源高度集中的优点，能够发挥规模优势和集聚效应。正如美国哲学家路易斯·芒福德所言："城市是一种特殊的构造，这种构造致密而紧凑，专门用来流传人类文明的成果。" 1996 年联合国人居组织发布的《伊斯坦布尔宣言》强调："我们的城市必须成为人类能够过上有尊严的、健康、安全、幸福和充满希望的美满生活的地方。" 2010 年上海世博会也提出了"城市，让生活更美好"的响亮口号。在 2016 年 10 月联合国住房和城市可持续发展大会上发布的《新城市议程》中，特别强调了城市的社会属性，即不能仅把人作为消费者和生产者来看待，

而应把人作为鲜活的个体，他们既要有高水平的物质生活，也要有高质量的精神生活；城市要可亲可“进”，要使人们能产生归属感。因此，从公平和正义的角度来说，城市发展所带来的文明成果，不应该是部分公民独享的专利，而应当是覆盖全体公民的公共资源。

在我国，由于受到身份限制和基于户籍制度的公共资源配置制度的影响，农民工并没有享受到现代城市发展所带来的文明成果，这与其为城市经济社会繁荣所做的巨大贡献相比形成了强烈反差。当前，农民工尽管能够进入城市，实现了地域转移和职业转换，但是由于没有城市户籍，农民工只能进入城市的次属劳动力市场，从事户籍居民不愿从事的工作，不仅收入微薄，而且劳动强度大、职业风险高，还常常面临工资被拖欠的风险。除了显性的工资差异外，农民工还难以享受到均等的社会保障、医疗卫生、子女教育、住房等公共服务，这些显性和隐性的福利差距，导致农民工缺少融入城市的足够物质和社会资本，而只能集中居住在城中村或城乡接合部，从而与城市主流社会形成了鲜明的界限阻隔，在城市内部逐渐衍生出一个新的二元结构。由此可见，在我国不仅存在城乡之间的二元结构，即使在城市内部也存在二元结构。

农民工与户籍居民同属一个城市，且为城市发展做出了不可磨灭的贡献，却享受不到相应的福利待遇，这不仅违背了起码的公平正义原则，背离了“城市让生活更美好”的诺言，而且由此引发了一系列严重的社会问题。在农民工集中居住的城中村，往往具有人员密集、配套基础设施落后、公共服务难以覆盖等缺陷，加之城市管理职责交叉、权责不明确等体制机制弊端，不仅容易产生“脏、乱、差”等环境卫生问题，以及普遍存在的消防安全隐患，而且容易成为滋生偷盗、抢劫等违法犯罪问题的温床，进而影响到当地社会和谐稳定。为了应对并化解上述问题，城市政府往往投入大量的人力物力财力进行集中整治，但由于类似整治活动大都停留在“运动式治理”层面，没有从源头上消除城市内部二元结构产生的土壤，所以难免陷入“治标不治本”的尴尬境地。如果这些问题久拖不决，不仅会大幅增加城市治理成本，而且会侵蚀城市政府的公信力。此外，从长远来看，农民工与城市居民隔离居住，容易进一步固化两大群体之间的文化隔阂，不利于城市内部多元群体之间的社会融合以及社会和谐稳定。

通过改革基于户籍制度的公共资源配置制度，让农民工公平地进入城市劳动力市场，找到一份稳定且收入合理的工作，能够享受到均等的公共服务，随迁子女能够像城市里的孩子一样接受教育，积极稳妥地促进农民工有序融入城市，即实现农民工市民化。完成这一目标，不仅会给农民工群体带来生活质量的提升，增强其获得感幸福感，而且会增强其融入城市的物质资本、人力资本和社会资本，有助于从源头上铲除城市内部二元结构产生的土壤，减少城市社会治理成本，增进不同群体之间的社会融合，增强城市的包容性和软实力，为构建和谐社会奠定坚实基础。

第三节　流出地政府的收益

一、促进土地集约利用，实现农业现代化

古典经济学家威廉·配第指出，土地是财富之母，劳动是财富之父。由此可以看出，土地资源对于农民收入增长和国民经济发展的极端重要性。但在我国，向来以吃苦耐劳著称的农民并没有在土地上创造出应有的社会财富，在现实中，他们付出了辛勤的汗水和劳动，却没有收获与之匹配的物质收入。由于经济收入微薄，以及缺少配套的公共服务，导致农民成为社会中规模最大的“弱势群体”。为什么农民未能在被誉为“财富之母”的土地上创造出财富呢，难道是威廉·配第的理论“失灵”了吗？其实，并不是威廉·配第的理论失灵，也不是农民没有付出辛勤劳动，而是我国的土地供给严重短缺。尽管我国是一个幅员辽阔的大国，但是适合耕种的耕地资源相对稀缺，而且我国是一个人口大国，导致人均耕地占有量远低于世界平均水平。据统计，我国人均耕地面积约为 1.4 亩，仅为世界平均水平的 1/3，农户户均土地经营规模约 0.6 公顷，远远达不到农业规模化经营的最低门槛。而同为人口大国的印度是我们的 2 倍，加拿大的人均耕地是我们的 18 倍。世界头号农业强国美国有 1.6 亿公顷耕地，200 万农林渔猎从业者，农业从业者人均 80 公顷耕地，也就是每个农民拥有 1200 亩耕地，是我们的 800 倍。

由于农村人口过多，耕地资源极为紧缺，土地规模经营难以推行，传统生产方式难以改变，农业生产越来越呈现出原子化特征，再加之农产品价格长期不合理，农业比较收益较低，导致土地撂荒现象普遍存在。根据《中国现代化报告2012：农业现代化研究》统计，我国不仅耕地资源极为有限，而且农业生产率与发达国家差距明显，美国是中国的90多倍，日本和法国是中国的100多倍，同为金砖国家的巴西也比中国高。如果以农业增加值比例、农业劳动力比例和农业劳动生产率三项指标计算的话，2008年我国的农业发展水平，与韩国相差36年，与美国相差108年，与英国相差高达150年。

综观西方农业强国的发展经验，可以看到，实现规模化经营、走农业现代化之路，是解决农业农村农民问题的根本出路。正是在这样的背景下，党的十九大报告提出，要坚持农业农村优先发展，按照产业兴旺、生态宜居、乡风文明、治理有效、生活富裕的总要求，建立健全城乡融合发展体制机制和政策体系，加快推进农业农村现代化。实现新型工业化、信息化、城镇化、农业现代化同步发展。但从实践情况来看，城镇化、工业化、信息化和农业现代化并没有实现同步发展。总体而言，工业化发展较快，处于主导地位；城镇化是载体和平台，但由于城乡二元体制的影响，城镇化远滞后于工业化；信息化具有后发优势，为发展注入新的活力；农业现代化是重要基础，是发展的根基，但由于人均耕地过少，机械化程度过低，导致我国农业现代化仍处于艰难的起步阶段。

土地的规模化经营和集约化利用，是实现农业现代化的前提条件，在人均仅有“一亩三分地”的资源约束下，农民无论种植什么农作物都注定难以增收致富。20世纪80年代以来，农村剩余劳动力向城市的流动，为土地规模化经营和集约利用提供了可能，但现实情况是，由于农民工在城市未能享受到均等的公共服务，循环地往返于城乡之间，重复着类似“钟摆式”的运动，始终无法在城市安居乐业。在融入城市充满不确定性的条件下，农民工不敢贸然放弃农村的承包地，尽管这些土地给自己带来的收益微乎其微，甚至更多的情况下被无偿转让他人耕种或直接撂荒，但在农民工看来，当他们在城市无法立足而被迫返乡时，土地可以为其提供最后一道保障。

促进农民工市民化，使其能够在城市站稳脚跟，能够看得起病、上得起学、有房子住，能够享受与户籍居民同等的公共服务，农民工就不会再留恋农村的承包地和宅基地，这些沉睡的资本就会流动起来。农村土地有序流转，一方面会给农民带来不菲的物质收入，促使其“带资进城”，增强其支付市民化成本的能力，为其顺利融入城市提供保障；另一方面，有利于集约节约利用土地，加快技术进步，实现生产方式的转变，为发展现代农业腾出宝贵空间，促进农业生产规模化和机械化，提高农业现代化水平和农民生活质量。

二、吸引资金回流，助推乡村振兴

毫无疑问，城镇化是经济社会变迁的主流方向，是支撑现代化建设的必由之路，但我国是一个传统农业大国，即使在将来城镇化水平达到70%以上，仍将有4亿左右的农民生活在农村，这是一个非常庞大的规模。从这一意义上讲，没有农民的小康，就没有全面小康；没有农村的现代化，就谈不上全国的现代化。只有同步实现农村和城市的现代化，中华民族伟大复兴的中国梦才称得上梦想成真。正是鉴于农村工作的极端重要性，党的十九大报告在强调有序推进农业转移人口市民化的同时，提出了乡村振兴的伟大战略，并将其细化为“产业兴旺、生态宜居、乡风文明、治理有效、生活富裕”的二十字方针。

乡村振兴战略的实施，归根结底要靠产业的发展，而产业的发展离不开人才、资金和技术作为支撑，这些生产要素恰恰是当前农村和农民所欠缺的。尽管我们常常为农民工贴上“衣衫褴褛”“素质不高”的标签，但与传统农民相比较，他们具有较高的文化水平和不安于现状的开拓精神，而且经过城市文明的洗礼和非农产业的历练，他们积累了一定的物质资本，学习掌握了基本的职业技能，具备了一些管理知识和经验。如果流出地政府能够充分挖掘这些资源，必将为乡村振兴战略的实施提供最为紧缺的资金、技术和管理经验。

首先，农民工通过汇款的形式，为家乡产业发展提供资金支持。尽管现有部分研究对劳动力外出务工是否能促进流出地经济发展持较为悲观的看法，他们认为，大量文化程度较高的青壮年劳动力外出会导致农村留守劳动力整体素质的降低，从而对流出地的农业生产与非农经济发展产生严重的负面影响。但是，这些研究者并不否认劳动力外出务工所寄回的汇款能改善农村留守家庭的生活水平，只是认为对流出地的经济发展并未产生明显的正面作用。因为，这些汇款大部分只是被留守家庭用于包括食物和衣服等在内的日常消费性用途，而并没有投入那些能创造收入的生产性活动[①]。更多的实证调查证实，汇款可以使农村的贫困发生率显著下降，对于缓解贫困具有积极作用[②]。调查显示，我国农民工给家乡所在地汇款的比例一般在70%以上，远远高于其他发展中国家。在国际上，外出农民工向家乡汇款的比例一般是很低的。例如，印度西北部的12个村庄，外出农民工汇款占农民家庭总收入的比例为6.5%，印度东部农村平均为1.3%[③]。而在我国，农民工汇款普遍占到家庭总收入的40%以上。自20世纪90年代后期以来，农民工的年人均汇款量在3200—4600元，占其打工收入的一半以上，而全国的年总汇款量则估计在3000亿元以上[④]。对于资金极为短缺的流入地政府来说，这些回流资金无疑是雪中送炭，为乡村振兴战略的启动提供了宝贵的资本支持。而且可以预见，由于农民工的主要社会关系仍然在农村，在其完成市民化后的短期之内，农民工不会切断与家乡的联系，相反会有更多资金源源不断地流向家乡，从而实现城市对农村的反哺。

其次，农民工通过返乡创业的形式，为家乡提供技术支持和管理经验。除了通过汇款为家乡输送资金支持外，农民工还可以通过返乡创业的形式，为家乡提供更持久的支持。在返乡创业方面，农民工具有天然的独特优势。其一，农民工具有较为强烈的创业意愿。能够返乡创业的农民工，往往都是农民工群体中的佼佼者，他们通过在城市务工积累了一定的资金和社会资源，具有较为强烈的返乡创业并借此带领父老乡亲共同致富的意愿。其二，农民工了解家乡的实际情况。作为土生土长的家乡人，农民工不仅对父老乡亲有着独特的感情依恋，而且熟悉家乡的一草一木，熟知当地的风土人情，了解家乡的产业发展现状及其制约因素。因此，农民工返回家乡创业，具有知己

① Adams, R. H. and A. Cuecuecha, 2010, *Remittances, Household Expenditure and Investment in Guatemala*, World Development, 38 (11): 1626-1641.

② 都阳，朴之水：《劳动力迁移收入转移与贫困变化》，《中国农村观察》，2003年第5期。

③ 周红云：《贫穷国家人口迁移对农村来源地的影响》，《国外社会学》，1996年第3期。

④ 胡枫，史宇鹏，王其文：《中国的农民工汇款是利他的吗?》，《金融研究》，2008年第1期。

知彼的优势，这是创业成功的必备条件之一。其三，农民工具有开阔的视野和丰富的经验。经过多年在城市的摸爬滚打，原本处于边缘化的农民工通过自身不懈努力，逐步向上流动，实现了融入城市主流社会的梦想。经过城市现代文明洗礼的农民工，不仅接触了先进的价值理念和生活方式，而且在实践中掌握了较为丰富的管理经验，具备了自主创业的知识储备和经验积累。基于以上三点，我们有理由相信，只要流入地政府能够营造支持创业的政策环境，曾经为城市繁荣发展付出辛勤与汗水的农民工，一定能够再次为农村的产业发展和即将付诸实施的乡村振兴战略贡献出自己的智慧和力量。

三、缓解留守人口危机，维持社会稳定

在农村剩余劳动力流动初期，由于进程务工前景不确定、城市生活成本高等原因，农民工往往选择单独外出，一般是男性劳动力外出务工，妻子在家务农并负责照顾老人和孩子。随着农民工在城市站稳脚跟，加之务农收益微乎其微，越来越多的女性加入农民工大军中，但孩子仍留在农村由老人看管。由此，便产生了数量庞大的留守儿童群体①。全国妇联根据2005年1%人口抽样调查数据进行了测算，结果显示，全国17周岁以下的农村留守儿童规模约达5800万人，占全部农村儿童的28.29%②。2016年，民政部、教育部、公安部在全国范围内联合开展农村留守儿童摸底排查工作，根据《国务院关于加强农村留守儿童关爱保护工作的意见》对于农村留守儿童的定义，将摸排对象界定为父母双方外出务工或一方外出务工另一方无监护能力，无法与父母正常共同生活的不满十六周岁农村户籍未成年人。统计结果显示，目前农村留守儿童总量为902万人。其中，由（外）祖父母监护的有805万人，占89.3%；由亲戚朋友监护的30万人，占3.3%；一方外出务工另一方无监护能力的有31万人，占3.4%。有36万农村留守儿童无人监护，占4%。从范围来看，东部省份农村留守儿童87万人，占全国总数的9.65%；中部省份农村留守儿童463万人，占全国总数的51.33%；西部省份352万人，占全国

① 除了留守儿童外，在农村还有数量同样庞大的留守妇女和留守老人，由此也引发了严重的社会危机，限于篇幅考虑，本文着重讨论留守儿童问题。

② 全国妇联：《全国农村留守儿童状况研究报告》，http：//www.cqdy.com.cn.

总数的 39. 02% 。从省份来看，江西、四川、贵州、安徽、河南、湖南和湖北等省的农村留守儿童数量都在 70 万人以上①。

心理学研究表明，孩子和父母在一起，并由父母引导陪伴其成长，更有利于孩子的心智发展和心理健康，但对于数量庞大的留守儿童而言，这种原本再正常不过的生活方式，却成了他们最大的奢望。由于没有父母的陪伴与引导，给留守儿童的成长带来了一系列挑战。调查显示，由于没有父母给予必要的指导，留守儿童的学习成绩普遍不理想。更让人担心的是，留守儿童的心理状况不容乐观，普遍存在孤独、迷茫、不安全感强烈等心理危机，为其日后成长埋下了隐患。根据《中国留守儿童心灵状况白皮书（2015 年）》的调查显示，全国 6100 万留守儿童中近 1000 万个孩子一年到头见不到父母，即使在春节也无法团聚；有 4. 3% 的留守儿童甚至一年连父母电话也接不到一次。一年电话联系一次到两次的有 885 万，3 个月通话一次的有 1519 万。《白皮书》指出，如果父母不能保证每 3 个月与孩子见面一次，孩子的“烦乱度”会陡然提升，对生存现状产生焦虑，而只要保证每周1—2次的联系，孩子的“烦乱度”就会明显下降②。不仅如此，近年来关于留守儿童的安全事件也频频发生，如果政府不能及时妥善处理，此类事件往往容易成为引发群体性事件的导火索，对基层政府的治理能力和社会稳定提出了严峻挑战。

从 2005 年的 5800 万人到 2016 年的 902 万人，短短十年时间，留守儿童的数量锐减近 5000 万人，这其中有统计口径不一致的因素，但更主要的原因是，随着国家公共政策的调整以及保障力度的加大，农民工举家外出已成为新的迁移模式，农民工子女普遍能够跟随父母进入城市。可以预见，随着农民工市民化相关政策的持续调整，越来越多的农民工可以顺利融入城市，其子女也能够像城里的孩子一样接受优质的教育，享受同样的公共服务。到那时，孩子与父母天各一方的局面将彻底成为历史，“留守儿童”作为一个曾经的热点社会问题也将彻底淡出人们的记忆。

---

① 新华社：《全国农村留守儿童精准摸排数量 902 万人》，2016 年 11 月 10 日。

② 李亦菲：《中国留守儿童心灵状况白皮书（2015）》，http：//politics. people. com. cn/n/2015/0618/c70731 - 27178028. html.

第四节　企业的收益

企业作为农民工的雇佣者和劳动力的使用者，长期以来享受了农民工作为廉价劳动力所带来的人口红利。但在现实中，企业对待农民工市民化的态度相当冷淡，其理由是农民工市民化会增加企业的成本支出，压缩其利润空间。短期来看，企业的担心是有道理的，但长远来看，企业会从职工素质提高、劳动关系和谐、职工归属感增强等方面获取更多人口红利。

一、提高职工素质，助力企业转型升级

当前，我国经济发展步入新常态，大多数企业告别了高投资、高回报的资本扩张阶段，遇到了利润下降、市场萎缩的普遍性难题，部分企业特别是那些高耗能、高污染、低附加值的企业甚至面临被淘汰出局的风险。面对国内国际形势的发展变化，中央适时提出了我国经济由高速度增长向高质量增长转变的论断。对于企业而言，要主动对接适应宏观政策的调整，根据国家和产业发展规划，明确未来的主攻方向，集中力量攻克技术难题，着力提升产品附加值，推动企业转型升级。

企业的转型升级，不仅需要专业的研发人员提供智力支持，同样需要一大批技艺精湛的技术工人提供技能支撑。但从现实情况来看，我国劳动力规模虽然庞大，但存在严重的结构性问题，即低技能的熟练工人多，而知识型、技能型、创新型的技术工人严重短缺，“技工荒”已成为制约中国制造转型升级和品质提升的关键瓶颈。农民工融入城市，意味着他们可以均等享受城市丰富而优质的职业教育培训资源，拥有更多机会参加企业组织的职业技能培训。经过集中性、系统性、针对性的培训，原本缺少一技之长的农民工将具备扎实、精湛的职业技能，成为知识型、技能型、创新型高素质产业工人队伍中的主力军，进而为国家经济结构调整和企业转型升级注入持久动力。

二、化解劳资冲突，促进劳动关系和谐

劳动关系是最基本的社会关系，劳动关系是否和谐，不仅直接关系到企业发展，也影响社会和谐稳定。必须承认，在市场经济条件下，劳资冲突的发生有其必然性。劳方和资方作为独立的利益主体，有着截然不同的利益取向，劳动者追求工资收益最大化，而资本追求利润最大化，二者在某种程度上是此消彼长的竞争关系。但不能因此而夸大劳资冲突的不可调和性，劳资之间虽然在具体利益分割上存在分歧，但双方也拥有更为根本的一致利益。如果劳动者片面追求高工资，就会影响企业的扩大再生产，这反过来会降低工资，甚至面临工厂破产、自身失业的风险；如果资方一味追求超额利润，刻意压榨工人的工资，必然会激化劳资矛盾，导致员工离心离德。因此，企业主应全面理解、正确看待劳资之间的辩证关系，充分认识劳动关系和谐对于企业长远发展的重要意义。

由于受到身份限制和文化水平低、职业技能缺失等因素影响，农民工只能进入城市的次属劳动力市场，从事工资收入低、劳动强度大、工作时间长、工作环境差、工伤风险高的行业。此外，农民工还面临同工不同酬、同工不同时、同工不同权的不公正待遇。企业作为农民工的雇佣方，出于自身利益考量，往往不按法律规定签订劳动合同，不及时足额缴纳社会保险，不能提供高质量的职业技能培训。由于农民工自身议价能力低以及资方在劳动力市场的优势地位，导致农民工群体的合法权益受到侵害的现象普遍存在，进而衍生出了劳资矛盾。当劳资矛盾激化时，由于制度化的协商渠道未能有效发挥作用，农民工往往被迫采用罢工、示威等更为激进的方式进行维权，试图以此借助舆论压力倒逼资方做出妥协。这种非制度化的维权方式，可能会帮助农民工实现维权的目标，但由于偏离了法制轨道，极易成为引发劳动关系群体性事件的导火索，不仅冲击了企业正常生产秩序，也为社会和谐稳定埋下了隐患。

梳理现有的劳资矛盾形成机制可以发现，其实农民工群体的利益诉求并不高，他们只是要求同工同酬、同工同权，工资能够按时发放，社会保险能够及时缴纳，而这些诉求对于具有城市户籍的职工来说都是与生俱来的权利。

促进农民工融入城市并转化为市民，可以让农民工享受到与户籍居民同等的待遇，真正享受到作为公民的合法权益。如此一来，劳资冲突的基础将不复存在，和谐劳动关系的建立自然也就水到渠成。

三、增强职工归属感，促进企业可持续发展

职工是企业发展壮大的主力军，对于企业来说，培养造就一支有技术、善创新、乐奉献的职工队伍，是实现企业可持续发展的必备条件。但在基层调研中，不少企业负责人反映，职工归属感不强，跳槽现象频繁发生，尤其是高技能人才流失率高，不仅挫伤了企业自主培养人才的积极性，而且影响了企业的正常运转。但是，如果站在职工的角度考虑问题，就会发现农民工之所以频繁流动，并不是他们喜欢四处漂泊，根本原因是在现行体制下，农民工的合法权益得不到保障，难以在城市安家立业，因此只能被迫"用脚投票"。

如果流入地政府能够提供均等的公共服务，如果企业能够保障提供富有竞争力的薪酬待遇，农民工是不愿频繁流动的。2017 年 8—9 月，笔者在成都市和大连市分别进行了关于产业工人队伍建设改革的调研。调研发现，农民工频繁流动、跳槽的现象确实存在，而且已成为困扰企业发展的棘手问题。但是，有些企业却不用为职工流失而担忧，相反，每年在招工时都会出现求职者趋之若鹜的情况。例如，大连市开发区的盘起工业就是这方面的典型。该企业是日本盘起工业株式会社在金普新区投资设立的独资企业，是国内最大的模具标准件生产厂家。为了调动职工钻研技术的热情，该企业自主开发的技师体系包括现场技师和主任技师，现场技师又细分为三级，一级现场技师每月增加津贴 300 元，二级现场技师每月增加津贴 400 元，三级现场技师每月增加津贴 500 元；主任技师细分为副主任技师和主任技师，副主任技师每月增加津贴 550 元，主任技师每月增加津贴 1100 元。实践证明，盘起工业自主开发的技能评价体系，不仅激发了职工从事技术创新的动力，而且大幅提高了一线技术工人的物质待遇，有效增强了职工的归属感，提升了企业的软实力和竞争力。

第五节　农民工的收益

农民工是市民化的直接受益者，而且可以肯定农民工从中获得的收益是全方位的，既可以增加工资收入，实现体面劳动；又可以享受均等公共服务，增强获得感；还可以克服社会歧视，实现社会融入。

一、增加物质收入，实现体面劳动

“体面劳动”是一个从外部引入的概念，最早由国际劳工局局长胡安·索马维亚提出。在1999年国际劳工组织第87届国际劳工大会上，胡安·索马维亚向大会提交了一份题为《体面劳动》（*Decent Work*）的局长报告[①]，在国际社会引起强烈共鸣。所谓体面劳动主要包括四个方面的内容：促进和实施国际劳工标准以及国际劳工组织关于工作中的基本原则和权利；为所有人创造更广泛的体面就业机会，劳动者自愿选择就业方式、培训就业机会、公平就业、同工同酬和平等待遇，以及获得生产性工作机会和体面的报酬；为所有人提供广泛而有效的社会保护，为处于弱势地位的劳工群体，提供避免遭遇风险和伤害的社会性保护措施；进一步加强劳方、资方以及政府三方合作，加强社会对话，包括在企业和产业层面上实施集体谈判和职工民主参与，在地方和国家层面上实施劳方、资方和政府就劳工问题和劳工政策所实行的三方协商[②]。

由于体面劳动为劳动者特别是弱势群体提供了基本保障，彰显了公平正义的社会价值，其理念也被我国政府所吸纳。胡锦涛同志在2008年“经济全球化与工会”国际论坛开幕式致辞中强调，让各国广大劳动者实现体面劳动，是以人为本的要求，是时代精神的体现，也是尊重和保障人权的重要内容。2015年习近平同志在五一国际劳动节庆祝大会上指出，要建立健全党和政府主导的维护群众权益机制，抓住劳动就业、技能培训、收入分配、社会保障、安全卫生

---

① ILO. *Report of the Director - General*: *Decent Work*. International Labor Conference , Geneva, 1999.

② 佘云霞，刘晴：《推行体面劳动的全球趋势》，《江汉论坛》，2008年第10期。

等问题，关注一线职工、农民工、困难职工等群体，完善制度，排除阻碍劳动者参与发展、分享发展成果的障碍，努力让劳动者实现体面劳动、全面发展[①]。

尽管"体面劳动"已成为最高决策层的执政理念，但很显然长期以来，农民工群体的工作状态离体面劳动的要求还有相当的距离，而这种状况在很大程度上是由于农民工不具备城市户籍以及与此相配套的公共政策所导致的。通过改革户籍制度，促进农民工有序融入城市，有助于使其自由地进入首属劳动力市场，从事工资更高、待遇更好、更有保障的工作。正如《史记》所载，"仓廪实而知礼节，衣食足而知荣辱"。在工资收入有保障的基础上，农民工自然会有足够的财力和精力去参加职业技能培训，提高自身人力资本和综合素质，并要求获得更多的安全权、健康权、休息权，以及自己在工作领域或行业里享有知情权、参与权、表达权和诉求权，从而促进体面劳动的实现和农民工自身的全面发展。

二、享受均等公共服务，增强获得感

2015 年 2 月 27 日，习近平总书记在中央全面深化改革领导小组第十次会议上指出，要科学统筹各项改革任务，推出一批能叫得响、立得住、群众认可的硬招实招，把改革方案的含金量充分展示出来，让人民群众有更多"获得感"。这是"获得感"一词首次进入决策层视野，引发了广泛的社会关注。2015 年 12 月，语言文字期刊《咬文嚼字》发布 2015 年度"十大流行语"，"获得感"排名第一。获得感的提出及引起的热议，反映了这个概念符合当下时代的要求和人民的呼声，但也折射出当前人民群众获得感不充分不平衡的社会现实。

不可否认，改革开放不仅增强了国家的综合实力，而且创造了更多的社会财富；但同样不可否认的是，巨额社会财富在不同社会群体之间的配置是不公平的。农民工是改革开放的产物，也是改革开放的受益者，但相对其他社会群体，相对农民工为城市以及国家经济社会发展所做的巨大贡献，农民工所得到

① 习近平：《在庆祝五一国际劳动节暨表彰全国劳动模范和先进工作者大会上的讲话》，http://military.people.com.cn/n/2015/0429/c172467-26920659.html.

的收益是远远不够的。换言之，我们通过基于户籍的公共政策剥夺了原本属于这个群体的财富或权利。剥夺是社会学的一个基本概念，可以分为绝对剥夺（absolute deprivation）和相对剥夺（relative deprivation）。绝对剥夺是指由于受到不公正的待遇，一些人群的最基本生活需求得不到满足的状况。相对剥夺是指在与其他地位较高、生活条件较好的群体相比较时，个人或群体所产生的一种需求得不到满足的心理状态。当实际的收入不能满足期望时，当人们看到了经济的繁荣，而又感到与自己无关时，相对剥夺感就会变得尖锐起来。当相对剥夺感高涨时，一些人会采取违法行为或参加社会运动，以此来表达他们的不满或以此去改变现状①。长期以来，我国的农民工遭受着双重剥夺，即绝对剥夺和相对剥夺。但不同时代的农民工遭受的剥夺形式和程度有所不同。具体来说，第一代农民工遭受的绝对剥夺更为严重，主要表现为克扣工资、增加劳动强度、延长劳动时间等。由于绝对剥夺夺去了农民工的基本生存条件，引发了一系列严重的社会问题。鉴于此，中央政府及时调整了针对农民工的政策，有效地遏制了绝对剥夺现象的蔓延。但是，对新生代农民工来说，绝对剥夺的缓和并没有削减被剥夺感。与父辈把农民作为参照物不同，他们比较的对象是城市里的同龄人。与其相比，不论是收入水平，还是社会地位以及由此带来的自我评价都相去甚远。相对剥夺感的增强使新生代农民工难以体会到父辈因打工收入的增加而带来的喜悦感，反而更多地体会到社会的不公正。

促进农民工融入城市，实现公共服务对包括农民工在内的所有常住人口全覆盖，使其劳有所得、住有所居、幼有所育、学有所教、病有所医、老有所养，并在居住地享有政治参与和利益表达的权利，彻底地转化为市民，享受市民待遇和公民的基本权利，努力增强农民工群体的获得感、幸福感、安全感。这不仅是亿万农民工兄弟的强烈呼唤，也是全面建成小康社会、实现中华民族伟大复兴的必然要求和应有之义。

三、克服社会歧视，促进社会融入

社会融入是指通过社会的帮助使那些资源缺乏、有需求、有困难的群体

---

① 李强：《社会学的“剥夺”理论和我国农民工问题》，《学术界》，2004 年第 4 期。

顺利进行社会参与，恢复自由的公民权、公正分配的正义和人权，消除社会对他们的歧视，从而融入主流社会的过程。一般来说，流动人口的社会融合有一个循序渐进、逐步融入的过程，依次包括经济融入、政治融入、社区融入和心理文化融入等几个递进的层次。在我国，农民工的社会融入面临更多的现实和观念层面的障碍。首先在经济层面，农民工没有具备相应的人力资本，不能进入城市的首属劳动力市场，难以获得较高的物质收入；其次在政治层面，现行选举法规定公民必须在户籍所在地参加投票，导致农民工既无法在常住地投票又难以返回农村投票的两难境地；最后在社会心理层面，农民工需要克服自身的小农意识和传统思维方式，接纳城里人的价值观念和交往模式，这对农民工而言也是一个严峻的挑战。

除了自身原因之外，农民工群体融入城市，还面临城市居民的社会歧视、社会排斥以及舆论的偏见、误解、抹黑等多元化挑战。正因为如此，习近平同志在谈到浙江省流动人口的社会融入时就深刻指出，一个人的脱胎换骨需要一个长期的过程，人的改造不是一代人的问题。许多传统的观念习惯和生活方式，都是从小养成的，不可能一进城一下子就改变了。因此，城市化问题绝不是简单的非农化问题，还有一个农民变市民的养成教育问题①。农民工市民化为其克服以上不同层面的障碍提供了更多可能，农民工在融入城市的过程中，通过持续积累人力资本和社会资本，不仅有助于增强自身城市适应的能力，而且有助于以实际行动消除城市居民的社会歧视，赢得舆论的理解与认同，最终实现全面、彻底地社会融入。

第六节　城市居民的收益

长期以来，城市居民或社会舆论存在一个认识误区，即认为农民工不讲公共卫生、随地吐痰、大声喧哗、不守秩序，丑化了城市的外在形象；农民工的到来抢了原住民的饭碗，挤占了原本已经稀缺的公共资源，并由此产生

---

① 习近平：《干在实处　走在前列——推进浙江新发展的思考与实践》，北京：中共中央党校出版社，2013 年。

了交通拥堵、环境污染等社会问题；更有甚者认为，农民工道德素质低下，是滋生犯罪问题的根源，是城市社会的不安定因素。基于这样的认识误区，城市居民当然不可能支持农民工融入城市，甚至有极端观点认为，应该把包括农民工在内的“低端人口”① 驱离城市。

然而，事实真的如此吗？农民工群体真的一无是处吗？当然不是！首先，农民工没有抢占城市居民的就业机会，或者更准确地说，应该是农民工没有能力抢市民的饭碗。如前所述，首先，农民工没有机会进入首属劳动力市场，只能从事城里人看不上的工作。其次，农民工确实存在公共素质不高的问题，但这更多的是由成长环境和在农村的生活习惯所导致的，与其道德水准并没有直接关系，而且可以肯定，随着农民工社会融入的深化，他们会逐步接纳城市的现代文明和价值理念，横亘在农民工与市民之间的价值与理念鸿沟必将被弥合。最后，没有数据或证据表明，农民工群体的犯罪率更高，农民工也不是城市社会的不安定因素。城市居民之所以会形成这样的偏见，主要是因为媒体的不当宣传或放大效应。对于追逐利润最大化的媒体而言，“坏消息在某种程度上就是好消息”。当涉及农民工的犯罪案件发生时，媒体往往在未核实信息真伪的情况下，本着“有罪假设”的原则，发表不利于农民工的评论，从而误导了不明真相的公众，久而久之便抹黑了农民工群体的公众形象。

农民工融入城市，给市民带来的不只是“显性”的生活便利，同时还有更重要的“隐性”红利。四十年来，一代又一代的农民工前赴后继进入城市，奉献出了自己的青春与健康，用勤劳与汗水造就了无数高楼大厦，支撑起了城市的繁荣与富足，而他们得到的仅仅是能够养家糊口的微薄收入。当前，我们促进有意愿有能力的农民工融入城市，促使其扎根于城市，享受现代城市文明，不仅是对农民工群体的合理、必要的补偿，而且从长远来看，必然会带来城市发展新一轮的繁荣，进一步做大社会财富蛋糕的规模，城市居民也会因此而从中分享更多的红利。此外，农民工市民化还有助于消除农民工与城市居民之间的心理隔阂，从长远来看，有利于加强多元社会群体之间的社会融合，促进社会和谐稳定。

---

① 2017 年 11 月 18 日，北京市大兴区西红门镇新建村聚福缘公寓的一场突如其来的大火夺去了 19 个人的生命，随后北京市立即部署开展为期 40 天的安全隐患大排查、大清理、大整治专项行动。由于专项行动重点瞄准外来人口集聚地区，此次行动引发了舆论关于驱逐“低端人口”的激烈讨论。

总　结

综上所述，农民工市民化会为不同主体带来一系列经济、政治、社会收益，这些收益将远远超过其成本支出。正如成都市原市长葛红林所言，“进城农民工是财富创造者，不应被视为成本和包袱，沿海城市应将农业转移人口视为新型城镇化的二次红利”。凡是能够进城并能站稳脚跟的农业转移人口，实际上通过工作贡献了劳动力价值，缴纳社保和个人所得税，已经成为城市财富的创造者。总体上讲，他们的转移成本通过劳动其实已经解决。重庆市原市长黄奇帆也曾表示，农民工本身贡献的是人口红利，几十年来在城市工作的效益绝对可以将十多万元的社会综合成本消化掉，并且这个成本只是其贡献的几分之一。

而且，需要注意的是，农民工市民化的成本不是一次性支付的，而是一定时间周期内分期支付的。以社会保障中的工伤保险、医疗保险和养老保险为例，这些费用的支出在时间上都是分散的，不可能在短期内一次性集中支付。其中，工伤保险既是必要的人道主义的救济，也是偶然的、分散的。医疗保障费用支出不仅在时间上是分散的，而且按照生理健康规律，医疗支出的70%—80%主要集中在人的老年时段。农民工的养老保险因在企业之间地区之间频繁流动和工作时间不同而比较复杂。早期第一代农民工已开始面临退休养老问题。对于工作年限较长、前期又未缴纳养老保险的农民工，用工企业应视其劳动贡献，给予一定数量的一次性退休补助，地方政府应允许在税前列支这类开支。多数农民工特别是新生代农民工年龄相对较低，把他们纳入城镇养老保障体系不仅不会增加养老金支付压力，反而能增加近期城镇职工养老基金收入，减轻城市户籍人口快速老龄化对养老保险基金的压力，增强城镇职工养老保险费支付能力①。

退一步说，即使忽略农民工市民化成本与收益的关系，推动农民工市民化对中国政府来说也已经没有退路可言。因为数量庞大的农民工群体既不可

---

① 孙永正：《农民工市民化成本与收益的辨析》，《经济问题》，2016年第3期。

能返回农村，也不可能继续在城乡之间钟摆式流动，他们最终的归宿只能是融入城市，享受均等的公共服务。不论是从城乡一体化发展的战略角度考量，还是从绝大多数农民工的迫切意愿来说，农民工市民化都是刻不容缓的。在这个问题上，只能一往无前，而不能犹豫不决，更不能走回头路。所以，既然这不是一件可以选择的事情，我们又何必执着于成本测算的细枝末节，更何况由于研究者的专业视角不同、调查对象不同、统计口径不一致，最终的结果必然会存在差异。因此，对于研究者来说，不应该再纠结于成本测算的细节或具体数值，而应该换一个思路，从更宏观的背景下考量成本与收益的关系。同样，对于决策者来说，也要当机立断，在对农民工市民化的紧迫性、现状、障碍及成本有了整体判断之后，应着眼于制定农民工市民化的顶层设计和实施方案，其中最紧迫、最复杂、最关键的问题是找到中央政府、输入地政府、输出地政府、企业与农民工之间的利益均衡点，构建科学合理的成本分担机制，通过制度设计充分调动相关各方推动农民工市民化的积极性。在某种程度上说，农民工市民化能否成功，关键不在于改革的成本有多大和公共财政能否负担，而在于顶层设计是否合理、实施方案是否可行以及各级政府是否具有不折不扣的执行力①。

① 张善柱：《农民工市民化成本测算的误区及矫正》，《中共天津市委党校学报》，2016年第4期。

第五章　农民工市民化的集体行动困境

从长远来看，农民工市民化具有强烈的溢出效应，能够为中央政府、流入地政府、流出地政府、企业、农民工以及城市居民等不同利益主体带来一系列短期和长期的经济和社会效益。因此，我们可以把相关利益主体视为具有共同利益的集团。按照常理来讲，拥有共同利益的成员应该采取一致行动，以实现集团利益的最大化。也就是说，中央政府、流入地政府、流出地政府、企业、农民工以及城市居民应该同心同德，共同促进农民工市民化的实现。但在实践中，农民工融入城市的进程依然举步维艰，而且呈现出“两头热、中间冷”的局面。“两头热”是指中央政府作为农民工市民化的顶层设计者，近年来密集出台了一揽子实施方案，其力度之大，前所未有；农民工作为市民化的直接受益者，同样具有融入城市的强烈意愿。“中间冷”是指流入地政府、流出地政府和企业作为中央政策的执行者，是农民工市民化的直接推动者，但相关主体往往抱有“搭便车”的心理，只想分享农民工市民化的收益而不愿支付成本。换言之，当前农民工市民化陷入了奥尔森所说的集体行动困境。本章借助奥尔森的集体行动理论，从宏观和微观视角分析农民工市民化集体行动困境的具体表现，为下一步破解集体行动困境奠定基础。

第一节　奥尔森的集体行动理论

对集体行动理论的研究，最为著名的莫过于美国著名经济学家曼瑟尔·奥尔森。他在《集体行动的逻辑》《国家的兴衰》和《权力与繁荣》三部著作中，系统地阐述了集体行动理论。三本著作层层递进，勾画了从个体理性到集体行动再到国家建构的完整脉络。他的理论贡献主要表现在两个方面：

一是将原有的公共物品理论引入集团理论的分析中，颠覆了人们关于集团理论的传统看法，最终开创性地构建了集体行动理论；二是从利益集团与政府和利益集团与市场的关系出发，将政府和市场关系的研究推向新的高度[①]。他的集体行动理论作为公共选择理论的重要内容，对于农民工市民化集体行动困境的分析具有重要的启发意义。

一、个体理性导致集体行动困境

亚当·斯密在《国富论》中提出要充分发挥市场这只“看不见的手”的作用，以实现资源的优化配置，进而实现经济繁荣的目标[②]。在这一理论框架中，市场机制充分发挥作用的一个重要前提在于，市场上用于交换的物品产权界定是明晰的。当个体在追求自身利益最大化的同时，也会促进整个社会经济的繁荣。亚当·斯密研究的主要是私有物品的供给问题，但是在社会中也存在大量的非私有物品，即公共物品。而这些公共物品并没有清晰的产权界定，在这种情况下，如果把私有物品的供给方式运用到公共物品领域就会出现市场失灵的现象。奥尔森的集体行动理论着力解决的是公共物品的供给问题，与亚当·斯密一样，奥尔森在阐述集体行动理论时，先确立了个人主义和个体理性的立场。他认为，社会成员都是基于个体理性行动的，都是为了追求自身利益的最大化。不过，在奥尔森的理性人假设中，个体理性除了实现自利目的以外，在一定程度上还具有利他的倾向，而不是单纯的自私自利。奥尔森重点关注的是在公共物品供给中，个体理性会产生什么样的结果。他的分析得出了与前人不同的结论：个体理性并不会促进整体利益的实现，相反会造成整体利益的损失。正如亚里士多德所言，“凡是属于最多数人的公共事务常常是最少受人照顾的事务，人们关怀着自己的所有，而忽视公共的事务；对于公共的一切，他至多只留心到其中对他个人多少有些相关的事务”[③]。导致这种现象的根源在于公共物品具有和私人物品完全不同的属性，即非竞争性和非排他性。任何一个人对公共物品的使用不会影响他人的使用，

---

① 付刚：《奥尔森集体行动理论研究》，吉林大学博士论文，2011 年，第 4 页。

② ［英］亚当·斯密：《国富论》，北京：商务印书馆，2015 年，第 27 页。

③ ［古希腊］亚里士多德：《政治学》，吴寿彭译，北京：商务印书馆，1965 年，第 48 页。

也不会降低他人使用的效能。因此，无论他本人承担成本与否，其他人都可以借此享受相应的收益，结果就会出现“搭便车”现象。

由于公共物品具有非竞争性和非排他性，导致集体成员之间出现“搭便车”现象，这是引发集体行动困境的直接原因。公共物品本身没有清晰的产权归属，任何人对于该物品所付出的成本和获得的收益都是模糊的。在此情况下，作为理性的个体往往会选择让别人单独承担相应的成本，而自己却借机获得收益。在个体理性的支配下，会造成个体收益和集体收益不一致的情况，并最终影响到集体利益的实现。除了公共物品之外，“搭便车”现象的存在还与外部性有关。外部性指一个人的行为会影响到他人的收益状况，给他人造成一定的损失或者创造相应的收益，但是实施这一行为的主体并没有承担损失或者获得一定收益。外部性和公共物品本质上都是由于产权未界定清楚，进而促使个体在集体行动中选择“搭便车”。除此之外，奥尔森认为，集团规模和“搭便车”之间存在着直接联系。他指出，当一个集团处于小规模状态时，成员彼此之间相对熟悉，互相之间也比较信任，易于相互监督，每个人付出一定成本之后，获得的收益远远超过他们付出的成本。因此，小集团内的成员更容易积极采取共同行动，承担共同责任，从而实现公共物品的有效供给。而一旦集团的规模扩大之后，成员之间的熟识度下降，彼此间的信任平台比较脆弱，且监督成本大幅上升，这样要想采取集体行动则需要较高的组织成本。更为重要的是，集团规模的扩大使得每个成员最后获得的收益被稀释，参与分利的成员越多，单个人的收益份额就相对缩小，由此导致理性的个体更不会参与集体行动。

二、选择性激励与副产品理论

奥尔森认为当集团规模较大时，试图实现共同利益是不可能的。因为这种共同利益对成员激励的有限性根本无法达成集体行动的有效性。① 因此，奥尔森提出了一种新的方法来实现共同利益，那就是进行选择性激励。选择性激励既可以采取正面的奖励手段，也可以采用负面的惩罚措施，其目的在于

---

① ［美］曼瑟·奥尔森：《集体行动的逻辑》，陈郁等译，上海人民出版社，1995 年，第 42 页。

对集团成员进行有区别的对待。前文指出，在集团公共物品的供给中会出现“搭便车”现象，这是因为在大规模集团中，个体成员的平均收益相对于小集团的平均收益要小。而选择性激励就是要增加个体成员在集体收益中的份额，这样便可以促进集团内部成员积极合作。实际上，选择性激励机制的精髓在于通过排他性的激励，将公共物品部分私有化，利用个人收益内部化的方式促进个人采取行动，以实现集体利益最大化。另外，这种选择性激励的方式仍然是以个体理性为前提，促使个人利己主义成为实现公共利益的手段。由此可见，该机制实际上是利用市场领域的交易规则来解决非市场领域问题。但在实现选择性激励时还需要一个重要前提，即强制力的存在。要想实现选择性激励，就需要有实现选择性激励的组织的存在。只有组织拥有一定的权力，具备相应的强制力，才可以对集团成员施加约束，进行奖励或惩罚。这样进行选择性激励才有相应的保障，激励才能够对组织成员形成吸引力。

在进行选择性激励的过程中，个体需要加入某一集团来实现公共利益。而组织给予那些参与集体行动的个体成员的选择性激励，在成员加入集团后往往会异化为个人私利，个体成员加入的利益集团就会变成这种选择性激励的“副产品”。原本组织进行选择性激励是为了实现集团的共同利益，但实际上一部分人会更看重这部分私利，从而造成对公共利益的忽视。这种在选择性激励下形成的利益集团放在国家层面就变成了分利集团。在一个集体中会存在“搭便车”的个人，而在国家中便存在这种“搭便车”的集团。这种“搭便车”的分利集团仅仅代表社会中一小部分人的利益，却不关心社会的整体利益。分利集团通过为集团内部成员实现最大化利益，从而构成自身有效性的基础。和集团中的个人一样，分利集团原本可以通过提高生产效率来实现社会总收益的增加。但是，在缺乏选择性激励的情况下或者缺乏外部强制力的约束下，理性的利益集团更愿意选择“搭便车”的方式，尽可能地为集团成员争取更大的利益份额。在奥尔森看来，分利集团致力于实现自身小团体的利益，他们往往利用寻租的方式影响政府政策导向，或者通过提高市场准入门槛或者利用设立市场壁垒的方式排斥他人进入，最终扰乱正常的市场秩序，造成经济的衰败。

对于国家而言，如何才能有效遏制分利集团的活动，从而实现社会经济的繁荣、促进公共利益的实现呢？奥尔森认为，只有明确产权的归属并且保证能够实现有效强制时，才能激发人们从事社会生产的积极性。当产权归属明晰时，人们愿意为了自身利益而投入相应的成本，从而促进整个社会的发展。政府同时也具有强制能力，能够保护人们的产权不受侵犯，维护经济秩序的稳定。实际上，奥尔森处理国家层面公共利益的逻辑，仍然和一个集体实现公共利益的方式如出一辙。除此之外，奥尔森认为还需要建立强化市场型政府，来有效遏制分利集团的行为。强化市场型政府是一种有效但有限的政府，而这种政府的建立需要形成共容利益。共容利益是指理性的个体或者社会组织能够获得特定总产出中相当大部分利益，同时又要承担因总产出的减少而带来的损失。因此，共容利益的存在，就会促使个体或者组织关心整个社会的公共利益。对于强化市场型政府而言，可以将个体、集团和国家利益整合起来，这样个人和集团就会认识到自身利益和社会整体利益息息相关，从而有效克服个人和分利集团“搭便车”的现象。

第二节　农民工市民化集体行动困境的表现

一、相关主体分担成本的意愿不高

农民工市民化是一项系统工程，涉及中央政府、流入地政府、流出地政府、企业、农民工、工会、城市社区及其他社会组织等多方利益主体。为了确保农民工市民化有序推进，就必须从制度设计上激发各主体的积极性，引导其共同参与、相互协作，并承担相应的责任。正是在这一意义上，《国家新型城镇化规划（2014—2020 年）》提出，强化各级政府责任，合理分担公共成本，充分调动社会力量，构建政府主导、多方参与、成本共担、协同推进的农业转移人口市民化机制①。至于由哪些主体来分担农民工市民化的成本，目前学界还没有达成共识，有的观点认为中央政府应发挥主导作用，有的观点认为流入地政府承担主要责任，也有观点认为政府、企业、农民工各

① 中国政府网：《国家新型城镇化规划（2014—2020 年）》，http：//www. gov. cn/gongbao/content/2014/content_ 2644805. htm.

承担三分之一的成本。笔者依据不同主体在农民工市民化过程中的角色定位及受益程度认为，应当构建以政府、企业、农民工为主的“三位一体”格局，其中政府主要负责政策制定和公共物品供给；企业主要负责改善农民工的工资待遇，提高健全的社会保障，促使农民工实现体面劳动；农民工则要主动配合国家的宏观政策调整，努力提高文化水平和技能素质，增强自身融入城市的能力，同时也需要承担一定比例的市民化成本，包括住房、社保、子女受教育等方面。尽管如前文所述，农民工市民化所带来的收益会远远大于成本，而且不同主体均能从中受益，但是在实际进程中，不同主体通常是基于自身当前的实际收益水平，来决定是否积极主动参与农民工市民化的成本分担，由此导致不同主体之间缺乏积极合作的意愿，难以有效承担起各自的责任。

从政府的角度讲，由于中央政府和地方政府的角色定位不同，导致其利益取向、工作重心和行动方向往往不一致。在农民工市民化的大格局中，中央政府主要从深入推进供给侧结构性改革、实现区域协调发展、城乡一体化等方面进行长远考虑和战略谋划，而地方政府最关心的是农民工市民化过程中的自身收益以及基本公共服务的成本支付问题。由于流入地政府缺乏长期稳定的财政资金筹措渠道，导致其会根据农民工的来源地进行有选择性的执行公共政策，也就是说，流入地政府为农民工提供公共服务的意愿，会随着行政隶属关系的远近而有所不同。一般来说，流入地政府要优先解决本市农村劳动力的就业问题，其次是省内的农民工就业，而外省农民工的市民化问题则往往难以被本地的公共政策所覆盖。流入地政府之所以优先解决省内农民工问题，是因为在同一省份内农民工市民化形成的巨大社会效应不会“外溢”到其他地区，而且还能得到上级政府的财政、土地供应等方面的支持。而流出地政府则希望农民工能将城市的先进技术和资金带回家乡，为家乡经济发展输送新动能。由于目标的不一致性，导致政府中涉及农民工市民化的相关部门，包括财政、发改、人社、教育、卫生、住建等，会基于自己的目标和利益，在农民工市民化中设置一些隐蔽障碍，在政策执行过程中产生“不作为”和“乱作为”的现象。

从农民工的角度讲，农民工实现身份转变意味着要放弃在农村的经济收入，还要付出社会保障、住房、技能提升等成本，而且在当前的情况下，农民工融入城市还面临着“有形”的户籍墙及与之配套的“无形”的福利差距的影响，市民化的进程充满了变数和不确定性。对他们而言，如果付出相应成本而不能实现预期的经济收入和福利待遇，那么他们努力融入城市的积极性就会受挫。农民工在市民化过程中通常面临着两个选择：转变成市民或继续当农民工。虽然从长期看，农民工市民化的收益大于成本，但由于长远收益充满了不确定性，因此农民工更注重眼前的收入状况，而很难立足于长远打算。农民工的逻辑其实很简单，即使不转化为市民也可以获得实实在在的经济收入，而转变为市民则要支付相应的成本。此外，原有的农村户口可以获得城镇户口所不能得到的好处，比如，一些地区少数民族农村子女参加升学考试可以获得加分，农村学生在校可以领取相应的助学补贴，使用农村医保在乡镇医院就医可以获得更多优惠。而农民工一旦选择进城生活，就意味着享受不到这些实实在在的优惠政策。正是由于农民工对待市民化的犹豫不决、瞻前顾后、模棱两可的态度，导致农民工在成本分担机制中缺少与其他利益相关方进行协调合作的意愿。

从企业的角度讲，农民工进城打工可以为企业提供大量的廉价劳动力，不仅直接降低了企业的用工成本，而且为企业可持续发展提供持久动力。如果继续维持农民工的身份不变，则意味着企业可以继续执行“同工不同酬”的政策，不用按法律规定为农民工缴纳相应的社会保险费用，也无须为农民工提供完善的劳动条件，这些对于企业来说是一笔可观的“人口红利”。以医疗保险为例，农民工要想缴纳医疗保险就必须和所在企业签订正规的劳动合同。而一旦企业选择和农民工签订正式的劳动合同，就必须按照国家规定，承担相应比例的医疗保险费用，这会增加企业的用工成本，促使企业采取其他措施逃避政府的监管和医疗费用的缴纳。因此，企业在用工过程中，要么采用业务分包的形式，要么使用临时工来规避医疗保险费用的缴纳。加之农民工的地域流动性比较强，难以和企业签订固定劳动合同，因此企业就可以“搭便车”来逃避缴纳医保费用。

从集体行动理论来看，农民工市民化涉及主体众多，在一个规模巨大的集团中，任何单一个体都会显得微不足道。因此，他们只会关注当前自身的利益，对于农民工市民化的整体利益会产生漠不关心的态度。

二、农民工市民化过程中产生负外部性

公共产品没有明确的产权归属，任何人不论承担成本与否都可以从中获益，农民工市民化在本质上就是一种所有参与主体都可以获益的公共产品，由于没有明确的产权归属，不同的参与主体在获得收益的同时，也可能对他人造成损害，最终演变成哈丁所说的“公地悲剧”。外部性一般包括正外部性和负外部性。正外部性通常是指行为实施人的行为对他人或者公共环境利益产生“溢出效应”，而受益人不必支付相应的费用，就可以无偿享用行为人带来的福利。负外部性是指行为实施人的行为对他人或者公共环境利益造成了损失，而行为人却不需要为此损失承担相应的成本。负外部性的出现可以看作资源没有实现优化配置的结果。

农民工的特殊身份决定了他们是连接城市与农村的桥梁和纽带，大量农民工进城的同时也会间接造成负外部性，在一定程度上是造成农村出现凋敝现象的重要原因。首先，进城打工的农民工以青壮年居多，他们常年生活在城市里，实际上属于城市常住人口。而农村由于缺乏必要的青壮年劳动力，再加上土地流转政策不完善，土地流转效率低下，导致大量耕地闲置或撂荒，进而影响到国家的粮食安全和农业生产效率。其次，大量成年男性劳动力涌入城市，也会造成农村人口结构性失衡。进入 21 世纪以来，城市人口呈加速增长状态，同期农村人口迅速衰减。2016 年农村常住人口为 58973 万人，占总人口比重的 42.65%。相比 2010 年的农村常住人口，则减少了 8140 万人[①]。而城乡间这种人口结构的失衡，使得农村失去了宝贵的人力资源，导致农村现代产业体系发展滞后。最后，留守儿童问题突出。在农民工流动初期，由于城市生活成本高，子女难以接受城市教育因素的制约，农民工普遍将子女留在农村，由其父母进行抚养照顾，形成了所谓的“留守儿童”。由于“留守儿童”常年不能与父母生活在一起，带来了一系列心理、教育、安全等社会问题。比如，因长期缺乏父母的指导、监督，部分留守儿童逐渐失去学习兴

① 姜德波，彭程：《城市化进程中的乡村衰落现象：成因及治理——“乡村振兴战略”实施视角的分析》，《南京审计大学学报》，2018 年第 1 期。

趣，学习成绩直线下降，甚至有相当比例的留守儿童过早辍学；因长期缺乏父母监管，留守儿童内心得不到关爱、疏导，容易引发心理问题，有的甚至会出现意外或产生安全问题。

在农民工市民化进程中，企业的行为同样会产生负外部性，而且这种负外部性会直接影响到社会稳定。许多建筑类企业在缺乏外部监管和行业自律的情况下，会恶意拖欠农民工的工资。当企业欠薪时，农民工往往缺乏有效的社会资源来维护自身的合法权益。因为社会资源主要是由社会人脉网络所决定的，而农民工平时接触的人群主要是亲戚、朋友和工友，他们同样属于城市社会中的弱势群体。工会作为维护农民工权益的组织，在现实中也面临人手紧张、专业知识缺乏、动员资源能力有限等现实障碍，制约了工会组织维权职能的正常发挥。按常理来说，诉诸法律途径也是农民工维权的常规途径，但在实践中也面临成本高、周期长、收益不确定等因素，导致农民工最终放弃了依法维权的尝试。当农民工与企业博弈时，由于双方实力对比严重不对称，且制度化维权方式难以奏效，最终迫使农民工通过非制度化方式来维护自身权益。在非制度化的途径中，农民工往往会采用集体抗争的方式维权。他们会越过法律途径，采用诸如罢工、集体上访、抗议、堵路、破坏企业财物等方式来表达自己的利益诉求。在有些情况下，还会诱发农民工做出极端行为。比如，在新闻报道中经常看到个别农民工为了讨薪而以跳楼或自焚相威胁，有的农民工甚至会采取严重的暴力犯罪行为。这些不理智的行为，不仅给农民工自身造成了伤害，而且会影响企业正常的生产秩序，也会给社会安定埋下隐患。

政府的行为同样会产生负外部性。一方面，政府作为公共权力的行使者，肩负着实现公共利益的使命；另一方面，政府作为非人格化的管理组织，其行为具有理性经济人的特征，自然会追求自身利益最大化。从宏观角度看，中央政府在农民工市民化进程中主要扮演统筹规划、协调各方的角色，是农民工市民化的主导者，主要负责制定户籍制度改革、基本公共服务均等化、财权事权匹配等一系列顶层设计。中央政府作为国家利益的维护者，主要从国家政权稳定、城乡一体化、宏观经济运行的宏观层面思考问题。地方政府尽管也是公共权力的行使者和公共利益的维护者，但出于理性考虑，地方政府更多的是从辖区利益的视角考量问题。具体来说，地方政府一方面允许外来农民工进入城市，以弥补本地区劳动力不足的缺陷，另一方面又常常以户籍制度为借口，对辖区内的农民工享受公共服务施加种种限制。如此一来，地方政府既可以享受到农民工流动所带来的巨额人口红利，又可以将市民化的成本转移给农民工或其他主体。此外，政府的负外部性还有一个重要特点，即强制性。与其他社会组织相比，政府手中掌握着公共权力，无论是中央政府主导制定的顶层设计，还是地方政府出台的相关政策，都会对农民工市民化过程中的利益各方产生重要影响。一旦公共政策获得通过，不管其他利益相关主体满意与否，都必须无条件地执行，否则就会受到相应的惩处。

三、地方政府管理中出现职能错位

在农民工融入城市的过程中，流入地政府肩负着执行中央政策、提供基本公共服务的重要职责，如果没有流入地政府的积极配合，中央政府制定的宏观政策就难以落地生根，农民工融入城市的梦想也就难以实现。但是，在现实中，地方政府作为一个独立的利益主体，并不会不折不扣地执行中央的宏观政策，而是在权衡自身的成本与收益后有选择地执行。也就是说，地方政府的局部利益与国家的整体利益并不完全一致。尤其是考虑到农民工市民化带来的收益会产生“外溢”效应，区域外所产生的成本也会扩展到本区域内，地方政府在某些时候还会主动参与利益的分割。正是由于农民工市民化的成本与收益的“错位”，导致地方政府的职能出现错位。

地方政府的职能错位在本质上可以看作政府权力使用不当的问题，突出表现在以下两个层面。一是政府过度干预。在依法治国、依法行政深入实施的背景下，地方政府履行行政管理职能时需要遵守宪法和法律的相关规定，也就是坚持职能法定的原则。但是，地方政府本身并不是一个完全超越社会之上的行为主体，也存在着自己的私利。正如恩格斯所言，国家是“从社会中产生但又自居于社会之上并且日益同社会相脱离的力量”[①]。因此，地方政府在行使法定职能的过程中，一旦涉及自身利益问题，就会运用公共权力来维护自身利益。在由政府、企业、农民工组成的多元利益格局中，政府因掌

---

① 恩格斯：《家庭、私有制和国家的起源》，北京：人民出版社，2018 年。

握公共权力而处于支配地位，如果地方政府运用公共权力进行过度干预，必然会对市场机制的正常运行产生干扰作用，也会影响到其他相关主体利益的实现。二是政府有效管理的缺失。作为独立的利益主体，地方政府在管理过程中会基于成本收益状况进行决策，这种行为逻辑就会导致政府忽视对那些成本高而收益比较低的领域的管理，产生所谓的“政府失灵”现象，造成市场秩序混乱和其他市场主体利益受损的“治理危机”。

房地产市场是与农民工市民化密切相关的领域，而政府职能错位在此领域表现得尤为明显。首先是政府过度干预。由于地方政府的财政收入在很大程度上依赖于土地资源，而且房地产市场的繁荣又关系到政府官员的政绩考核。因此，在土地资源国有的情况下，政府为了实现土地资源经济效益的最大化，往往会以公共利益的名义以较低价格从农民手中征用土地。当土地征收工作完成后，政府又通过“招拍挂”的形式大幅提高土地价格，进而实现地方财政收入的最大化。“面包的价格始终比面粉高”，这是一个基本常识，高地价带来的结局只有一个，那就是房价一路上涨。但是，羊毛出在羊身上，高额的房价最终传导到普通消费者身上。由于农民工经济收入较低，根本无力承担虚高的房价，导致他们只能在城市租房或在“城中村”等边缘地带居住，延缓了农民工融入城市的进程。

与政府在土地拍卖中过度干预形成对比的是，政府在房地产调控方面却缺少有效作为。在计划经济时期，城市居民由政府和单位统一分配住房，在那时并没有商品房的概念。在中共十四大明确提出经济体制改革的目标是建立社会主义市场经济体制之后，国家开始启动住房供应与交易制度改革。1994 年国务院发布《关于深化城镇住房制度改革的决定》，开启了城镇住房制度正式改革之路。该文件提出城镇住房制度改革作为经济体制改革的重要组成部分，目标是要建立与社会主义市场经济体制相适应的新的城镇住房制度，实现住房商品化、社会化；把各单位建设、分配、维修、管理住房的体制改变为社会化、专业化运行的体制；把住房实物福利分配的方式改变为以按劳分配为主的货币工资分配方式。而房改具有里程碑意义的文件则是 1998 年国务院发布的《关于进一步深化城镇住房制度改革加快住房建设的通知》，该文件宣布全国城镇从 1998 年下半年开始停止住房实物分配，全面实行住房分配货币化，同时建立和完善以经济适用住房为主的多层次城镇住房供应体系。国家住房政策的调整在为居民带来更多自主选择的同时，也激发了资本追求利润的动力，2003 年以来，大中城市的房价持续上涨。由于市场竞争不充分，加之政府的监管机制存在漏洞，本应互相竞争的房地产商之间却结成了利益同盟，垄断一个地区的市场价格，其他市场投机者也会趁机进行投机和炒作。政府作为市场秩序的监管者和公平竞争的维护者，却难以采取有效措施进行干预，或者出台的政策治标不治本，短期内虽然能抑制房价上涨趋势，时间一长又开始报复性反弹。政府的宏观调控之所以难以奏效，并非房价不可控制，其根源在于政府能够从高房价中获取更多收益。分税制改革以来，地方政府的税源大幅缩水，为了维持不断扩张的财政开支，政府必须自谋出路。而城镇化的“大跃进”，为地方政府提供了新的税收来源，即土地出让金。在我国，土地的产权归国家所有，房地产开发商要建房子必须首先从政府手中拿到土地，在这一环节中，政府利用竞拍的形式大幅抬高土地价格。由于“面粉”价格虚高，最终导致了百姓买不起“面包”的结果。根据这一逻辑来看，政府要想彻底降低房价，就必须釜底抽薪，从源头上控制土地价格，而这又会触动政府的“奶酪”。

由此可见，政府和公共利益既有相互协调的一面，也有相互冲突的一面。地方政府管理中出现的职能错位，根源在于政府自身利益和公共利益之间存在冲突。在农民工市民化过程中，政府和其他参与主体共同构成了一个具有共同利益的大集团，但是政府自身又是整个集团中的一个小团体。当政府自身利益与公共利益或其他主体的利益发生冲突时，政府作为理性的个体必然会优先考虑自身利益，并且会凭借掌握公共权力的优势制定利己的公共政策，从而影响到整个集团公共利益的实现。

第三节　农民工市民化集体行动困境的宏观分析

一、政治层面：缺乏约束分利集团的强化市场型政府

如前所述，农民工市民化会给不同主体带来一系列短期和长期、微观和

宏观、经济和政治的收益，在此过程中，难免会出现一些利益主体或利益集团想从中分得一杯羹。在农民工市民化过程中，利益集团的出现就类似于集团中的个体“搭便车”一样，趁机分割农民工市民化的收益。由于总收益是一定的，利益集团分割得越多，就意味着其他参与主体获得的收益越少。利益集团实现小团体收益的一个重要途径，就是通过“寻租”来获得政府的支持，政府在利益集团的游说下给予他们特许权和经济补贴。通过这种形式的合作，政府和利益集团结成利益同盟，二者通过合力推动农民工市民化来获得收益。比如，地方政府在招商引资过程中，出于创造税收的短期利益考量，引进了一部分不符合国家规定和当地居民利益的污染性企业。按照《劳动法》规定，该类企业应当为职工提供健全的职业卫生防护，但企业为了降低成本，并没有为农民工提供必要的安全保障。这些明显违法甚至违背道义的行为，并没有得到当地政府的及时查处，最终这些成本都转嫁给了农民工。

从另一个方面看，农民工市民化过程中之所以会出现分利集团，还在于缺乏强化市场型政府的约束。奥尔森指出，在集体行动中要想促进经济繁荣、遏制分利集团，就需要建立强化市场型政府。强化市场型政府不仅可以维护市场秩序，为推行公正的市场制度提供保障，而且可以有效保护个人利益，防止社会公共利益被利益集团所垄断和分割。而强化市场型政府的建立，首先需要和其他主体以及整个社会之间形成共容利益。无论是中央政府还是地方政府，他们都可以从农民工市民化中获得一定的实际收益，同时也要因为实际收益的减少而承担相应的损失。这样，政府才能和整个社会形成共容利益，强化市场型政府才有可能建立。就我国政府体制而言，在中央层面更容易建立共容利益。因为中央政府的立足点是国家的整体利益，而国家的整体利益和个体利益在根本上是一致的，而且中央政府几乎不存在自己的私利，不需要从整个社会中分割利益。但是，地方政府则不具备这样的条件，无法和社会形成相容利益。地方政府立足的是某个地区，而不是整个国家，这就意味着地方政府存在着排他性的利益需求，自身和其他主体的利益存在着此消彼长的关系。只要这种共容利益关系不能有效建立，地方政府就无法成为强化市场型政府。因此，在农民工市民化进程中，地方政府出于自身利益考虑，并不愿意直接干涉利益集团的分利活动。在地方政府看来，一些企业缺乏对农民工权益的保障并不会直接影响到自身利益，因此也没有必要直接对企业的做法采取干涉和约束措施。

二、制度层面：缺乏针对不同主体的选择性激励机制

奥尔森认为，有三种措施可以克服集团成员的“搭便车”行为，促使其采取集体行动：一是建立小规模集团；二是集团采取强制措施；三是建立选择性激励机制，激励集团成员主动承担责任。对于农民工市民化来说，第一种措施难以克服集体行动的困境。因为农民工市民化涉及中央政府、流入地政府、流出地政府、企业、农民工、城市社区等不同利益主体，无法满足小规模集团所需要的条件。而采取强制措施不具有操作性，因为尽管我们可以把政府自身看作一个拥有巨大强制力的组织，但政府的强制力主要局限在上级政府对下级政府或社会管理领域，一旦涉及市场领域，政府的强制力就会受到约束。比如，农民工能否顺利融入城市，除了取决于政府提供的基本公共服务外，还需要企业支付更高的工资、缴纳更多的社会保险费用、提供更多的技能培训机会。但是，在社会主义市场经济条件下，企业具有生产经营自主权和用工自主权，只要企业没有明显的违法行为，政府就不能像计划经济时期那样直接进行行政干预。因此，在实际运行中只能采取选择性激励的方式，以打破多元主体之间的集体行动困境。前文指出，农民工市民化的过程也是实现公共物品供给的过程，而公共物品具有非排他性和非竞争性的特性。尽管有些成员没有付出相应的成本，但效用总是被均质地分配给集体中的每个成员，所以增加共同利益从本质上带来的只是普遍性激励。随着集团规模的扩大，个人受益的份额会变小，因此这种激励方式对集团中的有些成员就会缺乏吸引力。而选择性激励是一种排他性激励，是依据成员在公共物品中付出成本的多少而提供相应的私人收益，有助于弥补普遍性激励的缺陷，更有利于破解公共物品供给中出现的“搭便车”行为。

选择性激励机制有三种方式：直接给予物质奖励；对某些成员进行惩罚；进行非物质激励，比如社会激励以及心理激励。在当前的农民工市民化实践中，这三种激励方式都不同程度地出现缺失。首先是物质激励层面的缺失。地方政府作为市民化中的主要参与者，需要承担巨大的公共成本。

不论是公共交通设施的完善、社会医疗保险制度的改革以及教育资源的重新分配，还是由于城市人口增加所带来的管理成本上升以及“城市病”的治理，都需要巨大的资金投入，而地方政府的短期收益并不能很快弥补前期的投入。如果中央政府和省级政府没有及时提供充足的财政支持，地方政府就会缺少为农民工提供均等公共服务的意愿和能力。其次是没有对个别参与主体的不当行为进行惩罚。前文已经提出，一些非公企业没有按照法律规定，为农民工缴纳足额的社会保险费用，一些化工企业没有为农民工提供健全的健康防护设备，导致农民工成为职业病的多发高发群体，很多人因此而失去了借以谋生的工作，甚至因病致贫。然而，由于地方政府和企业之间存在千丝万缕的利益联系，使其不会采取相应的惩罚措施来遏制企业所带来的负外部性。最后是缺乏非物质层面的激励。农民工融入城市的过程，不仅需要政府和企业的配合，而且离不开城市社区的接纳、工会组织的维权、社会组织的帮扶。对待这些参与主体，不宜采用直接的物质激励，更不能采用行政强制措施，而应当借助非物质激励的方式，以调动其参与农民工市民化的积极性。但在实践中，相关的激励机制并没有建立起来，导致相关主体促进农民工市民化的潜能和作用没有得到充分发挥。

三、经济层面：缺乏平衡相关主体成本收益的协调机制

从长期来看，农民工市民化的总成本远远小于总收益。作为农民工市民化的参与主体，无论是政府还是企业，或者是农民工自身，他们长期的收益都要超过成本支出。但是，具体到不同主体的实际收益状况，在短期内和不同地域间都会呈现出一定的差异性。农民工市民化的收益差异表现在两个层面：时间层面的非同步性和空间层面的非均衡性。换句话说，不同主体在分担一定成本的同时，实际收益是不相等的。

非同步性主要是指对于同一主体来说成本和收益之间存在时间差。从流入地政府的角度来看，这种非同步性主要体现在成本支出在前、享受收益在后。由于城市是农民工工作和生活的主要场域，因此，流入地政府要在农民工市民化成本分担机制中承担主要责任。农民工市民化意味着流入

地政府要为农民工提供更体面的就业岗位、更先进的医疗条件、更健全的社会保障、更优越的住房条件，为农民工随迁子女提供更优质的教育资源。这些公共服务的改善必须以巨大的财政投入为支撑，这对一些财政紧张的地方政府来说是一个严峻的挑战。尽管从长远来看农民工市民化能够为流入地政府带来可观的经济社会收益，但相对于眼前货真价实的成本来说，这些收益是长期的，而且在实现过程中充满了不确定性。因此，站在流入地政府的角度，他们不愿意为了长远而又不确定的收益支付巨额成本。

非均衡性主要是指农民工市民化的收益在城市和农村之间、不同区域之间分配不平衡的问题。从长远来看，农民工市民化不论是对城市来说，还是对农村来说都具有巨大的经济社会效益，但应当看到这些收益在城市和农村之间的配置是不均衡的。当前，我国城乡之间存在显著的发展差距，这种差距不光体现在居民的经济收入方面，更体现在基础设施、教育、医疗、社会保障等基本公共服务领域。农民工融入城市并实现市民化，会给流入地政府带来宝贵的劳动力资源，促进当地经济繁荣和政府税收增加，进一步巩固城市在城乡利益格局中的优势地位。但对于农村来说，农民工市民化所带来的影响却具有两面性：一方面，农村剩余劳动力外流，有利于土地资源集约利用，实现农业生产的规模化经营；另一方面，也会出现青壮年劳动力短缺，导致全国各地农村普遍呈现出“空心化”的特征。正是在这样的背景下，党的十九大报告正式提出了“乡村振兴”战略，习近平同志在谈到城乡关系时强调要同步推进城市化和逆城市化，其目的在于通过完善制度设计，使得城镇化的收益在城乡之间更均衡地配置。除了城乡之间的收益不均衡外，不同区域之间也存在明显的不均衡。根据国家统计局《2017 年农民工监测调查报告》，中部地区农民工 9450 万人，增长 1.8%，占农民工总量的 33%；西部地区农民工 7814 万人，增长 3.3%，占农民工总量的 27.3%，来自中西部地区的农民工占到农民工总量的 60% 以上。而这些农民工中的大多数都流入了经济更发达、就业机会更多的东部沿海地区，为东部地区率先发展输送了大量劳动力，促进了当地经济社会的可持续发展。但是，对于中西部地方政府而言，大量青壮年劳动力流向东部地区，使得中西部缺乏有竞争力的劳动力资源，制约了中部崛起和西部大开发战略的顺利推进。正是由于农民工市民化收益分配的不均衡性，导致流出地政府和中西部地区的地方政府缺少配合执行中央有关政策的动力。

第四节　农民工市民化集体行动困境的微观分析

除了可以从宏观角度分析外，也可以从微观角度来探求多元主体之间的利益关系。不同的是，宏观分析往往是将多个主体的利益关系置于宏观情境之下，而微观分析则致力于研究每个参与主体是如何展开行动的。基于此，笔者试图从农民工市民化参与主体的角度，分析不同主体的行动逻辑。

一、中央政府的行动逻辑

对中央政府来说，农民工实现市民化的意义是巨大的，这不仅有利于促进经济高质量增长，推动以人为核心的城镇化，实现城乡一体化发展，还有利于赢得农民工的政治支持，维系社会长治久安，因此，中央政府有足够的动力去推动农民工市民化的实现。此外，如果农民工不能如期实现市民化，则会从经济、社会、政治等不同层面给中央政府带来严重的冲击。经过四十年的持续转移和城市现代文明的洗礼，数量庞大的农民工群体既不可能返回农村，也不可能继续在城乡之间像候鸟一样迁徙，融入城市并转化为市民是农民工的唯一归宿。如果中央政府、流入地政府、流出地政府以及企业不能履行好各自的责任，未能为农民工提供均等的公共服务，导致农民工陷入“半城市化”的境地，则必然会引发一系列经济社会问题。首先从经济层面来看，“半城市化”不利于城市经济社会的可持续发展，制约了我国制造业转型升级和经济高质量增长；其次从社会层面来看，“半城市化”剥夺了农民工享受基本公共服务的权益，背离了“以人为核心”的新型城镇化战略的要求，固化了城市内部的二元结构，强化了户籍居民和农民工之间的心理隔阂；最后从政治层面来看，农民工市民化不是单纯的经济社会问题，如果长期不能迈过“市民化”这道坎，农民工群体集中而又强烈的利益诉求得不到有效回应，就会侵蚀政府的公信力，久而久之，甚至会动摇执政党的阶级基础。尽管农民工能不能融入城市是多个参与主体的共同责任，但这些代价最终都转移到中央政府身上。因此，对于中央政府来说，不论是从成本收益的角度分析，还是从长期执政的角度考虑，坚定不移地推进农民工市民化都是其唯一的选择。

从表面来看，中央政府代表国家利益，着眼于解决所有省份的农民工向城市转移的问题，但实际上中央政府本身也是理性的，在由政府、企业和农民工构成的多元利益格局中，中央政府同样会遵循少投入、多收益的逻辑，尽可能让其他主体分担更多成本。1994 年分税制改革以来，中央政府的财政收入呈逐年上升的趋势，与此相对应，地方政府的财源逐渐萎缩，财政支付能力大大降低。但与“财权上收”形成对比的是“事权下沉”，中央政府将就业、教育、医疗、住房等公共服务的供给责任推给了地方政府，加之当前的财政拨款是以户籍人口而非常住人口为参考依据，导致地方政府在财力紧张的情况下只能将公共服务覆盖本地户籍居民，而无暇顾及为城市做出贡献的农民工群体。农民工市民化的实质是公共服务均等化，而要为农民工提供均等的公共服务要耗费地方政府巨大的财力，在当前中央政府和地方政府财权事权分配不合理的格局下，地方政府没有足够财力实现公共服务对常住人口的全覆盖，最终导致中央制订的一揽子方案难以落地。虽然近年来中央政府倡导“简政放权”，试图调动地方的积极性，但由于这些改革没有从根本上触动财权和事权分配体制，导致地方政府在推进农民工市民化过程中陷入了“心有余而力不足”的困境。

二、流入地政府的行动逻辑

与中央政府统筹全局、协调各方的角色不一样，流入地政府更多的是站在城市政府的角度，着重考虑辖区内户籍居民的利益最大化。基于这个逻辑，流入地政府对于中央政府的宏观政策会根据本地实际情况和自身利益偏好进行选择性执行。以农民工随迁子女的义务教育为例，在农民工进城务工初期，由于受到优质教育资源稀缺、公办学校手续多、收费高等因素制约，其子女一般在城中村或城乡接合部的民办学校就读，后来这些学校被称为“打工子弟学校”。应当说，在农民工随迁子女大量涌入而城市教育资源相对稀缺的情况下，通过这种方式为其提供基本的教育机会，是符合我国国情和农民工的实际情况的。但后来由于打工子弟学校频繁曝出一些安全事故，导致国家做出了取消打工子弟学校的决定。2008 年，国务院颁布了《关于做好免除城市义务教育阶段学生学杂费工作的通知》，正式提出了“两为主”的政策，即进城务工人员随迁子女接受义务教育要以流入地为主、公办学校为主解决。明确要求地方各级人民政府要将进城务工人员随迁子女义务教育纳入公共教育体系，根据进城务工人员随迁子女流入的数量、分布和变化趋势等情况，合理规划学校布局和发展。对符合当地政府规定接收条件的进城务工人员随迁子女，要按照相对就近入学的原则统筹安排在公办学校就读，免除学杂费，不收借读费。应当肯定该政策的初衷是好的，让农民工随迁子女在公办学校就读更有利于他们接受高质量的教育，但是，在一定时期内城市的优质教育资源是有限的，而且这些优质教育资源主要集中在市区。在城镇化扩张时期，外来人口大量涌入，而本地的教育资源投入很难跟上人口增长速度。如果严格执行中央政策，让外来务工子女和本地户籍学生享受平等的教育资源，也就意味着原有的户籍人口的受教育资源要向郊区农民工子女身上倾斜，这必然会损害当地户籍居民的利益。因此，流入地政府缺乏足够动力为农民工子女分配优质教育资源，而且从运行机制来看，义务教育经费主要来源于上级政府的财政拨款，而财政拨款以拥有城市户籍的学龄儿童数量为依据，这就意味着流入地政府要利用有限的财政经费提供无限的公共服务，此外，农民工还具有较强的流动性，农民工随迁子女也往往跟随父母迁徙于不同城市之间，因此流入地政府也抱有“搭便车”的心理，寄希望于其他城市能够执行相关政策而自己可以坐享其成。

当然作为一级地方政府，流入地政府在追求辖区利益最大化的同时，还要执行中央政府的政策，否则就难以通过上级政府的政绩考核，地方官员的政治前程也会因此而受到影响。因此从这个角度来看，流入地政府的行为动机还会受到中央政府或上级政府政绩考核的影响。在我国，中央政府和地方政府之间是一种上下级关系，在纵向上体现为中央政府对地方工作进行考核，并将考核结果作为地方官员政治升迁的主要依据。但是，由于双方存在天然的信息不对称问题，导致中央政府难以真实有效地考核地方政府的绩效。比如，在农民工市民化过程中，中央政府倾向于给地方政府下达一些硬性指标，但由于信息不对称使得中央政府更关注任务完成的结果，而很少注意到地方政府完成指标的方式和程序。在这种情况下，地方政府就会充分利用中央政府不了解基层情况的弱点，根据自身利益和本地实际状况，出台一些能够促进农村劳动力自由流入城市，却不能使其融入城市的公共政策，表面上看来是执行了中央政策，但实际上丝毫无助于农民工融入城市。除此之外，政绩考核的周期比较短，几乎每年都要进行一次考核，而农民工市民化具有投入大、周期长、见效慢且收益不确定的特点。因此，在地方政府看来，与其将有限的公共资源投入农民工市民化领域，还不如投资那些“短平快”的项目，这样更有利于在短期内做出显著政绩，并借此赢得上级考核部门的认可。

三、流出地政府的行动逻辑

流出地政府在推动农民工市民化过程中同样发挥着不可替代的作用。农民工流出地在经济结构上主要是以第一产业为主，在空间格局上主要分布于中西部欠发达地区。人口的跨区域流动在一定程度上取决于成本和收益的差额，只要最后的收益水平大于前期的投入水平，就会产生“人往高处走”的自由流动现象。因此，需要着重分析流出地政府的“成本—收益”水平。就收益而言，首先，农民工市民化有利于缓解人多地少的矛盾，实现土地资源的集约化利用，实现农业规模化生产，大大提高农业生产效益和质量。传统农业往往是以家庭为劳作单位，规模小、效益低，而大量农民工转移出去后，土地可以统一规划分配、采用机械化生产、提高单位产量，最终实现农业现代化。其次，流出地可以根据本地的实际情况，发挥比较优势，大力发展有机农业、生态农业、观光农业、健康养生产业以及农村生产生活服务业等新兴产业。这些新兴产业和城市二三产业之间可以优势互补、相互融合，实现城乡之间资源、要素、技术的合理流动，进而达到以工促农、以城带乡、城乡一体的发展目标。最后，流出地政府可以获得一定的资本和技术来助推经济发展。农民工在实现市民化的过程中，也会出现一部分农民工人口回流到流出地的情况。这些农民工一般属于智力型和技术型人才，可以将稀缺的技术和资本投向家乡所在地，这对当地经济发展具有重要的作用。

就成本而言，农村剩余劳动力大量向城市转移，在一定时期内降低了农业人力资本存量。以河南省为例，农村人口流量以每年近 700 万人口的速度增加，这些农民工大部分处于青壮年阶段，平均年龄在 30.1 岁，比农村劳动力平均年龄还要年轻 6.8 岁，而且，这部分转移出去的劳动力的受教育水平要高于农村总体劳动力受教育水平。由于青壮年劳动力大量转移，导致本地农业生产质量下降乃至耕地大量闲置荒废的局面。此外，大规模人口外流还会引发一些农村社会问题，比如留守儿童、留守妇女和留守老人问题，这些都会增加流出地政府的社会管理成本。基于以上分析，可以看出，虽然从长远看流出地政府可以获得相当大的收益，但是前期成本投入比较大却没有获得相应的收益，这部分收益一定程度上转移到了农民工流入地区。流出地政府的成本和收益之间存在一个时间差，短期内无法收回成本。集体行动需要成员间成本和收益保持一致，而流出地政府的成本投入换来的是流入地政府的收益，这就导致流出地政府缺乏推动农民工市民化的动力。

四、企业的行动逻辑

在由政府、企业和农民工构成的成本分担机制中，企业主要负责承担农民工的技能培训、社会保险、福利待遇、同工同酬、权益维护等一系列成本支出。但是，企业作为市场经济主体，从事经济活动的目的在于实现自身利益最大化，而且企业更关心在短期内的投入能否获得一定的回报。农民工和企业作为劳动关系的双方，农民工进城务工的目的是赚取工资收入，实现经济效益最大化，而企业作为用工主体其目的在于利润最大化。由此可见，农民工和企业的利益诉求不可避免地会存在冲突，农民工工资的增加必然会压缩企业的利润空间。因此，在农民工市民化的实际过程中，企业一般不会主动为农民工提供社会保险、技能培训、福利待遇等正当权益，而且在缺乏外部强制性约束的情况下，企业倾向于通过减少农民工福利待遇或者延长劳动时间等方式，尽可能地压低农民工的使用成本，从而可以获得额外的收益。

由于城乡二元户籍制度的存在，农民工和城市居民被分割在两个劳动力市场，即首属劳动力市场和次属劳动力市场。首属劳动力市场对劳动者的专业知识、职业技能要求较高，一般只对拥有城市户籍的居民开放；次级劳动力市场对专业知识和技能没有特别要求，主要以体力劳动为主，而且劳动强度大、职业风险高。农民工群体普遍学历不高，缺少一技之长，且没有城市户籍，因此只能进入次属劳动力市场，从事建筑、交通运输、餐饮服务等劳动密集型企业。从企业性质来看，这些企业大多数属于非公企业，而且规模较小，利润空间有限，尤其是在经济下行背景下普遍面临着较大的生存压力。对于这些中小微企业来说，他们也明白为农民工提供技能培训有助于提高产品质量，增强企业的核心竞争力；提高工资和福利待遇，有利于增强员工的归属感，建立和谐劳动关系；促进农民工市民化，有助于企业的可持续发展。但是，在激烈竞争的市场环境中，这些企业首先考虑的是生存问题，根本无力顾及关系企业长远发展的技能培训、福利待遇等问题，相反，在面临被淘汰出局的险境时，他们往往采取压低甚至拖欠农民工工资、减少员工福利待遇、不提供安全防护措施等临时性办法以度过危机。奥尔森的集体行动理论表明，在缺乏外在的选择性激励和强制力约束时，作为理性的个体总会选择降低自身成本投入以获得更多收益。企业之所以选择压低农民工的使用成本，除了市场竞争激烈之外，还与缺乏保护农民工权益的体制机制有关。尽管近些年来政府日益重视农民工的权益保护，并制定出台了一系列行政法规，但是在实际执行中，地方政府或相关执法部门出于保护本地经济发展的考虑，往往对企业的违规行为采取“容忍”或“漠视”策略，即使有个别企业遭受处罚，处罚力度也不足以起到“杀一儆百”的作用。因此，在政府监管部门“不作为”或违法成本较低的情况下，企业出于理性考虑，自然会铤而走险，通过侵害农民工的合法权益以获得更高的利润。

五、农民工的行动逻辑

如前所述，农民工是市民化的直接受益者，农民工融入城市不仅可以获得体面的工作、更高的收入，而且可以享有均等的公共服务，让随迁子女接受更优质的教育资源，避免贫困的代际传递。但是，在多元主体成本分担机制中，农民工要承担技能培训、社会保障、子女教育、住房条件改善等成本支出，而且除了这些显性成本外，农民工还面临着放弃农村土地收益等机会成本，以及在城市被排斥、与城市居民的文化习俗冲突等“隐性成本”。农民工作为理性个体，在决策时自然会权衡成本和收益的关系，只有当收益大于成本时，农民工才会做出融入城市的理性决策。毫无疑问，农民工融入城市所带来的收益要远远大于成本支出，但是在当前制度保障不健全的前提下，农民工融入城市的进程举步维艰，期望中美好的城市生活则迟迟没有到来，正是因为预期收益的不确定性销蚀了农民工融入城市的意愿。

首先，农民工融入城市意味着他们要放弃包括农村承包地在内的农业收益。尽管国家现有政策明确规定，不能把放弃农村承包地、宅基地作为农民工进城落户的前提条件，但从长远来看，考虑到我国土地资源高度稀缺的现实，一旦农民工彻底融入城市应该不会再保留农村的承包地和宅基地。在我国城镇化加速发展、土地日益升值的背景下，放弃农村承包地和宅基地以及附着在土地上的其他收益，对于具有强烈恋土情节的农民工来说也是艰难的抉择。中央政府高度重视“三农”问题，自 2004 年以来已经连续 15 年发布关于“三农”的中央一号文件，颁布出台了一揽子惠农措施，不仅免除了存续长达两千六百年的“皇粮国税”，而且还有形式多样、资助力度持续加大的惠农补贴。特别是在党的十九大报告中提出了“乡村振兴”战略，并提出了“产业兴旺、生态宜居、乡风文明、治理有效、生活富裕”的总要求。2018 年中央一号文件提出，要坚持农业农村优先发展，让农业成为有奔头的产业，让农民成为有吸引力的职业，让农村成为安居乐业的美丽家园。在融入城市充满不确定性的情况下，发展前景日益美好的农村已成为吸引农民工回流的重要因素。

其次，农民工融入城市伴随着相对剥夺感的增强。农民工市民化不仅是实现自身职业和地域的转变，更重要的是还要实现身份转变并得到社会认同。当前，影响农民工市民化意愿的一个不可忽视的因素是相对剥夺感的增强。相对剥夺是指在与其他地位较高、生活条件较好的群体相比较时，个人或群体所产生的一种需求得不到满足的心理状态。当实际的收入不能满足期望时，当人们看到了经济的繁荣，而又感到与自己无关时，相对剥夺感就会变得尖锐起来。当农民工在农村生活时，大部分农村居民的经济收入和社会地位差距并不明显；当进入城市后，尽管农民工会获得比务农更高的物质收益，但与市民相比，农民工的经济收入明显偏低。置身城市，一方面让农民工亲眼见证了城市的繁华，另一方面也切身体会到了与户籍居民的福利差距，特别是“同工不同酬”“同工不同权”等现象的存在使其感受到了社会的不公正。当农民工认为自己当前获得的实际价值与应当获得的价值不一致时就容易产生相对剥夺感。这种相对剥夺感的持续并强化，不仅激发了农民工对社会的不满，也弱化了他们融入城市的意愿。

最后，农民工融入城市意味着放弃熟悉的乡土生活。农民工市民化的过程，实际上是逐步远离农村并融入城市的过程。农民工要想彻底融入城市，就必须放弃原有价值观念和交往方式，不断弱化原有的乡土情感，转变长期以来形成的故土文化认同。乡土情感不仅承载着农民工的生活记忆，而且是他们生活中的精神寄托，对其情感维系起着重要的支撑作用。这种情感上的隔离和消解，对农民工而言也是不可忽视的代价。与此同时，农民工融入城市还会遭遇心理隔阂和生活习惯方面的不适应。虽然农民工已经在城市生活了一定时间，但他们在城市的生活总会带有原有生活和社会交往方式的痕迹，这使其在适应城市的生活节奏和习惯方面出现困难，而且可以预见在短期内，农民工的生活方式和行为方式很难实现从“农民性”向“市民性”的彻底转变。不可否认，农民工融入城市可以为他们带来生活质量和文化素养的提高，但为此所付出的精神和心理层面的成本也是巨大的。可以肯定，在相当长的时间内，农民工很难从城市中获得这种精神和心理层面的慰藉，这种深层的心理文化隔阂制约了他们融入城市的意愿。

六、城市社区的行动逻辑

城市社区在农民工市民化中起着重要的补充作用。社区是农民工转变为市民后的重要生活场所，是农民工融入城市生活的归宿。作为城市生活的基本单元，社区同样存在着和农民工利益冲突的可能，社区原住民所享受的福利待遇会随着大量农民工的涌入而被稀释，因此也缺乏接纳农民工的动力。社区和农民工的利益冲突主要体现在三个方面：户籍迁入带来的权利开放；公共服务的共享；社区文化隔阂。农民工市民化最终势必要突破户籍的限制，而目前中央政府正在进一步调整户籍迁移政策，已经着手放开中小城市的落户限制[①]。因此，随着国家户籍制度改革的渐进，数量庞大的农民工群体会逐步在城市落户，而农民工一旦转变为城市户口，就意味着他们享有参与社区治理的权利，并在社区的人事任命以及日常事务管理等方面获得相应的表决权。但是，农民工和原有社区居民之间，无论是经济状况、政治诉求还是思想观念等方面都存在一定差异，因此，大量农民工获得社区治理权也会直接改变社区原有的政治结构和政治生态，增加社区多元主体之间的异质性，从而增加了社区治理的难度，间接提高了社区治理成本。

随着农民工融入社区，原有的公共资源也会向农民工倾斜，而社区的公共资源总量是有限的，农民工越多，那么原住民所享有的资源就会相应减少。除此之外，农民工和社区原住民之间还存在着文化习俗隔阂。社区不仅是一个居住空间，也是一个公共交往空间，而公共交往的顺利进行需要建立在文化习俗相一致的前提下。农民工进入城市务工，只是表明他们完成了职业的转换和生活场域的转移，但是仍保留了原有的价值观念和生活方式。当农民工在城市沉淀下来，并与城市居民在同一个社区生活交往时，农村和城市、传统和现代两种截然不同的价值模式和文化传统就会正面接触，并有可能引发两大群体之间的误解甚至是冲突。这种价值理念的分歧会造成社区原住民对农民工生活习俗的排斥，进而会降低社区公共交往的质量和效能，而且两大社会群体之间的分歧不会在短期内消弭融合，而是会伴随农民工融入城市的整个漫长过程。由此可见，尽管农民工市民化会提升社会的整体福利水平，但具体到单个社区收益量是比较小的。因此，在缺乏外部激励或约束的情况下，城市社区往往不会主动承担推动农民工市民化的职责，城市居民也不会主动接纳“新市民”的到来。

总　结

毫无疑问，农民工市民化的收益远大于成本，而且政府、企业、农民工

---

① 中国政府网：《国务院关于进一步推进户籍制度改革的意见》，http：//www.gov.cn/zhengce/content/2014 -07/30/content_ 8944.htm.

等不同主体均会从中获益。但由于农民工市民化所带来的收益并不是平均地覆盖所有主体，而是存在时间层面的非同步性和空间层面的非均衡性，导致相关主体尽管存在共同利益，却没有采取集体行动实现集团利益，即所谓的集体行动困境。鉴于此，必须从制度设计上改革现存的财权和事权不匹配、财政转移支付机制不健全、成本和收益不对等、政绩考核机制欠缺针对性、监督约束机制失灵等体制机制性弊端，为农民工市民化的顺利推进提供有效的制度环境。

第六章　农民工市民化成本分担机制构建的基本原则

为了进一步推进“以人为核心”的新型城镇化，中央政府提出了“三个一亿人”的目标，即促进约1亿农业转移人口落户城镇，改造约1亿人居住的城镇棚户区和城中村，引导约1亿人在中西部地区就近城镇化。其中，在2020年实现1亿农业转移人口落户城镇①，对于新型城镇化的推进具有至关重要的意义，这也是我们当前所面对的紧迫任务。党的十八大以来，我国出台了诸多关于城镇化和户籍制度改革的顶层设计，其目的是在推动城镇化合理有序发展的同时，妥善解决农村剩余劳动力向城市转移的问题。在这一过程中，如何构建一套行之有效的农民工市民化成本分担机制，就显得尤为重要。当前的农民工市民化成本分担机制还存在承担主体不明确、责任划分不清楚、激励机制不合理等问题，从而影响了农民工市民化持续有效推进。在构建分担机制之前，应当首先明确分担机制的基本原则，作为具体制度实施的指导准则。本章旨在梳理和提出一套相对全面的基本原则，以期对于农民工市民化成本分担机制的构建有一些启发性的指导。

第一节　坚持公平优先与兼顾效率相结合

无论在任何时代，公平、正义始终是人类追求的永恒目标。从社会契约的视角来看，人们之所以放弃自身的自然权利，通过签订社会契约的形式组

① 中国网：《推动1亿非户籍人口在城市落户方案》，http：//guoging. China. com. cn/2017－08/25/cntent_ 41474839. htm.

成集体社会，其目的就在于借助集体或国家的力量，更好地保障公平与正义。一项好的制度设计，应该能够坚守公平正义的基本价值追求，保障所有人特别是弱势群体可以获得被公平对待的权利。农民工市民化的实质在于消除人为设置的不合理的身份限制，使其享受均等的公共服务，保证他们能和市民享有同样的权利。

一、更加重视公平正义

公平和效率是社会生活中的一对基本矛盾，二者之间呈现出此消彼长的辩证关系，强调一方往往会忽视另一方。罗尔斯认为，正义是社会制度的首要价值。某些法律和制度，不管它们如何有效率和有条理，只要他们不正义，就必须加以改造或废除。罗尔斯在《正义论》中阐述了正义理论："所有的社会基本价值，比如自由和机会、收入和自尊都需要平等的分配，除非对其中一种或者所有价值的不平等分配合乎每一个人的利益。"这一理论被引申为两大正义原则：一是每个人对与所有人所拥有的最广泛平等的基本自由体系相容的类似自由体系都应有一种平等的权利；二是社会不平等的安排是在与正义原则一致下，适合于最少受惠者的最大利益，以及在机会平等下，职务和地位向所有人开放①。简言之，罗尔斯在分配上确立了一套优先选择的次序：自由优先于正义，正义优先于效率。需要注意的是，罗尔斯所倡导的公平公正并不意味着绝对的平等，而是有差别的平等。

从现实生活考虑，效率和公平的辩证关系是可以根据实际情况而有所选择的，换言之，在不同时期、不同发展阶段，效率和公平的侧重点是不同的。一般来说，在经济社会发展初期，往往坚持效率优先原则，而当资本原始积累完成之后，则会更加重视公平正义。这一逻辑，在我国经济社会发展过程中也得到了印证。在改革开放初期，为了充分激发各方面的积极性，尽快改变积贫积弱的落后面貌，我们制定了"效率优先兼顾公平"的指导原则。实践证明，效率优先的改革策略能够激发全社会的活力，迅速增加了社会财富的总量，基本实现了"一部分人、一部分地区先富起来"的目标。但是，在

① ［美］约翰·罗尔斯：《正义论》，何怀宏等译，北京：中国社会科学出版社，2009年，第57页。

社会财富总量增加的同时，不同群体的受益程度相差悬殊，包括农民工在内的一些群体为经济社会发展做出了突出贡献，却没有获得相应的经济补偿，由此导致贫富差距日益拉大，社会矛盾呈多发频发之势。进入21世纪以后，党中央根据社会的变化，及时调整了效率与公平的辩证关系。党的十七大报告首次在党的文件中旗帜鲜明地指出，“实现社会公平正义是中国共产党的一贯主张，是发展中国特色社会主义的重大任务”，并强调“初次分配和再分配都要处理好效率和公平的关系，再分配更加注重公平”。在党的十九大报告中“公平”更是被提及了12次之多，并强调要“不断促进社会公平正义”。也就是说，随着中国特色社会主义进入新时代，我们的主要任务已经变成“先富带动后富，最终实现共同富裕”。

与国家社会主要矛盾的变化轨迹相吻合，农民工的社会处境在过去40年中也经历了类似的演变。在改革开放初期，农民工在城市拉力和农村推力的综合作用下涌入城市，从事收益更高的非农产业。由于当时实行的是效率优先的宏观政策，加之户籍身份限制、农民工的人力资本偏低、农民工的供给远大于需求等因素，导致农民工的经济收入和福利待遇低于城市户籍居民，在城市内部形成了新的二元结构。当前，我国经济经过四十年的持续积累，已经步入以工促农、以城带乡的新阶段。为此，应该及时调整效率和公平的辩证关系，在社会财富分配过程中更加注重公平的价值，特别是要向那些弱势群体倾斜，为他们提供能够保障体面生活的公共服务，让曾经为城市经济社会发展做出重大贡献的农民工早日实现融入城市的梦想。

二、着力保障农民工的公民权

农民工市民化的一个基本评判原则在于农民工能够和城市居民一样，享受同等的公共服务和公共资源。由于历史原因，农民工没有像市民那样享受到经济发展所带来的红利，这对他们而言是不公平的，也违背了社会主义关于公平正义的价值追求。公民权是评价农民工权益实现与否的重要依据，也是社会公平的重要体现。虽然有许多学者认为户籍制度改革是衡量农民工市民化进程的重要指标，但笔者认为，不能简单地把户籍属性作为农民工市民化的评价指标。在现实中我们可以看到，虽然有些地方进行了户籍制度改革，但仍会有其他的隐性条件限制。对农民工而言，这些隐性条件限制了农民工享受市民待遇的可能性，而用公民权来衡量则是从根本上保证农民工真正实现市民化的手段。

马歇尔在《公民权与社会阶级》一文中将公民权划分为民事权利、政治权利和社会权利。民事权利是指保障个人自由的权利，政治权利是指参政权和选举权，社会权利是指“公民从获得少量的经济福利和社会保障的权利，到分享充分社会遗产以及按照社会一般标准享有文明生存的生活权利”。[①] 公民权意味着赋予共同体成员正式资格，在这种资格下所有人的权利和义务是平等的。更为重要的是，公民权是一个共同体内公民所拥有的最基本也是最重要的权利。只有公民权得到承认和支持，共同体成员的其他权利的实现才有了坚实的基础。在融入城市的过程中，农民工希望其公民资格能够得到国家的正式确认，进而获得被平等对待的权利，而这种被平等对待的权利是农民工能够享受其他福利的基础。虽然在农民工市民化过程中，这些权利的实现并不是一次性完成的，但这并不妨碍把公民权的实现作为一个基本的追求目标。

三、确保农民工逐步融入城市

保障农民工公民权是衡量社会公正的最主要体现，而农民工能够融入城市则是市民化的落脚点。农民工逐步融入城市既包含主观上愿意融入城市，也包含客观上能够融入城市。这不仅需要农民工提高素质和能力，更需要社会给予接纳而不是排斥，给予他们机会和创造必要的条件，帮助他们融入城市生活。社会融合理论提供了一种分析问题的视角，它和社会排斥相伴而生。法国学者勒努瓦[②]提出社会排斥理论时，作为其对立面的社会融合概念就应运而生。在阿玛蒂亚·森看来，社会融合意味着人人都享有广泛的平等，所有公民都享有基本的社会福利。杰克逊和斯科特认为，社会融合需要社会有义务确保让每一个公民都能够意识到自己的潜能。而卡梅伦·克劳福德认为，

---

① ［英］T. H. 马歇尔：《公民权与社会阶级》，郭忠华，刘训练编，南京：江苏人民出版社，2007 年，第 4 页。

② 嘎日达，黄匡时：《西方社会融合概念探析及其启发》，《国外社会科学》，2009 年第 2 期。

社会融合不仅指公民能在政治、经济、文化、社会生活层面上受到重视，也包括公民在家庭、朋友和社区之间，可以形成互相信任和相互尊重的人际关系。社会融合的过程意味着确保那些被社会排斥的群体（比如农民工群体），能够获得必要的机会和资源，借助这些机会和资源，他们可以参与经济、社会、文化生活以及享受必要的社会福利。这一理论更加强调通过外在的社会政策来改善被排斥群体的生存现状，让他们有能力和机会来实现社会融合。当前农民工融入城市的过程中仍然遭受着各种阻力，这些阻力既有来自户籍居民的社会排斥，也有地方政府基于自身利益考量所施加的政策限制。因此，要想促进农民工彻底融入城市，就必须从源头上逐步破除各种社会排斥，并基于公正原则为他们提供必要的资源和机会，让他们逐渐成为城市的一员，而不是城市的边缘人和被排斥对象。

第二节　坚持多元参与和政府主导相结合

一、多元主体共同参与

农民工市民化是一个长期过程，涉及面广，财政投入大，对任何一个地区和政府而言都是难以单独完成的任务，因此需要不同主体参与分担市民化成本。中央政府主要发挥统筹全局、协调各方的作用。农民工市民化的开展，涉及城乡之间、区域之间、不同主体之间的利益协调，为避免“搭便车”行为的发生，需要由中央层面进行顶层设计。而且，农民工市民化是与新型城镇化、乡村振兴战略统筹推进的，这就需要中央政府站在维护国家利益的角度进行统筹协调。地方政府要不折不扣地执行中央政府的宏观政策，着重承担为农民工提供均等公共服务的重任。企业则可以利用市场化运作来解决融资问题，同时提高资源配置的效率。企业作为追求利润的主体，可以在追求利润的同时满足农民工同工同酬、体面劳动、技能素质提升的需求。城市社区可以发挥社区自治的制度优势，吸纳农民工参与社区治理，实现自我管理、自我服务、自我决策，使其真正成为城市的主人。此外，城市社区还可以从价值观念、生活方式、心理疏导等方面，引导农民工完成从农民到市民的深层次转变，使其更快、更彻底地融入城市生活，并可以在农民工子女入学、提供各种生活服务方面发挥力所能及的作用。

在农民工市民化成本分担机制中，由于涉及主体众多，这就需要从法律和政策层面，厘清不同主体之间的关系，明确各自的权责界限。具体来说，需要处理好中央政府和地方政府，流入地和流出地政府，政府和企业，企业和农民工这几组关系。

在中央和地方关系中，需要厘清中央政府和地方政府各自分担的类型和相应的职权划分，同时要确定好不同公共服务供给中各级政府应该分担的比例。我国现行的财政体制，使得中央政府具有较强的“汲取”功能，具备雄厚的财政实力。因此，在多元成本分担机制中，中央政府主要发挥兜底作用，重点承担那些关系国计民生重大利益、溢出效应明显而又受益边界模糊的公共物品，为农民工市民化提供基本保障。我国京津冀、长三角和珠三角地区是农民工流入最集中的地区，这些地区虽然经济发达，但由于流入人口众多，地方政府会面临较大的财政压力，这就迫切需要中央政府建立农民工市民化专项基金，健全财政转移支付机制，以达到不同区域之间的利益平衡。地方政府特别是流入地政府是农民工市民化过程中的主要参与者，担负着贯彻落实中央政策的政治责任，以及为农民工提供均等公共服务的社会责任。在流入地政府和流出地政府的关系上，要明确各自职责，对流入地政府而言，需要向农民工开放首属劳动力市场，为其提供优质的教育和医疗资源，同时要实现城市社会保障体系对农民工的全覆盖，使其在城市享受与户籍居民均等的公共服务，消除城市内部的二元结构。而流出地政府则着重解决农村土地流转、宅基地转让，社会保险转移接续，农村剩余劳动力集中培训及有组织的劳务输出，包括留守儿童在内的留守人口的关爱与帮扶等。在政府和企业的关系上，政府既不能像过去那样为了片面追求经济利益而充当不法企业的“保护伞”，任由侵害农民工合法权益现象的滋生蔓延，也不能在农民工市民化过程中当“甩手掌柜”，将所有责任都推卸给企业。政府和企业都需要明确自身职责定位，政府要扮演好公共利益代言人的角色，加强对企业行为的监管，对于侵害农民工权益的违法违规行为要依法严肃查处；企业在追求经济利益的同时，要意识到自身肩负的社会责任，积极通过各种方式回馈社会。在企业和农民工关系上，企业是农民工市民化的重要推动者，企业要彻底改变过去差别化对待农民工和城市居民的短视政策，正确认识短期利益和长远发展、经济利益和社会责任的辩证关系，积极为农民工提供优质的就业岗位、有竞争力的薪酬待遇和健康的工作环境，使农民工早日实现体面劳动。农民工则要充分认识企业转型升级和城市内涵式发展的趋势，抓住机遇提升自身文化水平特别是职业技能素质，掌握扎实的职业技能，培育精益求精的工匠精神，用自己的劳动、知识、技能和智慧为企业创造更多价值，进而为自身融入城市打下坚实的基础。

二、明确政府主导地位

根据现代政府理论，提供公共物品是政府的基本职责，也是政府获得政治合法性的主要来源。与私人物品不同，公共物品具有非竞争性和非排他性。萨缪尔森认为，公共物品具有非竞争性，也就是说，公共物品的效用是不可分割的，不管个体是否愿意消费，而且当公共物品的消费者增加时，并不会影响之前的消费者对此物品的消费，也不会增加更多的社会成本。此外，公共物品还具有非排他性，即任何个体的使用并不会影响其他个体的使用。而私人物品则具有排他性和竞争性，即谁付费谁受益。由于私人物品的受益边界清晰，而且没有溢出效应，因此私人物品一般通过市场机制提供；而公共物品的受益边界模糊，且具有明显的溢出效应，一般只能由政府提供或政府向市场购买服务的方式提供。

如前所述，农民工市民化的实质是公共服务均等化，即农民工享有与户籍居民均等的公共服务，如就业、医疗、社会保障等。对农民工个体而言，他们本身没有能力提供或购买这些成本巨大的公共物品。而企业作为独立的市场主体，其行为逻辑是追求经济利益最大化，公共物品的这种消费特性，使得企业没有足够的动力去提供公共物品。因此，在农民工无力提供和企业不愿意提供的情况下，公共服务就只能由代表公共利益的政府来供给，在农民工融入城市过程中发挥主导作用。这就需要不同层级的政府根据自身职责定位，提供相应的公共物品。目前，我国不同层级的政府在提供公共物品中发挥的作用是有所区别的。一般来说，中央政府负责制定公共政策、为跨省流动农民工提供如义务教育等溢出效应明显的普惠性公共物品；省级政府着重处理的是本省内和跨市县流动的农民工市民化，以及由此带来的地县级政府无法处理的外部性公共资源的供给；而地县级政府需要主导解决区域内城乡一体化的成本分担问题，包括城乡之间社会保障的差异和公共服务差异以及缩小城乡之间收入的差距问题。尽管不同层级政府的供给责任有所区别，但可以肯定，无论是中央政府还是地方政府，无论是流入地政府还是流出地政府，都需要在农民工市民化成本分担机制中发挥主导作用。

三、引入市场参与机制

在农民工市民化进程中，一方面要发挥政府的主导作用，另一方面也要借助市场机制提高资源配置的效率，动员社会力量积极参与，分担农民工市民化的成本。在农民工市民化成本分担机制中，政府、企业、农民工以及城市社区的角色定位是有差别的。政府主要承担公共成本，企业主要支付同工同酬、同工同权的成本，农民工主要承担生活支出、技能素质提升、住房条件改善等个人成本，城市社区主要在农民工的政治参与和社会融合方面发挥作用。如前所述，政府应当在推进农民工市民化进程以及成本分担方面发挥主导作用，但农民工市民化是一项系统工程，具有投入大、周期长、涉及面广的特点，仅靠政府自身力量是难以完成的，而且由于政府自身的逐利性以及信息不对称等客观因素的制约，还会导致效率低下、权力寻租、资源浪费等问题。

针对这种情况，有必要运用市场手段调动不同参与主体的积极性，从而更好地实现农民工市民化的目标。政府不仅需要加强宏观统筹，为新型城镇化和农民工市民化的推进扫清制度障碍，同时也要为市场在资源配置中发挥决定性作用提供良好的制度环境。具体来说，中央政府要着力推动“放管服”改革，降低企业的准入门槛，减少企业审批程序，为企业进入市场提供更多便利。地方政府也要灵活运用市场手段，在财政资金的投入上，不能仅仅依靠地方财政收入和中央的财政转移支付，还需要积极动员社会资本参与。比如，在基础设施建设方面，地方政府完全可以通过 PPP 的形式，让民营企业参与建设；在养老服务方面，政府可以借鉴发达国家的经验，通过向社会购买公共服务的形式，吸引社会力量参与，以缓解日益严重的人口老龄化背景下养老资源供给不足或配置低效的问题。通过政府与市场的合作，把“有形的手”和“无形的手”结合起来，更好地分摊农民工市民化的巨额成本，促进农民工融入城市的进程。

第三节　坚持事权责任与财权收益相结合

一、成本和收益相协调

成本和收益协调就是根据受益对象来确定成本的分担主体，简言之，就是谁受益谁就承担相应的成本。这一原则来源于经济学的成本－收益理论，由于经济社会中资源往往是稀缺的，人们要获得一定的资源就要支付相应的代价，这就是“成本”。这里所说的成本，既可以是货币化的，也可以是非货币化的；既可以是有形的，也可以是无形的。舒尔茨的成本－收益理论提供了一个比较好的解释框架，该理论认为，劳动力通过自由流动来获得就业机会是一种人力资本投资方式，其目的是利用人力资本投资来获得更大收益。基于以上理论，可以得出不同主体在农民工市民化中的成本和收益大小。政府的收益是不言而喻的：政治层面，农民工市民化可以巩固政府的执政基础，增强政府的权威、公信力以及合法性；经济层面，大量农业人口变成市民意味着整个社会消费能力的提升，从而有助于实现经济增长方式的转变和产业结构的升级。此外，农民工市民化有利于推动农业供给侧改革，从源头上解决“三农”问题，对于缩小城乡之间差距，推动城乡一体化也有重大意义；社会层面，有利于缩小社会收入差距，消除城市内部的二元结构，促进不同阶层之间的社会融合，从而实现社会的长治久安。企业作为农民工的雇佣者，可以利用廉价劳动力的成本优势，在激烈的市场竞争中获得比较优势，也可以利用这些稳定的劳动力资源和熟练的技术工人，提高企业的生产效益。同理，农民工自身在市民化过程中也会获得可观的收益。一方面，融入城市有助于增加农民工的物质收入，增强消费能力，改善生活质量，同时也可以打破户籍壁垒，享受到与户籍居民均等的公共服务，为下一代提供更优质的教育资源，为他们改变自身和家庭命运提供了更多可能；另一方面，农民工市民化的过程是农村传统观念和城市现代观念交锋的过程，通过与城市居民的接触，农民工不断调适自身熟悉的价值观念和交往模式，接受现代城市文明和工业文明的熏陶、洗礼，彻底融入城市的主流社会。总之，在构建成本分担机制时，可以根据不同主体在市民化中的收益状况来确定他们需要承担的社会成本。

二、责任和能力相协调

农民工市民化成本分担机制的构建，除了权衡成本和收益之外，还需要考量责任和能力的匹配度。责任是指不同参与主体在农民工市民化过程中所扮演的角色，或者为了扮演好这一角色而要承担的具体任务；而能力则是指不同参与主体实际完成任务的水平，或是支付相关成本的水平。约翰斯[①]最早在教育领域提出了成本分担概念，他认为，教育成本的分担需要考量两个原则：一是受益者承担原则，也就是上文指出的谁获得收益，谁就承担对应的成本；二是能力支付原则，这一原则主要考虑参与主体的实际承担能力，参与者以其实际的承担能力为限度来分担成本。需要指出的是，这两种情况本身并不矛盾，成本收益原则是从应然的可能性角度出发，而能力支付原则是从实然的现实性角度出发。在实际操作中，由于不同参与主体的资源禀赋不同，导致他们提供公共服务或支付相关成本的能力相差悬殊。农民工虽然是市民化的主要受益群体，但是受到工资水平偏低、职业技能短缺等因素制约，农民工的实际承担能力并不强。这就决定了农民工虽然是市民化的主要受益者，但不能因此而成为市民化成本的主要支付者。农民工群体的承担能力不强固然与他们的处境有关，但更多的是历史因素造成的。“能力剥夺”这一概念，可以用来解释为什么农民工的实际承担能力不足。“能力剥夺”理论认为，贫困形成的根源并不是单纯的物质收入的缺乏，而是“可行能力”不足，换言之，贫困的根源在于贫困主体创造收入的机会和能力被剥夺。长期以来，

---

① 万大珂：《农民工市民化成本测算及分担机制研究》，中南财经政法大学硕士论文，2017 年，第 12 页。

农民工在城市得到的是廉价的工资水平、有限的职业选择、较差的工作环境以及缺失的社会保障，这必然导致他们支付能力不足。因此，在构建农民工市民化成本分担机制时，既要根据成本收益原则从理论上划分多元主体应承担的成本，又要考虑各主体的实际承担能力，最终形成一套既合情合理又切实可行的分担方案。

三、事权和财权相协调

事权是指各级政府要履行的职责，或是要承担的公共服务供给；而财权是指各级政府可以处置财政税收的权限，或是实际拥有的财政资源。俗话说，无财无以言政。政府不论是履行常规的行政职责，还是提供教育、医疗、社会保障等公共服务，都需要相应的财政资源作为支撑，否则政府就会“停摆”或“关门”。对于一级政府来说，如果财权超过了事权，就会造成财政资源的闲置或浪费；如果事权超过了财权，就会导致政府难以正常履职尽责或公共服务供给不足，政府就会陷入“巧妇难为无米之炊”的尴尬境地。因此，对政府来说，最理想的格局就是事权和财权相协调、匹配，也就是说，有多少钱办多少事，或者想办多少事就有相应的财政资源作为支撑。

1994 年的分税制改革，将那些税额大且容易征收的税种分配给了中央政府，而将那些税额小且征收成本高的税种留给了地方政府。此次改革的结果是中央政府的财政“汲取”能力得到强化，而地方政府特别是基层政府的财权大大削弱，从中央到地方的财权配置呈现出显著的倒金字塔型。分税制改革以来，中央财政收入逐年上涨，涨幅连续多年高于同期经济增长水平，而地方财政收入的涨幅却比较小，甚至有些地方政府面临着连政府工作人员的工资都无力支付的困境。如果按照事权与财权相协调的原则，财力雄厚的中央政府应该承担与自身财力相适应的事权，也就是说，中央政府应该承担大多数公共服务的供给责任。但在现实生活中，与财权向上集中不同，事权的分配呈现出向下倾斜的特点，即金字塔型结构。

在我国，纵向政府间的关系具有典型的“压力型体制”的特点①，即中

① 荣敬本，崔之元：《从压力型体制向民主合作体制的转变》，北京：中央编译出版社，1998 年。

央政府利用自身权威将行政责任下压给省级政府，而省级政府按照同样的逻辑逐级摊派，最终导致大部分事权被摊派到县乡基层政府。由此就出现了财权和事权倒置的情况，即中央财政支付能力强但实际承担责任少，而地方财政支付能力弱却实际承担责任大。为了完成上级政府摊派的任务，通过相应的政绩考核，并获得政治升迁，基层政府往往借助土地资源来缓解财政资金紧张的局面。但从长远来看，土地财政往往治标不治本。一方面，土地资源是有限的，如果过度依赖土地财政，迟早会坐吃山空，危及国家的粮食安全和正常的农业生产；另一方面，土地财政的成本最终会转嫁给普通民众，实际上是在增加社会成本。除了土地财政以外，地方政府为了弥补资金缺口，建立了众多融资平台，通过这些融资平台向银行借债或者发行地方政府债券。这样的做法，在短期内可以缓解财政紧张的燃眉之急，但其后果是给地方政府留下了巨额债务，从长远来看无异于饮鸩止渴。由此可见，构建农民工市民化成本分担机制的关键不在于中央政府承担的事权多一点，还是地方政府承担的事权多一点，而是要建立事权和财权相匹配的协调机制。就目前的情况来看，需要通过调整税收来源或者财政转移支付的方式，增加地方政府特别是流入地政府的财权，以确保他们能够有充足的财力提供均等的公共服务。

第四节　坚持整体推进和因地制宜相结合

一、区域间整体推进

农民工市民化成本分担机制的建立和有效运行，不仅需要明确多元主体之间的责任划分，而且还要建立健全不同区域之间的综合协调机制。我国不同区域之间的经济发展水平、财政资源、农民工的流动情况相差悬殊，由此导致不同区域推进农民工市民化的速度、能力和效果呈现出显著差异。即使在同一省份内部，也存在不同地区经济发展水平参差不齐的普遍情况。以广东省为例，珠三角地区经济发达、工业化水平高，具备较强的推进农民工融入城市的财政实力，而粤西北地区发展相对滞后，在推进农民工融入城市方面面临着较强的资金约束。虽然不同区域之间存在显著差异，但考虑到农民工市民化关系到新型城镇化、乡村振兴、城乡一体化发展等国家战略的协调推进，因此，在一些原则性问题和体制机制等方面仍需要统筹规划，并在全国范围内整体推进。农民工市民化在不同区域间的整体推进涉及两个层面：一是区域间政策的统一性问题；二是区域间的工作协同性问题。

首先，不同区域之间要保持政策的整体性和统一性。其目的在于防止各个地方处理问题时仅仅考虑自身情况而各行其是，同时可以为地方开展工作确立基本的标准，更是为了统筹区域间合作不充分的问题。区域间合作不充分现象有一个典型例子就是社保基金问题。例如，在广东、上海等发达地区，由于外来务工人口较多，这些农民工在当地工作并缴纳养老保险，但实际上当他们退休时可能已经流动到其他地区，这就容易造成部分省份的养老基金比较充裕甚至还有相当大的剩余，而有些省份则会出现社保基金不足的局面。在这种情况下，仅仅依靠某一个省份难以解决社保基金不平衡的问题，还需要中央政府站在全局的角度统筹协调，尽快实现养老保险全国统筹，并建立完善的转移接续机制。其次，不同区域之间的相关工作要保持协同性。农民工市民化并不是简单地把农民工的农村户籍转化为城市户籍，而是涉及就业、教育、住房、社会保障等公共服务的供给，以及农民工的政治参与和社会融入等一系列深层次的问题。这些问题本身具有密切的内在关联性，每一个问题的解决都会牵一发而动全身。因此，在推进农民工市民化尤其是进行户籍制度改革时，要注意放开城市户籍与提供配套公共服务的同步性。相反，在条件不具备或地方财政实力暂时有困难的情况下，不宜贸然进行户籍制度改革。同时，农民工市民化的过程也是公共资源在不同城市、不同群体之间重新配置的过程。因此，中央政府要根据农民工的流动情况统筹调度公共资源在不同地区、不同城市的配置情况，地方政府也要根据中央政府的顶层规划，落实好本地的具体责任，不同城市之间要加强政策协调，保障流动农民工的随迁子女教育、医疗、养老的顺畅衔接。

二、城乡间整体推进

除了不同区域间要进行统一规划外，城乡之间也需要整体推进。刘易斯在

《劳动力无限供给条件下的经济发展》一文中首次提出了二元经济结构模型[①]，着重分析了劳动力从农村向城市转移的过程。在二元经济结构模型中，刘易斯指出发展中国家存在两个完全不同的经济部门，一个是现代工业部门，另一个是传统农业部门。前者利用可再生资源生产，劳动效率比较高。由于生产增速明显超过劳动力的增速，工人的工资会高于农业劳动者的收入。而农业部门采用传统的生产方式，劳动效率比较低，往往会出现大量剩余劳动力。在我国，城市和农村之间也呈现出典型的二元结构特征，随着限制人口流动政策的松动，农村剩余劳动力逐步向城市转移。但是，与西方不同，我国的农村剩余劳动力虽然实现了职业的转换和生活场域的转移，却没有同步融入城市。在户籍身份的屏蔽下，农民工不能进入首属劳动力市场，不能享受均等的医疗、社会保障服务。由此可见，农民工既不是真正的市民，也不是传统意义上的农民，而是具有“亦工亦农”的特殊身份，他们在城市时可以融入现代工业部门，同时又没有切断与传统农业部门的联系。由于难以在城市扎根，农民工只能像候鸟一样往返于城乡之间，同时也往返于两个不同的经济部门之间，徘徊于农民、农民工和准市民三种不同的身份之间。

从另一个角度看，城乡间整体推进可以在推动市民化的同时，鼓励一部分人回归农村。中共十九大报告提出实行乡村振兴战略，习近平总书记多次强调，不仅要发展城镇，也要下大力气发展乡村，将城镇化和逆城镇化协同推进。农民工市民化的目标是把大多数农村剩余劳动力转移到城市，并转化为城市居民，但这并不意味着所有的农业转移人口都需要成为新市民。农业作为我国国民经济的基础，关系到国家的粮食安全和宏观经济稳定。因此，无论将来城镇化发展到什么水平，都需要有一部分农民留在农村，从事农业生产，将农村经济盘活，以保障国家的粮食安全和宏观经济稳定。从西方国家城市化的历史来看，城市化的速度不是越快越好，城市化的水平也不是越高越好，相反，有些国家不顾城市的承载能力，片面追求城市的速度和规模，不仅导致城市中出现“贫民窟”，而且也使农村日益凋敝。这些惨痛的教训，在我国推进新型城镇化的过程中一定要竭力避免。从这个意义上讲，农民工市民化

① ［英］威廉·阿瑟·刘易斯：《二元经济论》，施炜等译，北京：北京经济学院出版社，1989 年，第 2 –5 页。

的正确思路应该是在推进大部分农民工市民化的同时，引导、鼓励、支持一部分农民工回归农村。从农民工分化的现实情况来看，对于那些长期在城市务工，已经实现举家迁移，特别是拥有一技之长的农民工以及个体工商户可以率先实现市民化；对于那些在城市打工并且积累了一定资本，具备一定经营管理经验的农民工，则要引导他们充分发挥自身的资金和经验优势，回到家乡进行创业，为乡村振兴战略的实施贡献自己的力量。总体来说，在推进农民工市民化的同时，也不能忽视农村和农业问题，进一步健全工业反哺农业、城市支持农村的体制机制，借助农民工这个特殊群体，架起城市和农村之间的桥梁。通过推进农民工市民化，一方面要提高新型城镇化的质量，另一方面也要带动农村的可持续发展，最终实现城乡融合发展的良性格局。

三、因地制宜分类指导

农民工市民化一方面要在全国范围内整体推进，另一方面也要考虑到农民工市民化工作的复杂性、层次性以及在时空和个体上的差异性。由于我国幅员辽阔，区域之间发展不平衡，导致我国城镇化水平在整体快速提升的同时，不同区域、不同城市之间呈现较大的差异性。例如，受益于国家改革开放政策的倾斜，东部沿海地区吸引了大量农民工流入，经济发展日新月异，城镇化水平整体较高，而中西部地区则面临着起点低、起步晚的制约，城镇化水平相对较低。由于经济发展水平不一致，导致农民工市民化的成本相差悬殊。一般来说，经济越发达的地区，物价水平和消费水平越高，特别是住房价格会有天壤之别，农民工市民化的成本自然就会偏高。张国胜、杨先明分地区、分类型测算了农民工市民化的成本，2003 年东部沿海地区第一代农民工与第二代农民工市民化的社会成本分别约为 10 万元与 8.5 万元，内陆地区的第一代农民工与第二代农民工市民化的社会成本分别约为 6 万元与 5 万元[①]。由数据对比可知，沿海地区和内陆地区单个农民工市民化的成本相差达 4 万元。此外，不同地区之间的差异还体现在政府的财政支付能力不一样。一般来说，东部发达地区的地方政府税收来源较多，财政收入比较充足，而中西部地区地方政府财政收入相对

---

① 张国胜，杨先明：《中国农民工市民化的社会成本研究》，《经济界》，2008 年第 5 期。

有限，在促进农民工融入城市方面往往心有余而力不足。就城市等级而言，农民工务工所在的城市既有北上广这样的超大城市，也有省会城市、中等城市和县级城市，这些城市的经济发展水平、财政实力、产业结构和发展重点也呈现出不同的发展特点。因此，农民工市民化成本分担机制的构建就必须考虑到不同区域、不同层级城市的内部差异，而不宜采取“一刀切”的方式。

就农民工市民化的方式而言，既有主动市民化，也有被动市民化，两者的区分在于农民工融入城市的意愿①。主动市民化一般是指农民工具有强烈融入城市的主观意愿，并通过教育、投资、进城务工等方式增强自身人力资本和物质资本，以实现转化为市民的目标。被动市民化是指农民工主观上并没有融入城市的意愿，而仅仅是因外在不可控的因素而转变为城市居民。这种转变通常是由于城镇化的快速发展，导致住在城市郊区的农民工失去土地而成为市民。在两种不同类型的市民化模式中，农民工所承担的成本也有所区别。比如，主动市民化往往会涉及随迁子女的教育问题，而被动市民化家庭的子女教育一般在当地就能解决。被动市民化家庭可以从政府那里获得补偿款或廉租房，因而不需要承担更多的城市住房成本，而主动市民化家庭则需要自己承担较高的住房成本。因此，农民工市民化的成本分担机制构建，一方面要坚持全国统筹的基本原则，制定普遍性的指导框架，另一方面也要充分考虑地方性的差异，赋予分担机制一定的弹性和灵活性。

第五节　坚持政策激励与监督约束相结合

一、建立选择性激励机制

从长远来看，农民工市民化会为政府、企业、农民工等不同主体带来一系列收益，在这一意义上，我们可以把这些具有共同利益的主体视为一个集团。按常理来讲，具有共同利益的成员应该采取共同行动来增进集团利益，但在现实中，我们期待的集体行动并没有出现，相反，有些主体相互推卸责

① 李强：《论农民和农民工的主动市民化与被动市民化》，《河北学刊》，2013 年第 7 期。

任，延误了农民工融入城市的进程。奥尔森在《集体行动的逻辑》中提出的“集团理论”对此很有说服力①。奥尔森认为，尽管个体成员在集团中彼此拥有共同利益，但对于理性成员而言，共同的利益并不会促使他们采取集体行动。因为，集体利益是一种非排他性、非竞争性的公共物品，任何成员对该物品的使用都不会影响其他成员的使用。而且在这种情况下，参与集体行动的边际成本超过了边际收益，因此作为理性的成员必定不会自发地追求集体利益，而是通过“搭便车”的形式来获得公共物品的使用权，于是就出现了“集体行动的困境”。对此，奥尔森给出的解决办法是进行选择性激励，从而克服集体中成员“搭便车”的行为。选择性激励的核心在于让成员获得超出其成本的额外收益，也就是根据成员的地位和贡献进行分配，这样实际上也就兼顾了集体利益和个人利益。

在农民工市民化过程中，同样会出现“搭便车”的行为，这就需要完善制度设计，进行选择性激励，以打破集体行动的困境。为了调动不同主体参与集体行动的动力，可以结合不同主体的利益诉求，采取差异化的激励方式。鉴于我国行政体制的权力配置具有向上集中的特点，而且地方政府官员的政治考核主要由上级政府的组织部门掌握，因此，可以考虑把推进农民工市民化工作的绩效纳入地方政府官员的政绩考核体系，提高该指标在政绩考核体系中的权重，对于推进辖区内农民工市民化存在明显不作为或重大决策失误的官员，实行“一票否决”。通过政绩考核这个“指挥棒”，引导地方政府及其官员从思想上高度重视，并在行动上不折不扣地落实。除了政绩考核之外，中央政府可以利用财政杠杆来平衡不同区域之间的利益诉求，具体来说，中央政府的财政转移支付要避免之前的“大水漫灌”或平均分配，而要把财政转移支付和地方接纳农民工的数量结合起来，实现财政转移支付的“精准定位”。同理，对于不同规模、不同性质、不同绩效的企业，也要建立更精准的激励机制，具体来说，对于那些吸纳农民工较多，且在市民化过程中承担较多社会责任的企业，可以在银行贷款、土地征收、财政补贴、税收减免、评奖评优、劳动模范推荐等方面给予政策倾斜。通过市场化手段，调动企业在

---

① ［美］曼瑟尔·奥尔森：《集体行动的逻辑》，陈郁等译，上海：上海人民出版社，1995 年，第 8 页。

农民工市民化过程中积极承担相应的社会责任。对于那些不同主体共同负担的交叉领域，则可以按照各个主体承担的比例提供配套资金支持。总之，通过建立差别化、个性化的激励机制，激发不同主体共同参与农民工市民化的内生动力，从制度设计上化解农民工市民化集体行动的困境。

二、强化监督约束机制

选择性激励机制的建立，可以在最大限度上激发不同主体参与成本分担的积极性，但是对于那些严重的不作为或乱作为，仅靠激励是难以发挥作用的，因此在建立选择性激励机制的同时，还必须建立与之配套的监督约束机制。奥尔森指出，“除非一个集团中人数很少，或者除非存在强制或其他某些特殊手段以使个人按照他们的共同利益行事，否则有理性的、寻求自我利益的个人不会采取行动以实现他们共同的或集团的利益”。[①] 他认为，监督约束有效进行的前提在于强制力的存在。当缺乏强制力的时候，集团成员并不会主动采取集体行动来实现他们共同的目标。就农民工市民化而言，在由中央政府、流入地政府、流出地政府、企业和农民工组成的大集团中，中央政府是国家利益的代表者，是“强制力”最合适的扮演者，因此，应当由中央政府制定农民工市民化的统一规划，制定针对不同主体的选择性激励机制。除此之外，还要制定严厉的监督约束机制，对于那些执行中央政策不力或歪曲中央政策的行为进行严肃查处。通过正向激励和反向约束，引导不同利益主体积极履行各自的职责担当，严格执行中央政府的顶层设计，确保农民工市民化进程有序推进。

第六节　坚持统筹规划与渐进调整相结合

一、顶层设计和配套措施相统筹

农民工市民化是一项全国性、普惠性公共物品，其结果关系到新型城镇

---

① ［美］曼瑟·奥尔森：《集体行动的逻辑》，陈郁等译，上海：上海人民出版社，1995 年，第 2 页。

化、乡村振兴等国家宏观战略的实施，从长远来看还会影响社会和谐稳定和国家政权巩固。而且，农民工市民化是一项系统工程，涉及经济、政治、社会、文化等多个领域，以及不同区域、不同城市和城乡之间的利益再分配。基于以上这些特点，农民工市民化的推进需要有一套既立足于当前又着眼于长远、既突出国家利益又兼顾地方利益、既坚持公平优先又兼顾效率效益的顶层设计，而顶层设计的主体只能是代表国家利益的中央政府。中央政府制定的顶层设计，对于农民工市民化的推进具有全局性的指导作用，往往影响着农民工市民化的发展目标和发展方向。党的十八大以来，中央政府密集出台了一揽子助推农民工融入城市的改革方案，包括《国家新型城镇化规划(2014—2020 年)》《国务院关于进一步推进户籍制度改革的意见》《国务院关于进一步做好为农民工服务工作的意见》《推动 1 亿非户籍人口在城市落户方案》《国务院关于实施支持农业转移人口市民化若干财政政策的通知》《国务院关于推进中央与地方财政事权和支出责任划分改革的指导意见》。上述方案的出台，着眼于破解制约农民工市民化的关键体制机制性障碍，为相关主体推进农民工市民化工作提供了基本遵循和行动指南。

农民工市民化工作的最终落实，需要地方政府、企业、城市社区、农民工等不同主体的协同配合，但中央政府的顶层设计只是确立了农民工市民化的发展思路和战略目标，其中的政策建议也是从全国范围内提出的，难以考虑到不同区域、不同城市的实际情况。因此，在中央政府制定的顶层设计的基础上，各级地方政府还要因地制宜，结合本地的经济发展水平、政府的财政支付能力、产业结构、农民工的意愿等实际情况，制定既符合中央精神又具有本地特色的配套措施。比如，在实践中可以赋予广东、浙江等经济发达地区和农民工集中流入地区更多的自主权，允许他们结合本地情况先行先试，围绕社会保险转移接续、保障性住房供给、随迁子女教育、职业技能培训、政治参与等农民工普遍关心的问题进行自主性探索，待试点成功后，及时总结提炼出可复制、可推广的经验。通过这种“摸着石头过河”的方式，尽可能地避免发生颠覆性的错误，提高农民工市民化的经济效率和社会效益。河南、河北等人口输出大省和农业大省，可以结合本地的实际情况，着重探索农民工土地承包权、宅基地使用权等一系列市场化退出机制，为农村土地有序流转以及农民工带资进城探索行之有效的经验。总之，农民工市民化的顺利推进，既需要中央政府的顶层设计，也需要地方政府切实可行的配套措施。只有坚持顶层设计与配套措施相协调，才能既保障农民工市民化的整体推进，又调动其他主体的积极性，实现“全国一盘棋”和“地方特色”的有机统一。

二、自上而下和自下而上相统筹

在由中央政府、流入地政府、流出地政府、企业、城市社区以及农民工组成的成本分担机制中，中央政府、流入地政府和流出地政府是公共政策的制定者，中央政府主要制定全国性的公共政策，流入地政府和流出地政府则要结合本地情况制定地方性公共政策。企业、城市社区和农民工作为公共政策的作用对象，主要负责执行政府的公共政策，对于中央政府来说，流入地政府和流出地政府也是公共政策的执行者。衡量农民工市民化成本分担机制是否合理的关键在于，该机制是否符合农民工市民化的一般规律、是否以维护农民工的根本利益为宗旨、是否能够平衡各主体的收益和成本的关系。而要达到这些目标，就必须把政府自上而下的统筹和农民工等主体自下而上的参与结合起来。

自上而下的统筹是指政府作为公共权力的行使者和公共利益的维护者，要从国家政权稳定和城乡融合发展的高度，借鉴西方发达国家城市化的经验和教训，研究我国农民工市民化的基本规律和特殊性，明确农民工融入城市过程中面临的主要困难和体制机制性障碍，制定具有普遍指导意义的顶层设计。在公共政策制定完成后，中央政府还要借助自上而下的行政权力体系和有针对性的政绩考核体系，加强对相关主体执行公共政策的监督力度，确保公共政策能够不折不扣地贯彻落实。由中央政府自上而下统筹的目的在于，跳出地方政府、企业和城市社区的狭隘利益，更好地维护国家和社会的整体利益，更好地代表农民工群体的根本利益，确保农民工市民化的整体推进和相关目标的如期实现。

自下而上的参与是指各级流入地政府、流出地政府、企业、城市社区、农民工等主体作为公共政策的执行者，并不是机械被动地接受中央政府的相关政策，而是要通过制度化的渠道准确地表达自身的利益诉求，能动地参与到公共政策的制定过程中，以克服决策部门有限理性导致的决策误区。具体来说，自下而上的参与包括政策制定和政策执行两个环节。一方面，中央政府在制定农民工市民化的顶层设计时，要沉下身子，深入基层调研，征求、听取相关群体的意见和建议；同时，相关利益主体也可以借助制度化的渠道，向决策部门反映自身的利益诉求。比如，农民工可以通过工会组织表达自己在融入城市过程中遇到的现实困难，以及对于成本分担的政策建议，工会组织要及时把农民工的要求传递给决策部门。对于合理的建议和诉求，决策部门要认真吸纳并反映到公共政策之中。只有得到政策对象广泛认可的公共政策，才有可能得到坚定不移的贯彻执行。另一方面，在公共政策执行过程中，决策部门也要根据环境的变化和政策对象的实际体验，虚心听取其意见和建议，并据此对公共政策进行矫正、调整、纠偏。

三、坚持循序渐进原则

农民工市民化是一项系统工程，涉及经济融入、社会融入、文化融入等多个层层递进的阶段，因此农民工融入城市不可能毕其功于一役，而只能是一个长期的、循序渐进的过程。这里所说的“循序渐进”有双层含义：一是指关于农民工市民化的公共政策需要循序渐进地调整、改进。二是指农民工市民化的成本不是一次性支付的，而是分期、分批支付的，贯穿于农民工市民化的全过程。

首先，关于农民工市民化的公共政策不可能一步到位、穷尽真理。政策科学认为，人是具有理性的，但人的理性又不是绝对的、完全的，而且有限理性的个体在决策时还受到外在环境的约束，因此，政策过程往往是持续试错、纠错的渐进过程。根据现代政治学理论，一个完整的政策过程包括利益表达、利益综合、决策、决策执行、反馈、决策调整等若干环节，是一个闭合的、循环往复的动态过程。其中，决策调整是政策过程中不可或缺的环节，它是使决策更加符合实际情况、进一步赢得决策客体支持的必要程序。农民工市民化成本分担机制的构建，需要统筹考虑不同地区的经济发展水平、财政支付能力、不同主体的受益程度等复杂因素，而且这些因素本身又无时无刻不在变动之中。因此，农民工市民化成本分担机制的建立，是一项难度系数大、政策性强、复杂性程度高的公共决策，在实际执行过程中必然会根据政策客体的实际情况及其接受程度进行动态调整。

由此可见，农民工市民化成本分担机制的构建，一方面要遵循农民工市民化的客观规律，坚持公平正义、维护农民工利益的基本宗旨，另一方面也要赋予该机制一定的弹性和灵活性。如果分担机制在细节问题上规定得过于详细具体，表面看来是明确了各方的责任，更具有操作性，但在实际执行中就会束缚各利益主体的行动能力，反而不利于农民工市民化成本的分担。随着现代化的演进和城镇化的快速发展，不论是政府的财政实力、企业承担社会责任的能力，还是农民工市民化的需求及其成本都会发生变化。分税制改革以来，中央政府的财政收入不断增长，按照财权和事权相协调的基本原则，中央政府理应直接承担更多的公共服务供给，或者通过设立农民工市民化专项基金以及财政转移支付的形式，由更熟悉基层情况和农民工需求的地方政府提供。2018 年的《政府工作报告》提出，改革国税地税征管体制，将省级和省级以下国税地税机构合并，具体承担所辖区域内的各项税收、非税收入征管等职责。由此可以预见，随着国税地税合并，中央政府和地方政府的财政收入状况将会发生变化，农民工市民化成本的分担机制也应该密切结合宏观政策进行调整。此外，住房成本是农民工市民化总成本的重要组成部分，是当前农民工融入城市的最大现实障碍，因此住房成本的变化会直接影响分担机制的构建和不同主体的实际支出。但从现实情况来看，我国不同层级城市的房价相差悬殊，北京、上海等特大城市的房价已迈入 10 万元大关，而有些中小城市的房价还停留在两三千元的区间，二者的差距高达 50 倍左右，而且，当前的房地产市场正处于深度调整的波动过程中，其最终的走向会直接影响农民工的购房成本，进而会间接影响农民工市民化的总成本。因此，农民工市民化成本的分担机制应该在保持基本原则和价值取向稳定的基础上，允许不同主体的分担比例随着市场波动和环境变化而动态调整。农民工市民化成本分担机制的构建必然是一个循序渐进、摸着石头过河的过程。

其次，农民工市民化的部分成本并不是一次性全部支付，而是根据农民工融入城市的实际进展分期支付。在农民工融入城市的过程中，有些成本是在农民工融入城市的初期就一次性支付，而有些成本具有分期支付的特点，贯穿于农民工市民化的全过程。因此，农民工市民化成本分担机制的构建要坚持渐进性原则，根据不同公共服务的属性和特点，确立短期、中期和长期的分担目标。就短期分担目标而言，主要包括城市基础设施建设成本、就业成本、随迁子女教育成本等。以基础设施成本为例，流入地政府在制定当地的基础设施建设规划时，已经充分考虑了包括农民工在内的流动人口的需求，而且这些成本是在农民工进入城市初期一次性投入，所以从这个角度来看，尽管有些学者测算的基础设施成本巨大，但实际上这些成本已经完成支付，因此农民工融入城市并不会增加这方面的成本。中期成本分担目标主要聚焦于农民工均等化享受城市保障性住房、充分保障农民工权益、保障他们工资合理增长。而长期分担目标主要是向农民工提供现代化的社会保障体系，实现基本公共服务对农民工群体的全覆盖，同时要支付农民工在城市政治参与以及社会融合所需要的成本。从渐进性的视角理解农民工市民化成本的分担，有利于打消人们关于农民工市民化成本巨大、公共财政难以支付的疑虑，为相关工作的顺利开展营造良好的舆论氛围。

总 结

当前，农民工融入城市的进程举步维艰，根源不在于成本难以支付，而是不同主体之间抱有“搭便车”心理，导致陷入集体行动的困境。农民工市民化成本分担机制构建的基本原则，旨在为成本分担机制的设计提供指导性原则和框架性建议，使其在坚持基本规律和价值理念的前提下，具备一定的灵活性和动态调整的空间。在这些原则之中，首先要坚持遵循农民工市民化的客观规律。在公共政策制定过程中，我们可以借鉴西方国家的经验，但必须注意到我国农村剩余劳动力转移的特殊性以及中西方经济社会发展阶段的差异性，从客观实际和农民工的实际需求出发制定务实的公共政策。其次是坚持维护农民工根本利益的价值理念。农民工市民化的实质是公共资源在中央政府和地方政府之间、流入地政府和流出地政府之间、政府和企业之间、企业和农民工之间、不同区域之间重新配置的过程。在多元主体构成的利益格局中，农民工群体处于弱势地位，如果没有相关政策和法律的介入，农民工的利益就会在多方博弈中受到损害。因此，务必牢牢坚持维护农民工根本利益的价值理念，谨防农民工市民化流于形式甚至成为对农民工或对农民的再次剥夺。最后是建立科学合理的选择性激励机制和监督约束机制，通过制度设计为不同主体建立成本与收益相匹配的激励机制，调动多元主体参与农民工市民化的内生动力，从源头上彻底化解集体行动的困境。

第七章　农民工市民化成本分担机制的构建

党的十八大以来，中央政府从统筹城乡发展、巩固执政之基的历史高度，围绕户籍制度改革、城市规划布局、财权与事权划分、农村土地制度流转等制约农民工市民化的关键性环节，相继出台了一系列政策法规，为各方有序推进农民工市民化提供了顶层设计和基本遵循。但是，从实践情况来看，农民工融入城市的进程并没有预期那么顺利。正如有研究者指出的那样，农民工陷入了“半城镇化”的困境，即农民工在城市就业和生活，却享受不到与户籍居民均等的公共服务。农民工市民化的实质是基本公共服务的均等化，但在现实中，由于存在基本公共服务供给的责任划分不明确、财权事权不匹配等问题，导致部分主体产生了“搭便车”心理，农民工市民化陷入了集体行动的困境。为此，需要通过完善体制机制，构建针对性的选择性激励机制和健全的监督考核机制，明确不同主体的供给责任和考核标准，激发其提供基本公共服务的内生动力，为农民工市民化集体行动困境的化解提供制度保障。

第一节　中央政府的责任

一、合理划分不同层级政府的事权与财权

关于“事权”与“财权”的含义，从不同角度可以有不同的理解。王浦劬、吴笛等学者从财政视角切入，认为事权就是一级政府的财政支出责任[①]。

---

① 王浦劬：《中央与地方事权划分的国别经验及其启示——基于六个国家经验的分析》，《政治学研究》，2016 年第 5 期。

孔凡河认为，事权是指依据政府职能产生、通过法律程序授予的、各级政府管理国家具体事务的权力，其实质是各级政府在公共服务的供给中应承担的职责和任务。财权是指一级政府获得财政收入、确定财政支出的权力。[①] 赵聚军进一步细化了财权的定义，他认为，财权是指各级政府负责筹集和支配收入的法定财政权力，主要包括征税权、收费权以及发债权[②]。通过比较和归纳，笔者认为，事权是指一级政府应承担的提供基本公共服务的任务和职责，财权是指一级政府获取、统筹、调度、动员、处理财政收入的权力。

改革开放初期，为了调动地方政府发展经济的积极性，中央政府实行了财政包干制。具体做法是，以各地方的财政收支为基础，核定地方收支包干的基数。对收入大于支出的地区，规定收入按一定比例上缴；对支出大于收入的地区，将工商税按一定比例留给地方，作为调集收入；工商税全部留给地方后仍收不抵支的，再由中央给予定额补助。收入分成比例或补助支出数额确定后，保持五年不变。该做法扩大了地方的财政收支范围和管理权限，调动了地方筹集财政资金的积极性，有利于国家财政的综合平衡，但由此带来的问题是，中央财政收入大幅缩水，中央政府的宏观调控能力受到严重削弱。以 1993 年为例，中央政府的财政收入占整个财政收入的比重下降至 22%，这对于一个典型的单一制国家来说是难以想象的。

在此背景下，中央政府决定推行分税制改革。具体做法是根据事权与财政结合的原则，将税种统一划分为中央税、地方税和中央地方共享税，并建立中央税收与地方税收体系，分设中央与地方两套税务机构分别征管，实行规范的中央财政对地方税收返还和转移支付。但在划分税种时，中央政府将税额大且易于征收的税种留给了自己，而将那些税额小且征收难度大的税种留给了地方政府。该做法对于调节中央与地方财政收入的影响是立竿见影的，1994 年分税制改革后，中央政府的财政收入占整个财政收入的比例迅速提升至 55.7%，随后这一比例在 50% 上下浮动。与之相反，1993 年地方政府财政收入占整个财政收入的比重为 78%，1994 年则下降至 44.3%，之后这一比例

---

① 孔凡河：《基本公共服务均等化视角下政府事权财权配置探究》，《河南社会科学》，2010 年第 3 期。

② 赵聚军：《政府间核心公共服务职责划分的理论与实践——OECD 国家的经验和借鉴意义》，《中央财经大学学报》，2008 年第 11 期。

保持在50%左右[①]。由此可见，分税制改革大大强化了中央政府的财政汲取能力，不同层级政府间的财权分配呈现出鲜明的“向上集中”的特点。

近年来，随着公共服务型政府建设的持续推进，由政府负责供给的公共服务大幅增加，各级政府的财政支出直线上升。在此背景下，中央政府或高层级的政府将本该由自身承担的公共服务逐级下压，最终导致处于行政体制末梢的县、乡政府承担了过多的公共服务职能。由此就出现了“财权向上集中，事权向下倾斜”的不合理现象，导致地方政府尤其是县、乡政府没有足够的财政实力完成上级政府分配的公共事务，而只能在公共服务供给中少作为甚至不作为。除了“上级请客，下级买单”的不合理现象外，还存在政府职能定位不清的问题。一些本可由市场调节或社会提供的事务，财政包揽过多，同时一些本应由政府承担的基本公共服务，公共财政承担不够；中央与地方财政事权和支出责任划分不尽合理，一些本应由中央直接负责的事务交给地方承担，一些宜由地方负责的事务，中央承担过多，地方没有担负起相应的支出责任；不少中央和地方提供基本公共服务的职责交叉重叠，共同承担的事项较多；省以下财政事权和支出责任划分不尽规范；有的财政事权和支出责任划分缺乏法律依据，法治化、规范化程度不高。

这些问题的存在，不仅制约了各级政府为农民工供给基本公共服务的能力和积极性，也扭曲了中央政府与地方政府之间的关系。为此，需要完善体制机制，进一步明确中央政府和地方政府的职能定位，按照财权与事权相匹配的原则，重新调整不同层级政府的财权与事权配置。具体来说，要在完善“中央决策、地方执行”机制的基础上，加强中央政府在财政事权确认和划分上的决定权，适度加强中央政府承担基本公共服务的职责和能力，维护中央权威。同时，要严格落实地方政府在中央授权范围内履行财政事权的责任，最大限度减少中央对微观事务的直接管理，发挥地方政府因地制宜加强区域内事务管理的优势，调动和保护地方干事创业的积极性和主动性。按照“谁的财政事权，谁承担支出责任”的原则，确定各级政府的支出责任。对属于中央并由中央组织实施的财政事权，原则上由中央承担支出责任；对属于地

---

① 谢国财，王少泉：《中央与地方财政收入比重变迁曲线研究——基于1953—2014年数据》，《中共福建省委党校学报》，2016年第10期。

方并由地方组织实施的财政事权，原则上由地方承担支出责任；对属于中央与地方共同的财政事权，根据基本公共服务的受益范围、影响程度，区分情况确定中央和地方的支出责任以及承担方式。

在调整事权配置的基础上，还要同步改革税收体制。具体来说，要根据事权的分配情况，调整税种的分配比例，合理划分不同层级政府间的财权分配，以使各级政府有充足的财政实力完成公共服务的供给。同时，要将中央与地方财政事权和支出责任的划分，以法律和行政法规的形式确定下来，将地方各级政府间的财政事权和支出责任的划分以地方性法规、政府规章的形式确定下来，逐步实现政府间财政事权和支出责任划分的法治化、规范化，让行政权力在法律和制度的框架内运行，从而为后续的审计、监督、考核提供明确的法律依据。

二、健全土地管理制度

对于农民来说，土地具有特殊的意义，土地不仅是他们整个家庭收入的主要来源，是他们最重要的财富，也是他们生活遇到困难时的唯一保障。因此，农民对土地具有天然的情感和高度的依赖。而农民工一旦实现市民化，就意味着他们必须放弃农村的土地以及附着在土地上的相关收益。根据《中华人民共和国土地承包法》规定："承包期内，承包方全家迁入小城镇落户的，应当按照承包方的意愿，保留其土地承包经营权或者允许其依法进行土地承包经营权流转。承包期内，承包方全家迁入设区的市，转为非农业户口的，应当将承包的耕地和草地交回发包方。承包方不交回的，发包方可以收回承包的耕地和草地。"因此，在农民工融入城市面临较大的不确定性，或单纯改变户籍性质并不能带来均等公共服务的情况下，农民工宁愿将土地撂荒，也不愿或不敢贸然放弃农村的土地。近年来，为了盘活农村的土地资源，保障国家的粮食安全，中央政府出台了促进农村土地流转的公共政策，但从实践效果来看，农民或农民工参与土地流转的意愿并不强烈，土地流转市场仍存在诸多漏洞。土地流转政策，并没有取得盘活土地资源、增加农民经济收益的预期效果。

鉴于此，应当改革现行的土地管理制度，规范土地流转程序，健全土地流转市场，提高农民土地流转收益。在保障进城农民工基本公共服务的前提下，积极、稳妥、有序地推进农村土地有偿转让、退出机制，使农民工“带资进城”，以增强他们融入城市的物质资本，加快其市民化进程。按照中央政府出台的《国家新型城镇化规划（2014—2020 年）》和《国务院关于深入推进新型城镇化建设的若干意见》要求，要对农村土地进行确权登记，维护农民土地承包经营权，维护农民工合法的财产权利。一是推动农村集体资产确权到户和股份合作制改革。抓紧落实土地承包经营权确权登记颁证工作，将资产折股量化到本集体经济组织成员，赋予农民对集体资产的更多权能，发展多种形式的股份合作。二是深化农村土地承包经营制度改革。在农村集体土地所有权确权登记颁证完成的基础上，加快推进宅基地和集体建设用地使用权确权登记颁证工作，在有条件的地方开展农民土地承包经营权有偿退出试点。三是关于宅基地制度改革，对农民住房财产权做出明确界定，探索宅基地有偿使用制度和自愿有偿退出机制，探索农民住房财产权抵押、担保、转让的有效途径。建立城乡统一的土地交易市场，推动农村产权流转交易公开、公正、规范运行，允许已进城落户的农民工将闲置的农村宅基地、房屋等转让、租赁、入股甚至拍卖，对自愿放弃宅基地使用权、集体收益分配权的农民工进行一次性补偿。

三、保障跨省流动农民工的市民化

国家统计局发布的《农民工监测调查报告》显示，2017 年农民工总量达到 28652 万人，同比增加 481 万人，增长 1.7%，增速同比提高 0.2 个百分点，外出农民工 17185 万人。其中，省内流动农民工 9510 万人，同比增加 242 万人，增长 2.6%，占外出农民工的 55.3%，同比提高 0.6 个百分点，跨省流动农民工 7675 万人。在现行的财政体制下，财政资源是根据户籍人口而不是常住人口进行分配，这就导致流入地政府既没有充足的动力也没有足够的财力为非本地农民工提供基本公共服务。因此，跨省流动农民工的市民化，只能由代表国家整体利益的中央政府来负责。具体来说，要改变过去依据户籍人口配置财政资源的做法，建立按照常住人口分配资源的体制机制，健全财政转移支付机制，实现“人钱挂钩”，以避免流入地政府和流出地政府之间相互推卸责任的现象。

1. 完善财政转移支付机制

流动性是农民工群体的一大特点，他们从农村流向城市，又从一个城市流向另一个城市，就像“吉卜赛人”一样过着居无定所的生活。农民工市民化的实质是基本公共服务的均等化，这就意味着流入地政府和流出地政府、流入地政府之间、经济落后地区与经济发达地区所承担的公共服务供给责任是不一样的。一般来说，流入地政府和经济发达地区要承担更多的公共服务供给，付出更多的财政成本。如果没有外部的财政干预政策，流入地政府将没有足够的动力为外地农民工提供公共服务。为此，《国务院关于实施支持农业转移人口市民化若干财政政策的通知》规定，中央政府将为农民工市民化资金提供财政政策支持，建立农业转移人口市民化奖励机制，奖励资金根据农业转移人口实际进城落户以及地方提供基本公共服务情况，并适当考虑农业转移人口流动、城市规模等因素进行测算分配，向吸纳跨省（区、市）流动农业转移人口较多地区和中西部中小城镇倾斜。此外，中央政府应当以居住证登记为依托，对农民工以及随迁家属的人数登记造册，加快国家人口基础信息库对农业转移人口的信息采集，系统地建立针对农民工及其随迁家属的财政转移支付机制。

2. 建立农民工市民化奖励机制

在对农民工进行有效登记的基础上，通过调研进城农民工实际落户情况、地方政府提供基本公共服务情况、农民工流动情况、落户城市规模等，采用“奖励增量”的方式来推动农民工市民化进程。简言之，就是从中央向地方转移支付的专项补助中，单独划拨一笔资金，拨付给农民工集中流入地区。通过经济手段，树立支持农民工市民化的激励导向，化解农民工集中流入地区的财政危机，调动其推动农民工市民化的积极性。与中央政府的奖励机制相适应，省级财政也要根据本地农民工的流入规模，安排相应的财政资金，建立省级财政对辖区内政府推动农民工市民化的奖励机制，同时要建立严格的监督考核机制，确保专款专用，县级政府要将上级奖励资金统筹用于为辖区内农民工市民化提供均等的公共服务。

3. 明确政府间的分担责任

在联邦制国家，联邦政府和联邦组成单位的职责具有明确的划分，并且以宪法和法律的形式确定下来。我国是典型的单一制国家，地方政府的权力完全来自中央的授予，行政权力具有向上集中的特点，由此导致不同层级政府间并没有明确的职责划分。这种职责不清的现象，容易使各级政府在公共服务供给中相互推卸责任，产生“搭便车”行为。为此，必须以法律的形式明确不同层级政府的权责划分和公共服务供给的具体责任。具体来说，中央政府承担跨区域基础设施建设以及社会保险、教育、医疗、住房保障等基本公共服务所需要的全国统筹部分，地方政府承担公共设施建设以及卫生健康服务、就业创业指导等地方性公共事项。根据前文所述，跨省流动的农民工一般只能在户籍所在地参加社会保障，这就导致了经济发展相对较弱的流出地政府承担农民工的公共服务支出，而享受到农民工人口红利的流入地政府则没有承担相应的支出，由此形成了落后地区补贴发达地区的不合理局面。鉴于此，应当由中央政府重点解决跨省流动农民工的市民化成本问题，省级政府负责解决本省内跨市流动的农民工市民化问题，进一步明确省、市、区（县）等各级政府应当为农民工提供的公共服务，合理划分不同主体之间的责任支出。

4. 引进社会资本

跨省流动农民工是一个规模庞大的群体，促进他们融入城市要耗费巨额成本，仅仅依靠各级政府的财政支出是不现实的。为此，需要通过优化政策设计，吸引企业、社会组织等市场主体积极参与。《国家新型城镇化建设规划（2014—2020 年）》指出，“制定非公有制企业进入特许经营领域的办法，鼓励社会资本参与城市公用设施投资运营”。据此，中央政府要及时修改相关法律法规，为企业及其他社会组织参与农民工市民化扫清制度障碍，降低民间资本进入公共、特定领域的门槛，借助社会力量实现“花小钱，办大事”的目的。

四、优化城市布局

城市是吸纳农民工就业的主要目的地，是农民工实现市民化的主要载体。城市的数量、布局及其承载能力，将在某种程度上决定着农民工能否顺利融入城市。截至 2010 年，我国共有大小城市 658 个，其中 500 万人口以上的城市数量为16个，50万以下的人口城市为380个，建制镇19410个。从地域来看，城镇化发展并不平衡，东部地区城镇化率为62.2%，中部、西部地区分别为48.5%、44.8%。客观来说，我国城镇化取得了举世瞩目的成绩，但仍存在以下问题：一是城市数量偏少。我国是一个接近14亿人口的大国，但城市数量仅为600多个，而日本的人口规模只有1.27亿，不到我国的十分之一，其城市数量却有上千个。城市数量和承载能力严重不足，已成为制约农民工市民化的主要瓶颈。二是城市空间布局不合理。有限的城市特别是大城市主要集中在经济发达的东南沿海地区，而在地域广阔的中西部地区，城市的数量相对稀缺。城市空间布局的不合理，使得东部一些城镇密集地区资源环境约束趋紧，中西部资源环境承载能力较强地区的城镇化潜力有待挖掘；城市群布局不尽合理，城市群内部分工协作不够、集群效率不高；部分特大城市主城区人口压力偏大，与综合承载能力之间的矛盾加剧；中小城市集聚产业和人口不足，潜力没有得到充分发挥；小城镇数量多、规模小、服务功能弱，这些都增加了经济社会和生态环境成本。三是大中小城市的发展水平相差悬殊。当前，我国大城市的数量虽然不多，但其发展水平特别是基础设施建设已经达到了国际先进标准，且集中了全国最优质的教育、医疗、科技等公共资源，成为外来人口最集中的地区。与此形成对比的是，那些数量众多的中小城市由于公共资源稀缺而无法吸引外来人口流入。

发达国家城市化的经验表明，城市群是人口大国实现城镇化的主要空间载体，代表着城镇化发展的主体方向，例如，美国的五大湖城市群、日本的太平洋沿岸城市群等。分析这些城镇化水平较高的城市群，可以发现以下特点：一是大中小城市规模协调，相邻等级城市人口比例在1∶5至1∶10之间。二是城市间的基础设施完善，交通便捷，信息流畅。三是城市之间功能布局合理、分工明确，产业优势互补。因此我国城镇化的目标，应当是构建城市群，以特大城市为中心，若干人口上百万的大城市和人口几十万的中小城市环绕周围，实现城市间基础设施互联互通和产业功能互补。

从全国布局而言，以交通要道为轴线，建立以陆桥通道、长江通道为横轴，沿海、京哈、京广和包昆通道为纵轴的城镇化战略格局，即“两横三纵”。将“两横三纵”轴线上的城市群或者城市作为核心，向四周辐射，带动区域经济发展，推动城镇化均衡发展。东部地区城市群包括京津冀、长江三角洲、珠江三角洲三大城市群在内，经济发达，开放和创新程度高，以 2.8% 的国土面积集聚了 18% 的人口，创造了 36% 的国内生产总值，成为带动我国经济快速增长和参与国际经济合作与竞争的主要平台，但这些地区普遍面临产业同质化程度高、资源环境压力大等刚性约束，迫切需要进行产业升级和结构调整。对于东部地区而言，应当加快制度创新和产业升级，科学定位城市功能，将特大城市人口向周边中小城市分流，统筹整个区域城镇化协同发展，进一步提高城乡一体化水平和国际竞争力。对于中西部城市群而言，要在保护自然环境的基础上进行有计划、可持续的扩张，将有市场、有效益的劳动密集型产业向中西部地区吸引，建立和完善现代产业体系，支持从东部返回的农民工创新创业，建设布局合理、分工明确、竞争力强、人与自然协调发展的新型城市群。

考虑到当前大城市的资源环境承载能力已经接近或达到极限，因此，未来我国城镇化的主攻方向应该是大力扶持发展中小城市，使其成为吸纳农民工就业的主要载体。从国家的政策导向来看，也是鼓励发展中小城市，鼓励农民工到中小城市落户，特别是就近、就地实现市民化。《国家新型城镇化规划（2014—2020 年）》指出，在合法稳定就业和合法稳定住所的前提条件下，全面放开建制镇和小城市落户限制，有序放开城区人口 50 万—100 万的城市落户限制，合理放开城区人口 100 万—300 万的大城市落户限制，合理确定城区人口 300 万—500 万的大城市落户条件，严格控制城区人口 500 万以上的特大城市人口规模。

一个可行的路径是把那些人口多、经济发达、条件成熟的建制镇升级为县级市。目前，全国有 19410 个建制镇，是城市数量的 29 倍多，其中超过 10 万人的镇已经有 200 多个，有些镇的人口规模已达到六七十万，但从行政级别上看仍属于乡镇，其管理具有“小马拉大车”的特点。对此，国家行政学院教授竹立家认为，特大镇改市的方向应该是县级市，而不是镇级市。他认为，一些三四十万人口的特大镇，符合设置县级市的标准，就应该改成县级市，“如果是镇级市，本身还是个科级单位，行政管理、治安管理等方面编制还是受到很大限制，无论是管理水平还是方式都存在很大问题”。可以预见，如果能够通过行政体制改革，在全国范围内特别是在地域广阔的中西部地区培育一大批中小城市，则必然会大大加速农民工融入城市的进程，有利于缓解大城市因资源高度集中而引起的“城市病”。

但是，农民工的定居意愿与国家的宏观政策导向并不一致，他们更愿意在省会城市及以上级别的城市实现市民化，出现了“大城市挤破头，小城市不愿留”的现象。调查显示，在省会城市工作的农民工在本地定居的意愿高达75.1%，而在中小城市工作的农民工定居意愿仅为47.27%。约50.14%的农民工希望定居在大城市，仅有16.76%的农民工希望定居在中小城市，另有32.8%的农民工希望返乡定居①。农民工之所以愿意到大城市定居，是因为大城市集中了优质的公共资源。因此，为了能够吸引农民工合理流动，必须改变按城市的行政级别配置公共资源的传统做法，重新调整公共资源在不同城市之间的配置格局，引导公共资源合理向中小城市流动，强化中小城市为农民工提供基本公共服务的能力。具体来说，应当加强县、镇公共供水、道路交通、燃气供热、信息网络、分布式能源等市政设施和教育、医疗、文化等公共服务设施建设。引导产业项目在资源承载力较强的中小城市和县城布局，发展中小城市的优势资源，增强其综合实力。与此同时，还要推动特大镇行政管理体制改革，发展有特色优势的旅游、商贸、文化小镇，推动以服务业为主的第三产业蓬勃发展，吸引农民工们在中小城市定居，缓解大城市的人口压力，促进农民工就近市民化。

五、提供全国性公共服务

萨缪尔森认为，公共物品具有非竞争性和非排他性。每个人对这种物品的消费并不会导致其他人对该物品消费的减少②。公共物品又可以进一步划分为纯公共物品和准公共物品，前者具有完全的非竞争性和非排他性，例如国防；后者是指超过一定的临界点，非竞争性和非排他性就会消失，例如属于公益物品的义务教育、图书馆等或者是属于公共事业物品的电力、煤气等。一般来说，公共服务的同质性越强，就越应该由高层级政府来承担，由此产生的规模效应会更加明显；公共服务的同质性越弱，就越应该由低层级的政

① 孙仲伟：《农民工大城市定居偏好与新型城镇化的推进路径研究》，《人口研究》，2015年第5期。

② ［美］保罗·萨缪尔森：《经济学》，北京：人民邮电出版社，2008年。

府来承担，以提高公共服务的针对性和有效性①。根据基本公共服务的属性，中央政府主要提供那些体现国民待遇和公民权利、涉及全国统一市场和要素自由流动的全国性公共服务产品，如基本养老保险、基本公共卫生服务、义务教育等，可以研究制定全国统一标准，并由中央与地方按比例或以中央为主承担支出责任；地方政府提供地方性和区域性公共服务产品，例如制定地方性法规、维护地方治安等；中央政府与地方政府共同提供的公共服务产品，例如社会福利等。

在美国，国防、外交和联邦铁路、航空、邮政等事务属于联邦政府，州政府提供公共交通、治安等服务。公共设施建设、医疗服务、社会福利、环境保护等由联邦政府和州政府共同承担。英国的公共服务供给责任划分与美国类似，中央政府主要承担国防、外交、社会保障与福利等职责，地方政府负责提供教育、住房与环境、交通等职责，其中教育、社会保障与福利是由地方政府和中央政府共同承担。在单一制国家的日本，其《宪法》《地方自治法》等法律规定：国防、外交和治安等责任由中央政府承担；消防、城市建设、公共卫生等方面由地方政府负责；公路、教育、社会福利、卫生、行政事务等方面由中央与地方共同负责。根据国际经验并且结合我国特殊的国情，可将政府间公共服务职责大体划分如下（参见表 7-1-1）。具体来说，在农民工融入城市的过程中，中央政府主要负责提供教育和社会保障等同质性强、溢出效应明显、受益边界模糊的普惠性基本公共服务②。

表 7-1-1　政府间公共服务职责划分框架

类型	中央政府	省级政府	省以下政府
国防、外交	国防、外交		
公共教育	为主	为辅	为辅
公共交通	全国性的铁路、公路等建设；各省之间公共交通规划等	省级铁路、公路建设；省内城市间的公共交通规划	省以下各级地方政府之间的铁路、公路等建设和公共交通

① 郁建兴，吴玉霞：《公共服务供给机制创新：一个新的分析框架》，《学术月刊》，2009 年第 12 期。

② 沈荣华：《各级政府公共服务职责划分的指导原则和改革方向》，《中国行政管理》，2007 年第 1 期；孙学工：《公共服务供给中各级政府事权财权划分的国际经验》，《经济研究参考》，2005 年第 25 期。

续 表

类型	中央政府	省级政府	省以下政府
公共设施	邮电、通信和能源等	省内跨市的公共设施	供水、供电、供气和住房
公共安全	跨省保安	省内保安、消防	地方警察保安、消防
社会保障和福利	社会保障与福利（为主）	社会保障与福利（为辅）	社会保障与福利（为辅）
医疗保健	三级医疗保健	二级医疗保健	初级医疗保健
环境保护	国家自然资源管理	自然资源管理；空气和水污染治理	固体废物处理；排污、垃圾处理等

1. 教育

“百年大计，教育为本。”教育不仅是提升公民综合素质的基本途径，也是实施创新驱动发展战略的必然要求。教育公平是确保机会公平的前提条件，没有教育公平作为保证，社会的公平正义就不可能实现。党的十九大报告提出，建设教育强国是实现中华民族伟大复兴的基础工程，必须把教育事业摆在优先位置。要全面贯彻党的教育方针，推进教育公平，推动城乡义务教育一体化发展，努力让每个孩子都能享有公平而有质量的教育。对于农民工来说，教育更具有特殊的意义：一方面，教育有利于弥补他们没有充分接受教育的历史遗憾，提高他们在劳动力市场的竞争力，增强在城市生活的适应能力；另一方面，教育有利于农民工随迁子女接受优质的教育，使其与城市孩子站在同一条起跑线上，防止农民工身份的代际传递。

正是因为教育对于国民素质提升和国家长远发展的重要意义，世界各国政府普遍在教育资源供给中承担主要责任。从发达国家的情况来看，中央政府、省一级政府以及地方政府对教育的分担比例为 30.01%、28.2 % 和 41.8%，而发展中国家的中央政府承担了更多的教育职责，教育开支占到了近 70%。然而在中国正好相反，中央政府投入经费较少，大多由地方政府承担。根据相关数据，2014 年、2015 年和 2016 年中央政府与地方政府投入的教育经费分别为 25290117 万元、278357064 万元[①]，32111765 万元、295952844 万元[②]和 34730160 万元、326561767 万元，两者比重分别为 8.3%、91.7%，9.8%、90.2%和 9.6%、90.4%，地方政府教育支出占教育总支出的 90%以上。

在现实中，各地区的经济发展水平相差悬殊，财政收入也呈现出“旱涝不均”的特征。因此，这种由“地方政府买单”的模式，必然会造成各地区人均教育开支存在显著差异，再加之城乡二元结构的影响，城镇与农村的教育经费投入比例更加失衡，由此导致了农村的教育水平滞后于城市的教育水平，中小城市的教育水平滞后于大城市的教育水平，中西部地区的教育水平滞后于沿海地区的教育水平。教育资源配置的不均衡，又进一步固化了各地区经济社会发展程度的不平衡格局，二者之间形成了相互制约的恶性循环。对于农民工而言，未能接受良好的教育是致使他们人力资本缺失和职业技能缺乏的重要因素。为此，要将教育作为全国性的公共服务，由中央政府负责提供。中央政府要根据人才强国战略、中国制造 2025、创新驱动发展战略等宏观规划，制定统筹全局、覆盖全国、包容各方的全国性教育发展规划，持续加大财政资源投入，不断提高教育支出占国内生产总值的比重，同时要针对当前各地区教育发展不均衡的情况，建立健全财政转移支付机制，引导财政资金向教育落后地区、农民工随迁子女集中地区倾斜，为不同地区、不同阶层、不同身份的公民公平地接受教育提供财力保障。

2. 社会保障

社会保障的实质是借助社会力量为势单力薄的个体提供基本保障，以确保个体在遭遇生活困难时能够渡过难关。建立一个覆盖全民的社会保障体系，不仅有助于解除个体生活的后顾之忧，也有利于维系全社会的和谐稳定。正是在这一意义上，社会保障被誉为维系社会稳定的“定海神针”。基于此，世界各国普遍将社会保障作为一项重要的公共服务，由政府、企业和个人共同提供，而政府在其中承担主要的财政支出。根据现有研究，我国五项社会保

---

① 中华人民共和国国家统计局官网：中国统计年鉴—2015，http://www.stats.gov.cn/tjsj/ndsj/2015/indexch.htm.

② 中华人民共和国国家统计局官网：中国统计年鉴—2016，http://www.stats.gov.cn/tjsj/ndsj/2016/indexch.htm.

险法定缴费之和相当于工资水平的40%—50%。我国的社保缴费率在全球181个国家中排名第一，约为“金砖四国”其他三国平均水平的2倍，是北欧五国的3倍，是G7国家的2.8倍，是东亚邻国的4.6倍。人力资源和社会保障部的数据也显示，在列出统计数据的173个国家和地区中，我国社会保险缴费率居第13位，高于160个国家和地区。然而，在高额的社保费用中，企业和个人成为了主要承担者，而政府发挥的作用还远远不够。2013年我国社会保障支出占财政总支出的比重仅为10.3%，远低于发达国家30%—50%的比例，也远低于一些中等收入国家20%的比例；我国社会保障支出占GDP的比重为2.5%，也远低于发达国家20%—30%的水平。由此可见，我国政府财政在支付社会保障费用的比例和数量上仍存在较大的提升空间。

除了要增加政府承担社保基金的比例外，还要提高社保基金的统筹层次。党的十九大报告提出，按照兜底线、织密网、建机制的要求，全面建成覆盖全民、统筹城乡、权责清晰、保障适度、可持续的多层次社会保障体系。全面实施全民参保计划，完善城镇职工基本养老保险和城乡居民基本养老保险制度，尽快实现养老保险全国统筹。根据调查发现，在社会保障基金中，除养老保险在省一级已经实现统筹外，工伤保险等其他四项社会保障基金的统筹层次依旧停留在市、县一级，并且在不同的区域，四项基金的标准也是“百花齐放”，存在明显的区域差异。根据已有的研究，社会保障的统筹层次越高，社会保障基金整体的抗风险能力就会越高。因此，应当由中央政府制定相应的法律法规，将社保基金的统筹层次逐步从县、市级提高到省一级，最后实现在全国范围内统筹。首先，建立统一的社会保险费征缴体制，对基础养老金进行全国统筹。其次，对医疗保险、工伤保险、失业保险和生育保险等险种的统筹层次也做出合理安排。以医疗保险为例，要在借鉴养老保险提高统筹层次的实施经验的基础上，加强管理制度、标准规范、统计指标等基础工作，适时研究推进全国统筹的政策措施，为提高统筹层次创造良好条件。

六、强化监督考核

奥尔森在分析如何破解集体行动困境时，认为建立选择性激励机制，可以有效地吸引或强迫个体为集团利益采取行动。只有当集团为个体成员提供有别于集团利益的排他性激励时，理性的个体才会为实现集团利益最大化而积极采取行动。“选择性激励”可以细分为积极的激励和消极的惩罚。前者是指通过正面的奖励，激发集团成员采取集体行动的内生动力；后者是指通过建立负面的惩罚机制，迫使集团成员放弃“搭便车”的行为策略。具体到农民工市民化而言，中央政府要针对不同主体的利益考量，建立区别性的激励机制和严格的惩罚机制，从正反两方面完善监督考核体系，从而在最大限度上激发利益各方参与推动农民工市民化的积极性和创造性。

1. 完善农民工市民化监督考核的相关制度

一是健全农民工落户统计体系，加快建立健全全国统一的常住人口城镇化率和户籍人口城镇化率统计指标，准确快捷地反映各地区两个指标的变动状况，并列入国家和各地区统计公报，为后续的监督考核以及财政转移支付提供基本参照。二是强化专项监督检查，对各地区推进农民工市民化的情况进行跟踪监测和监督检查，及时向社会公开发布，接受社会和舆论监督。三是强化政策实施效果。依据《国务院关于进一步推进户籍制度改革的意见》《国务院关于深入推进新型城镇化建设的若干意见》等顶层设计，加快制定与之相配套的政策体系和实施细则，确保各项政策能够落地生根。采取自我评估和第三方评估相结合的方式，对相关配套政策的实施情况进行跟踪分析，并依据政策的实施效果和政策对象的反馈情况，及时调整、补充、完善相关政策，使之更符合基层的实际情况、更符合农民工的利益诉求。

2. 强化审计监督和政绩考核

农民工市民化是一项系统工程，涉及巨额财政资金的投入，为了确保财政资源能够得到充分高效的利用，相关部门必须加强审计监督。具体来说，要将农民工市民化的各个环节纳入审计监督的范围，既要进行涵盖事前、事中和事后的全过程审计，又要加强对重点工程、重大资金、主要负责人的重点审计，审计结果要及时公布，接受社会和媒体监督。对于那些贪污挪用、截留私分、虚报冒领、强占掠夺农民工市民化专项资金的人员，要移交司法机关进行调查处理，并依据党纪国法予以严肃查处。另外，要把审计监督结果纳入领导干部的政绩考核体系。在我国，领导干部的选拔任用方式，决定了政绩考核对于领导干部的行为取向具有重要的导向作用。因此，要把推进农民工市民化的情况作为领导干部考核、提拔、任免的主要依据，以调动其推进农民工市民化的积极性。对于推卸责任或领导不力的领导干部要实行“一票否决”；对于做出重大决策失误的领导干部要启动行政问责程序，涉嫌违法犯罪的要移送司法机关处理；对于在推进农民工融入城市方面做出突出贡献的领导干部要予以奖励或提拔。同时，可以借鉴脱贫攻坚的成功经验，将农民工市民化工作纳入“五位一体”总体布局和“四个全面”战略布局，各级党委和政府要把推进农民工市民化作为重大政治任务，进一步落实主要领导负责制，鼓励各地区、各部门结合本地实际采取超常规的举措，构筑全党全国全社会推进农民工市民化的强大合力。

第二节　流入地政府的责任

从长远来看，农民工的到来有利于为流入地输送源源不断的劳动力，稀释本地区过快的老龄化压力，增强经济社会发展的活力和潜力，享受高素质劳动力带来的人口红利。但从短期来看，流入地政府需要为农民工提供包括公共基础设施、保障性住房、农民工随迁子女教育、农民工劳动权益维护在内的基本公共服务。这些基本公共服务的供给和分配情况，将在很大程度上决定农民工群体能否顺利地在本地实现市民化。

一、公共基础设施建设

农民工的集中流入，必然会使原本稀缺的公共资源更为紧张，增加交通、医院、公园、休闲娱乐设施的承载负荷，在一定程度上会侵蚀本地户籍居民的既得利益。因此，流入地政府必须根据农民工的流入规模和流动趋势，做好前瞻性的发展规划，加大财政资源投入，提前布局公共基础设施建设，使之能够满足户籍居民和流动人口的正常需求。毫无疑问，公共基础设施建设要耗费巨额的财政资源，这对已经捉襟见肘的地方财政来说是一笔不小的负担。因此，对于农民工集中流入地区来说，仅靠本级财政和上级政府的财政转移支付，是难以完成如此庞大的基础设施建设任务的。为此，流入地政府必须在中央政府的授权和法律许可的范围内，积极探索吸引社会资本参与的新型融资方式。

1. 深化政府与社会资本合作

2015 年 4 月，国家发展和改革委员会、财政部、中国人民银行等六部委联合发布《基础设施和公用事业特许经营管理办法》，鼓励和引导社会资本参与基础设施和公用事业建设运营，提高公共服务质量和效率，保护特许经营者合法权益。从国际经验来看，PPP 模式是已经被实践证明行之有效的融资模式。PPP 是 Public – Private – Partnership 的缩写，是指政府（Public）与私人（Private）之间达成特许权协议，形成“利益共享、风险共担、全程合作”的伙伴合作关系。在该模式下，私营企业、民营资本与政府进行合作，共同参与公共基础设施的建设。在公共部门与私营部门合作过程中，让私营部门所掌握的资源参与提供公共产品和服务，从而实现比单独行动更为有利的结果①。PPP 模式的优势在于政府的财政支出更少，企业的投资风险更轻。政府和企业都是全程参与，双方合作的时间更长，信息也更对称。由此可见，PPP 模式不仅是一种融资手段，而且涉及行政体制改革、财政体制改革、投融资体制改革，对于政府来说也是加速推进行政体制改革的有利契机。

推行 PPP 模式的关键在于建立利益共享、风险共担的机制。虽然在改革开放的历程中，我国城市建设领域不乏此类实践，例如 BOT、BTO、BOO 等均属于 PPP 合作模式，但因为利益共享、风险共担机制没有建起来，导致其没有发挥预期的作用。鉴于此，流入地政府要进一步放宽准入条件，健全价格调整机制和政府补贴、监管机制，广泛吸引社会资本参与城市基础设施和市政公用设施建设及运营。根据经营性、准经营性和非经营性项目不同特点，采取更具针对性的政府和社会资本合作模式，加快城市基础设施和公共服务设施建设。

2. 发行城市建设债券

从发达国家的经验来看，除了吸纳社会资本参与公共基础设施建设之外，还可以通过发放城市建设债券来筹集资金，以缓解流入地政府的资金困难。城市建设债券分为两种：一种是收益债券，该债券一般是由负责承建基础设

---

① 刘薇：《PPP 模式理论阐释及其现实例证》，《改革》，2015 年第 1 期。

施的公共事业机构发行。另一种是一般责任债券。一般责任债券（General Obligation Bonds）起源于美国，是由州、市、县或镇政府发行，以发行者的征税能力为保证的一种地方政府债券。这种债券信用仅次于国债，安全性强，所筹措的资金往往用于修建高速公路、飞机场、公园及其他市政设施。二者的区别在于：收益债券的信用基础来自投资项目的未来收益，偿债责任由发行债券的代理机构或授权机构以及投资项目负有限责任，地方政府不需负任何偿债责任；一般责任债券属于政府债券，其信用基础属于政府信用，发行这种债券的地方政府需对其偿还负有无限连带责任。流入地政府应根据本地的财政实力和具体情况，选择发行合适的城市建设债券，充分调动社会资本参与公共基础设施建设，为农民工在城市生活就业提供基本保障。

二、保障性住房供应

安居才能乐业，安居才能在城市扎根。对于农民工而言，只有拥有合法稳定的住所，才能为融入城市提供基本保障。但调查显示，当前农民工在城市的居住条件不容乐观，他们大多数居住在建筑工地的工棚或城乡接合部以及城中村等边缘地区。简陋的居住条件和偏远的地理位置，不仅削弱了他们在城市的归属感和获得感，而且进一步固化了农民工和城市居民的心理隔阂，衍生出了新的社会融合和社会治安问题。

1. 将农民工纳入保障性住房体系

重庆市原市长黄奇帆认为，居住权是公民的一项基本权利，住房不同于一般商品，它兼具商品和保障的双重属性。不管房价调控得多么好，一个社会总有30%左右的低收入群体，基本买不起房，保障他们的住房需求，是政府的职责所在。他认为，城市住房供给体系的合理结构，应该30%是政府提供的保障性住房，70%是市场主导的商品房。目前，建设保障性住房已成为国家解决低收入群体住房问题的主要路径。《国家新型城镇化规划（2014—2020年）》提出，“健全保障性住房制度。建立各级财政保障性住房稳定投入机制，扩大保障性住房有效供给。完善租赁补贴制度，推进廉租住房、公共租赁住房并轨运行”。从国际经验来看，由政府出资兴建的保障性住房是改善中低收入群体住房条件，促进其融入当地社会的主要途径，也是防止在城市出现“贫民窟”的有效形式。近年来，我国政府加大了保障性住房的政策供给和资金投入，保障性住房在改善城市低收入群体的住房条件方面发挥了不可或缺的作用，但农民工群体由于没有城市户籍而被排斥在城镇住房保障体系之外。因此，解决农民工住房问题的当务之急是将农民工纳入城镇保障性住房体系的覆盖范围之内。

重庆市作为全国统筹城乡综合配套改革试验区，在改善农民工居住条件、助推农民工市民化方面进行了积极的探索，建立了“5 +1”的保障性住房体系。为了解决包括农民工在内的流动人口的居住问题，重庆市决定建立市场供给与政府保障并举的“双轨制”住房体系，进一步明确了“低端有保障、中端有市场、高端有约束”的住房调控思路，并决定以公租房为抓手，构建新的城市住房供应体系。公租房是指由政府提供政策支持，限定套型面积和提供优惠租赁价格，由国有企业持有产权，面向在本市就业的无住房人员或住房困难家庭租赁的房屋，重点解决“夹心层”人群的住房问题。它与原有的廉租房、经济适用房、危旧房和棚户区改造安置房、城中村改造安置房、农民工公寓这 5 种保障形式，构成了“5 +1”保障性住房体系，实现了保障性住房对所有社会群体的全覆盖。

据重庆市国土房管局负责人介绍，重庆公租房户型面积一般在 35—80 平方米，有三大特点：一是建设成本低。公共租赁房由政府投资，国有企业承建，其建设用地以划拨方式提供，享有税费优惠政策。二是入住门槛低。凡年满 18 周岁，有稳定就业岗位和收入来源，具有租金支付能力，本市无住房或住房面积低于城市住房保障标准的职工，都可以申请公共租赁住房，不受户籍限制，租赁期最长为 5 年。这就打破了城乡和内外差别，让新就业大中专毕业生、进城务工人员、引进的专业人才和外地来渝工作人员都能够安居乐业。三是租金较低且稳定。公租房租金相当于同类商品房出租价格的 60%，只求收支平衡，保持相对稳定。公租房租客住满 5 年后，可以按“成本价 +银行利息”购买自住。一次性付款购买的，不再支付租金；分期付款的，未付款面积按照规定缴纳租金。公租房不得上市交易，购买人需要转让的，由政府回购，回购价格为原销售价格加同期银行活期存款利息，不会随着房价的上涨而上涨。

2. 建设农民工公寓

除了将农民工纳入保障性住房体系之外，流入地政府还可以在农民工集中的地区或企业，建设农民工公寓或集体宿舍，并以较低的租金出租给外来务工人员，山东省临沂市创建的“一元公寓”就是这方面的典型代表①。“一元公寓”是由临沂市政府拨款，专门为进城务工人员提供的一项福利待遇。2011 年，临沂市、区两级政府投资 2100 万元，在兰山区建起全国首家集住宿、餐饮、求职、招工、培训等服务功能于一体的“一元公寓”，成为全国首家由政府投资并管理运营的公益性综合服务中心暨零工市场。为了让全市农民工享受到“零工市场”的政策红利，打造完善的进城农民工服务体系，临沂市把加强和改进就业创业服务作为十项重点民生工程之一，并提出 2016 年底前各县区均建成 1 处“零工市场”，为进城务工人员提供全方位的服务。“零工市场”的运行费用，全额纳入财政预算，由财政予以兜底。目前，12 个零工市场已全部建成，大多配套建设了综合服务大厅、卫生室、阅览室、超市、餐饮住宿等服务设施，免费为务工人员提供职业介绍、技能培训、劳动维权等“一站式”服务。

3. 建立符合实际的住房储蓄制度

从国际经验来看，建立住房储蓄制度是解决低收入群体住房问题的有效举措。在新加坡，1968 年以前，雇员和雇主各要缴纳员工工资的 5% 作为住房储蓄，1968 年之后，一跃达到了 25%。尽管近年来比例有所下调，但仍然维持在 20% 左右②。在德国，实行居民购、建房互助合作融资模式，居民根据自己的住房需求和能力，与住房储蓄银行签订储贷合同，合同达到一定金额比例后，可获得贷款权，且住房储蓄独立于资本市场，贷款利率长期固定，低息互助。我国可以借鉴新加坡和德国的住房储蓄制度的经验，由中央政府制定相关法律，完善建立农民工住房公积金制度，将农民工纳入住房公积金范畴，推进在私营企业、外资企业等非公有制企业建立住房公积金制度。对

---

① 在“一元公寓”，农民工只需交一块钱就可以住一晚，有食堂供应三餐，用人单位集中到公寓招工，减少了农民工找工作的成本。另外，还能在公寓里集中进行职业培训，以提高新进城务工人员的职业技能。

② 李光耀：《新加坡的公共住房政策——得失之间的政治与地产》，《中国房地产导报》，2005 年第 6 期。

于不同经济效益水平的企业可以制定不同层级的缴纳标准，农民工只要连续缴存住房公积金达到一定时间，就可以申请住房公积金贷款，用于购买或租赁住房。

三、农民工随迁子女教育

自20世纪90年代以来，农民工随迁子女迅速涌入城市特别是经济发达城市，随之出现了城市义务教育容量与农民工随迁子女教育诉求之间的供需矛盾。为此，国家不断调整公共政策，努力为农民工随迁子女在流入地接受义务教育寻找出路。2001年，国务院发布了《关于基础教育改革与发展的决定》，规定农民工随迁子女的教育“以流入地区政府管理为主，以全日制公办中小学为主”（简称“两为主”）[①]；2014年，国家又在此基础上提出，“将农民工随迁子女义务教育纳入各级政府教育发展规划和财政保障范畴”（简称“两纳入”）[②]；2015年，该政策得到进一步强化，教育部公开表示要将常住人口纳入区域教育发展规划，将农民工随迁子女教育纳入财政保障范围[③]。

“两为主”“两纳入”的政策调整，明确了流入地政府在农民工随迁子女教育中的主体责任，从制度供给上保障了他们公平接受优质教育资源的机会，体现了公平正义的社会主义核心价值理念，但由此带来的问题是，流入地政府会因此而面临财政负担的增加。为了缓解流入地政府的财政负担，确保农民工随迁子女能够公平地接受教育，2018年2月，国务院办公厅公布了《基本公共服务领域中央与地方共同财政事权和支出责任划分改革方案》，《改革方案》根据各地经济社会发展水平、基本公共服务成本和财政实力，把全国31个省市划分成5个档位。第一档包括内蒙古、广西、重庆、四川、贵州、云南、西藏、陕西、甘肃、青海、宁夏、新疆12个省（区、市），中央分担80%的义务教育公用经费；第二档包括河北、山西、吉林、黑龙江、安徽、

---

① 中华人民共和国教育部政府门户网站：国务院关于基础教育改革与发展的决定，2001年5月29日，http：//www. moe. edu. cn/publicfiles/business/htmlfiles/moe/moe_ 16/200105/132. html.

② 中国政府网：国家新型城镇化规划（2014—2020年），2014年3月17日，http：//www. gov. cn/gongbao/content/2014/ content_ 2644805. htm.

③ 中国新闻网：中国拟将农民工随迁子女“全纳入”城镇义务教育，2015年2月28日，http：//www. chinanews. com/gn/2015/02 -28/7087944. shtml.

江西、河南、湖北、湖南、海南 10 个省，中央分担 60% 的义务教育公用经费；第三档包括辽宁、福建、山东 3 个省，中央分担 50% 的义务教育公用经费；第四档包括天津、江苏、浙江、广东 4 个省（市）和大连、宁波、厦门、青岛、深圳 5 个计划单列市，中央分担 30% 的义务教育公用经费；第五档包括北京、上海 2 个直辖市，中央分担 10% 的义务教育公用经费。这种因地制宜、区别对待的做法，考虑到了各地区发展不均衡的实际情况，为经济相对落后地区提供基本公共服务提供了财力保障，但鉴于义务教育对于国民素质提升的极端重要性，中央政府应当在此基础上进一步提高财政负担比例，为地方政府特别是经济落后地区“减负”，为农民工随迁子女公平地接受教育提供财力保障。

福建省晋江市在为农民工随迁子女提供教育方面进行了积极的探索。早在 2011 年，晋江市就着手改革原有户籍制度，探索实行居住证制度。该制度允许年满 16 周岁、有稳定住所、稳定就业的农民工申办居住证。让农民工持有居住证，并不简单地将之视为一种人口控制手段，而是赋予他们在义务教育、社会保险、选举权、医疗卫生、事业单位招聘等 30 多个领域的市民化待遇。晋江市还在全省率先做出了“三不”承诺，即决不让一名务工人员子女失去接受义务教育的机会、决不让一名务工人员因恶意欠薪领不到工资、决不让一名务工人员维不了权。以义务教育为例，晋江市各类学校均接收外来务工子女“零门槛”入学，解决了 20.33 万农民工随迁子女的入学问题，使外来适龄学生占晋江学生总数的比重达到了 58.7%，甚至超过了本地学生，其中 93.3% 在公办学校就学，在农民工子弟学校入学的学生，也获得了相应的学费补贴。同时通过教育与升学制度改革，解决了农民工随迁子女的异地就读与高考问题。

四、农民工劳动权益维护

1. 规范农民工用工管理

流入地政府的劳动监察部门应当督促用人单位主动和农民工签署劳动合同，为农民工提供安全可靠的劳动场所，保障农民工的劳动权、休假权和参与权，并依法缴纳社会保险。对于流动性强的农民工，要进行简单的劳动合同法培训，引导他们与用人单位签订简易的劳动合同。严厉打击在建设领域的发包分包等违法行为，完善家政服务领域的劳动用工政策和劳动标准，整合劳动用工备案及就业、失业登记和社会保险登记等。监督用工单位严格控制劳务派遣用工数量，劳务派遣工的数量不得超过其用工总量的10%，依法保障劳务派遣工的合法权益。

2. 保障农民工的劳动报酬权益

根据《国务院关于进一步做好为农民工服务工作的意见》，保障农民工报酬权益的方式有三种。一是在容易发生欠薪的行业，例如建筑工程领域，实行工资保证金制度，并且在有条件的市、县探索建立健全欠薪应急周转金制度。二是完善落实地方政府对欠薪问题负总责、工程总承包企业对农民工工资支付全面负责的制度，防止欠薪主体相互推诿扯皮。三是落实农民工与城镇职工同工同酬原则，让农民工一起参与工资集体协商，在经济发展的基础上合理调整最低工资标准，使其工资水平随经济发展和企业利润动态调整。

3. 加强农民工的职业健康防护

一方面，加强在高危职业、一线操作的农民工的安全生产和职业健康培训，将该培训纳入职业技能培训的课程，严格监督特殊工种持证上岗、安全生产培训以及企业是否拥有安全生产许可证等相关情况，对于未能严格落实相关要求的企业，要依法问责、追责。设立重点职业病监测哨点，对容易受到职业病伤害的农民工展开定期的职业健康检查，建立监护档案。另一方面，开展农民工职业病防治和帮扶行动，保障那些受到职业病危害却无法追究用人单位责任或用人单位无法承担相应责任的农民工享有相应的生活和医疗待遇。

4. 完善农民工的维权渠道

推进劳动保障监察网格化、网络化管理，完善劳动保障违法行为的预警、快速处置机制，建立健全农民工集体劳动争议调处机制。在农民工维权过程中，相关部门应当依法查处用人单位对农民工权益的侵害，简化立案程序，建立“绿色通道”，提高行政效率。最后在处理争议时，按照“鼓励和解、强化调解、依法仲裁、衔接诉讼”的原则，及时公正地处理涉及农民工的劳动争议案件。此外，还要加强对农民工的法律援助。首先，健全基层的法律援助和法律工作服务，简化法律援助的审核程序，尤其是要完善异地协作机制，便于符合条件的农民工在当地获得法律援助。其次，通过讲座、普法热线等方式，向农民工普及必备的法律知识，引导农民工知法、守法，学会运用法律武器维护自身权益。

第三节　流出地政府的责任

一、规范农村土地有序流转

农村土地流转是指具有土地承包权的农民将家庭承包的土地通过合法的形式，把经营权转让给其他农户或其他经济组织的行为。土地流转是农村经济发展到一定阶段的产物，是实现农业现代化的必然要求。农村土地流转的意义是显而易见的，首先，土地流转有利于实现农村土地规模化、集约化经营，提高农业生产效率；其次，土地流转有利于增加农民工的收入，使他们实现“带资进城”，增强其城市适应能力；最后，土地流转有利于转变农民工的“安土重迁”思想，促使其接受城市现代文明。正是在这一意义上，习近平同志强调，土地流转和多种形式的规模经营，是发展现代农业的必由之路，也是农村改革的基本方向。但从实际情况来看，农村土地流转的进展并不顺利，突出表现为农民参与积极性不高、土地流转收益偏低、土地流转市场不健全等问题。对此，流出地政府要加大政策宣传力度，适当提高土地流转的收益水平，完善土地流转程序，健全土地流转市场，以实际收益和政策保障打消农民工的顾虑，提高其认知水平和参与积极性。同时，要在深入学习贯彻中央有关土地流转政策的基础上，结合本地区土地资源禀赋和产业特征，积极探索行之有效的土地流转形式，为农民工退出农村、融入城市提供保障。

在促进农村土地流转方面，重庆市结合本地实际进行了有益的尝试。2016 年，重庆市政府制定了《重庆市地票管理办法》，为建设城乡统一的土地交易市场提供了政策依据。《办法》规定，允许距离城镇较远的农民在有其他住所的前提下，将农村宅基地及其附属设施用地、乡镇企业用地、农村公共设施和农村公益事业用地等农村集体建设用地复垦，经土地管理部门验收后，确定与土地数量相等的土地指标，由政府对指标进行统一竞价，所得收益除去复垦的成本外，85% 归农民所有。对农村居民整户转为城镇居民的，允许自转户之日起 3 年内继续保留承包地、宅基地及农房的收益权或使用权。鼓励转户居民退出农村土地承包经营权、宅基地使用权及农房。对自愿退出宅基地使用权及农房的，参照同时期区县（自治县）征地政策对农村住房及其附着物给予一次性补偿，并给予一次性补偿及购房补助，今后征地时不再享有补偿权利。对自愿退出承包地的，按本轮土地承包期内剩余年限和同类土地的平均流转收益给予补偿，具体补偿标准和办法由区县（自治县）人民政府制定。组建市、区县（自治县）两级农村土地整治流转机构，负责对农户退出的承包地、宅基地和农房进行补偿和处置。农村土地整治流转机构应积极盘活利用转户退出的土地，按照规划及用途管制、农村集体土地所有权不变的要求，对退出的承包地加大整治力度，促进承包地向经营大户、龙头企业流转，实现规模化经营，提高劳动生产率和土地产出水平。退出的宅基地，在优先保障农村发展建设用地需求的前提下，通过增减挂钩、地票交易等方式，显化其资产价值。这样的尝试，既保障了农民工正常的土地收益权，也盘活了闲置的土地资源，缓解了我国人地紧张的突出矛盾。

二、提供职业技能培训

从《国家新型城镇化规划（2014—2020 年）》关于农民工职业技能提升的计划可知，政府应当为农民工提供系统的职业教育和技能培训，主要包括就业技能培训、岗位技能培训、高技能人才和创业培训、劳动预备制培训、社区公益性培训和职业技能培训。对于流出地政府而言，主要负责提供就业技能培训、职业技能培训和劳动预备制培训。就业技能培训侧重于就业政策、就业知识、求职技巧、劳动合同签订、劳动者权益维护等内容的培训，旨在培养农民工的一般性就业技能，使其更好地适应城市劳动力市场的要求，更快地适应城市生活；职业技能培训着重培养更为具体、更为专业的职业技能，如厨师、家政服务、挖掘机操作、电焊、钳工等，该类培训旨在使农民工掌握一技之长，能够迅速适应工作岗位的要求，尽快为企业创造经济价值。劳动预备制培训是国家为提高青年劳动者素质，培养劳动后备军，促进青年劳动者就业而建立和推行的一项新型就业培训制度。根据国家有关规定，从1999 年起，在全国城镇普遍推行劳动预备制度，组织新生劳动力和其他求职人员，在就业前接受1—3 年的职业培训和职业教育，使其取得相应的职业资格或掌握一定的职业技能后，在国家政策的指导和帮助下，通过劳动力市场实现就业。

为了提高本地农民工的职业技能，增强其在城市劳动力市场的竞争力，流出地政府应当高度重视农民工的技能培训工作，持续加大资源投入，结合本地农民工的实际需求，开办一批技工院校、职业院校，建设一批职业技能实训基地，并在了解劳动力市场需求的基础上，针对性地设置培训项目和课程体系，加强师资力量建设，确保对外输出的每一位农民工都能接受高质量的职业技能培训，以更好地进行劳务输出，打造具有本地特色的务工品牌。当前，农村仍有大量未能升学的新生代农民工，他们大多是应届的初中或高中毕业生，具有思维灵活、接受能力强的特点，政府要及时了解他们的培训需求及外出就业计划，为其提供个性化的职业技能培训，使其带着一技之长进城务工。政府要出台税收和政策优惠，鼓励当地符合条件的职业院校加大向农村地区招生的力度，吸引企业和社会力量共同参与建设一批农民工实训基地，创新办学模式，提高培训质量。对于那些有创业意愿并具备创业条件的农民工，开展提升创业政策和创业能力培训，对于少数民族的农民工还要开展双语培训。

三、组织劳务输出

调查显示，有 17.4% 的农民工在找工作的过程中找过政府组织，7.0% 的农民工在找工作的过程中找过职业介绍机构；75.6% 的农民工在找工作的过程中没有找过政府组织和职业介绍机构，85.4% 的农民工在找工作的过程中找过亲戚、熟人和老乡等个人关系，82.3% 的农民工获取工作信息的主要渠道是依靠亲朋好友等个人关系，只有 4.2% 的农民工获取工作信息的主要渠道是通过职业介绍机构和政府组织，5.8% 的农民工则是将街上张贴的招工广告作为获取工作信息的主要渠道。由于缺乏亲朋好友等个人关系的帮助和政府与职业介绍机构的依靠，仍有 11.6% 的农民工认为找工作遇到的最大困难是没有就业信息和没有人帮助。由此可见，农民工就业的组织化程度仍然很低，农民工的非正式信息渠道和就业途径仍然居于主导地位，政府提供的就业服务亟待改善。

虽然在找工作的过程中，借助亲戚、熟人和老乡等个人关系能够更快地找到工作，但调查表明，通过政府组织、职业介绍机构、报纸电视等媒体以及人才市场等正式渠道获取工作信息或找到工作的农民工的平均工资，要高于通过亲朋好友等个人关系和街上张贴的招工广告等非正式渠道获取工作信息或找到工作的农民工。那么，以提高收入和生活水平为打工主要目的的农民工在找工作的过程中，为什么不愿意选择能够给他们带来较高收入和生活水平的政府组织或职业介绍机构呢？主要原因是相关组织机构宣传、服务得不到位，以及这两种方式本身的不规范、不完善，导致农民工不得已而选择其他的非正式途径。在本次调查中，6.8%的农民工认为以上两种途径费用太高，26.6%的农民工对以上两种途径缺乏信任，害怕被骗，13.0%的农民工仍然不知道利用以上两种途径，53.6%的农民工是因有了亲朋好友等个人关系的介绍等原因而放弃使用以上两种途径[①]。

为此，必须强化流出地政府在农民工外出务工中的作用。具体来说，流出地政府要建立本地农民工数据库，掌握农民工的数量、务工单位、联系方式、技能水平、收入状况、融入城市的情况等基本信息，为农村土地流转和农民工返乡创业提供决策依据。流出地政府应与流入地政府密切协作，组建劳务输出管理机构，介入劳务输出的组织管理，降低农民工务工成本。同时应建立信息网络，搜集企业用工信息并进行分析预测，整理成简洁易懂的参考资料，为农村剩余劳动力提供务工门路或就业咨询，构建“技能培训+劳务输出+返乡创业”的良性模式，实现“送出去”和“请回来”的有机衔接。当本地农民工遭遇劳资纠纷、工伤事故等意外时，流出地政府要组织专业力量，及时提供法律援助，维护农民工的合法权益。流出地政府还可以根据本地的文化背景、农民工的技能专长，打造具有地方特色的务工品牌，这样可以降低劳务输出成本，扩大劳务输出空间。

---

① 简新华：《中国农民工最新生存状况研究》，《人口研究》，2007年第6期。

四、扶持返乡农民工创业

国际金融危机爆发以来，我国企业面临严峻的出口压力，大批农民工因此而失业。据中央财经领导小组办公室副主任陈锡文介绍，在1.3亿外出就业的农民工中，大约2000万由于失业而被迫返乡，占总量的15.3%。金融危机在对农民生活、农村社会稳定产生不利影响的同时，也为社会主义新农村建设和乡村振兴战略实施提供了最为紧缺的青壮年劳动力，使长期以来陷入“空壳化”的农村重新散发出了活力。返乡农民工接受了现代文明的洗礼，有文化、懂技术、会经营，具有传统农民不可比拟的优势。对此，流出地政府必须转变思路，引导扶持返乡农民工创业。但是，创业与传统的农业生产相比，是一种全新的生产方式，乡土意识浓厚的农民工是否有创业意愿？即使有创业意愿，文化素质普遍不高的农民工能否胜任这一工作？国家是否具备能力支持农民工创业？

首先，从主观条件来看。第一，返乡农民工是否具有创业意愿。长期以来，人们存在一个认识误区，即把返乡农民工视为一个高度同质化的群体。实际上，受生活环境、文化程度及务工经历的影响，其内部已经悄然产生了分化。依据年龄、文化程度以及未来的打算等因素，可将其分为三个部分：永久返乡型、城乡徘徊型、坚决回城型。永久返乡型农民工主要是因年龄原因而被辞退的农民工。他们是第一批进入城市淘金的“先行者”，由于缺乏专业技能，只能从事一些体力劳动。随着年龄的增长和体力的下降，他们在竞争激烈的劳动力市场中逐渐处于弱势，直至最终被辞退返乡。他们回乡之后的打算往往是重操旧业或做小本生意，多数没有创业的雄心壮志。城乡徘徊型农民工大多出生于70年代，文化水平相对于前辈有一定提高；主要从事体力劳动，但有一部分接受了专业培训，从事技术含量较高的工作；为了孩子的教育和未来，希望留在城市，但面临诸多困难。如果家乡有好的发展机会，也会回乡创业。坚决回城型农民工主要是90年代中期之后进入城市的新时代农民工。他们出生在改革开放之后，文化程度高，思想更为开放；基本没有从事过农业劳动，对土地没有强烈的依恋。在他们看来，返乡只是暂时的，只要经济形势好转，还要义无反顾地进城打拼。第二，返乡农民工是否具备创业能力。农民工文化素质普遍不高，是客观事实。但是，与其他农民相比，他们文化水平相对较高，开拓创新意识较强，被戏称为“农村里的留学生”。从群体内部来看，永久返乡型农民工文化程度低，基本没有掌握一技之长，随着年龄的增长，思想也趋向保守。城乡徘徊型农民工年富力强，文化程度较高，掌握一定专业技能，积累了一定的资金和创业经验。坚决回城型农民工不论是文化程度、专业技能还是创新意识都优于其父辈，是最合适的创业者。但是，与父辈把城市看作驿站不同，他们进城务工的目的已经不是养家糊口，而是把转化为市民作为奋斗的终极目标。

综上所述，永久返乡型农民工既缺乏创业意愿，也欠缺创业的基本能力，但是要充分利用其丰富的阅历和经验；坚决回城型农民工创业能力最强，但是在目前的环境下缺少返乡创业的意愿；城乡徘徊型农民工既有创业意愿，也具备较强的创业能力，是当前返乡农民工创业的主力军，政府应当重点做好他们的工作。因此，地方政府要从长计议，既要为其外出务工提供“一条龙”服务，充分做好“送出去”这篇文章；同时，还要做好“请回来”的工作，为其日后返乡创业提供政策支持。

其次，从客观条件来看。返乡农民工创业能不能成功，并不完全取决于农民工个人的创业意愿及能力，还需要政府在土地、税收等方面提供政策支持。改革开放以来，国民经济持续快速健康发展，已经进入工业化加速发展的阶段。胡锦涛总书记在党的十六届四中全会上指出：“纵观一些工业化国家发展的历程，在工业化初始阶段，农业支持工业、为工业提供积累是带有普遍性的趋向；但在工业化达到相当程度以后，工业反哺农业、城市支持农村，实现工业与农业、城市与农村协调发展，也是带有普遍性的趋向。”随后召开的中央经济工作会议做出了“我国现在总体上已到了以工促农、以城带乡的发展阶段”的论断。党的十七大报告明确提出，“实施扩大就业的发展战略，促进以创业带动就业”。习近平总书记在党的十九大报告中向世人宣示，中国特色社会主义已进入新时代，我国已具备了更强的财政实力，以推动城乡一体化发展。

当前，返乡农民工创业的主客观条件已经初步具备，流入地政府应当结合当地的比较优势，针对三类农民工的特点制定有针对性的措施，扶持农民工返乡创业。将农民工纳入创业政策扶持范围，运用财政支持、创业投资引导和创业培训、政策性金融服务、小额担保贷款和贴息、生产经营场地和创业孵化基地等扶持政策，促进农民工创业。做好老少边穷地区、牧区、库区、渔区农牧渔民转移就业工作和农民工境外就业服务工作，努力把农民工返乡潮转化为创业潮，为乡村振兴战略的实施注入活力。只要各方齐心协力，曾经为城市繁荣做出巨大贡献的农民工一定会在家乡闯出一片新天地，“以创业带动就业，以就业促进创业”的格局一定会形成①。

第四节　企业的责任

农民工市民化是一项系统性工程，需要社会各方共同发力，构建合理的成本分担机制。除政府在农民工市民化进程中应当分担主要成本外，企业作为农民工市民化实践的直接受益方②，理应积极承担相应的社会责任、分担相应的成本。1979 年，卡罗尔将企业社会责任划分为经济责任、法律责任、伦理责任和慈善责任③，企业应承担促进农民工融入城市的社会责任。主要包括相应的经济责任，如按时支付农民工工资与福利、提供岗位培训；法律责任，如遵守法律法规要求，与农民工签订书面劳动合同、为农民工缴纳社会保险；伦理与慈善责任，如为农民工提供安全卫生的工作环境、关注农民工身心健康等。正如《国家新型城镇化规划（2014—2020 年）》中所指出的，企业要落实农民工与城镇农民工同工同酬制度，加大农民工技能培训投入，依法为农民工缴纳农民工养老、医疗、工伤、失业、生育等社会保险费用。

① 张善柱：《变“返乡潮”为“创业潮”——金融危机背景下推进新农村建设的路径研究》，《中国劳动关系学院学报》，2010 年第 1 期。

② 一方面，由于农民工市民化使农民工在城市的集中度变高，城市劳动力市场规模进一步扩大，降低了企业在雇佣劳动力上的搜寻成本和时间成本；另一方面，农民工市民化后在城镇的稳定性增强，降低了企业因市场不确定性所带来的风险。总体来说，农民工市民化降低了企业成本，提高了企业的收益。

③ ［美］阿奇·卡罗尔著，黄煜平等译：《企业与社会——伦理与利益相关者管理》，北京：机械工业出版社，2004 年，第 26 页。

一、实现农民工与正式工同工同酬

如何实现同工同酬是一项国际性难题，根据《人民日报》的统计，“同一个单位，干同样的活儿，聘用工和正式工、农民工和城镇工、编制外和编制内，收入甚至会差出10倍[①]”。农民工与正式工相比，不仅在待遇方面差距悬殊，而且还存在超时劳动的问题。据国家统计局调查，农民工劳动时间普遍偏长，平均每周工作58.4小时，每月工作26天，每月比国家规定多工作84小时，折合10.5个工作日，并据此推算，农民工小时工资只相当于城镇工的43%，同工不同酬问题明显存在[②]。针对这一问题，党的十八届三中全会通过的《中共中央关于全面深化改革若干重大问题的决定》提出了“保障农民工同工同酬”的改革目标，彰显了以习近平同志为核心的新一届中央领导集体对农民工待遇不公问题的高度重视。

农民工与城镇工同工不同酬背后的原因复杂多样，包括二元劳动力市场的长期影响，企事业单位就业体制的固化等。鉴于此，应从宏观和微观两个层面，着手解决农民工同工不同酬问题。宏观层面，应从国家顶层设计方面入手，加快推进户籍制度改革的力度与深度，健全相关配套法律法规的衔接机制；微观层面，应从用人单位入手进行改革，这也是本节分析的重点。

从微观层面看，企业的经营目标是追求经济利润最大化。在实现这一目标的过程中，企业容易忽视应当履行的社会责任，特别是在违规用工违法成本较低的背景下，企业必然会倾向于使用编制外员工，即派遣工和农民工，劳动密集型企业更是如此。因为编制外员工的福利政策不完善，企业一般不会主动为他们缴纳社保，同时由于农民工自我维权意识不强、专业技能较为单一，一些企业甚至将农民工视为剥削对象，存在随意延长工时、不主动改善工作环境等问题。

针对农民工同工不同酬的问题，企业应当树立“以人为本”的用人理念，建立统一、公正、合理的绩效考核体系，增强“薪岗匹配”力度。一方面，

---

① 白天亮：《同工同酬有多远》，《人民日报》，2007年7月16日。

② 国务院发展研究中心课题组：《农民工市民化——制度创新与顶层政策设计》，北京：中国发展出版社，2011年，第176页。

企业应当转变管理理念，在农民工待遇问题上秉持“一视同仁”的理念，坚持“同工同酬、同工同权”的原则，认识到农民工同样为企业创造利润，自觉承担农民工市民化的成本；另一方面，企业应当建立起统一、公正、合理的绩效考核体系，推动企业内部“薪岗匹配”制度的建立。农民工同工不同酬的深层次原因在于，企业在对待正式工和农民工的绩效考核上执行了“两套标准”，从而导致做同样的工作和业绩，正式工和农民工的待遇却相差悬殊。企业应当把岗位职责、绩效考核标准和薪酬标准对应起来，健全企业“薪岗匹配”制度，为实现农民工与正式工的“同工同酬、同工同权”提供制度保障。

同工不同酬的长期存在，不仅会降低农民工融入城市的物质资本，而且会侵蚀农民工对政府、社会、企业及城市居民的社会认同，进一步阻碍农民工融入城市的进程。如表7－4－1显示，2016年，从事第二产业的农民工比重为52.9%，从事第三产业的农民工比重为46.7%，同比提高2.2%①。这些数据表明，农民工群体已成为我国产业工人队伍的重要组成部分，是支撑我国制造业转型升级的中坚力量。忽视农民工同工同酬权利的实现，不仅会挫伤他们的工作积极性，而且会增加企业在劳动力市场上雇佣搜寻的成本，提高企业面对市场不确定性带来的风险。因此，从长远来看，企业要推动农民工与正式工“同工同酬”的实现，促进企业与职工利益的和谐发展。

表7－4－1　农民工从业行业分布　　单位:%

	2015年	2016年	增减
第一产业	0.4	0.4	0.0
第二产业	55.1	52.9	－2.2
其中：制造业	31.1	30.5	－0.6
建筑业	21.1	19.7	－1.4
第三产业	44.5	46.7	2.2

① 国家统计局：《2016年农民工监测调查报告》，http://www.stats.gov.cn/tjsj/zxfb/201704/t20170428_1489334.html.

续　表

	2015 年	2016 年	增减
其中：批发和零售业	11.9	12.3	0.4
交通运输、仓储和邮政业	6.4	6.4	0.0
住宿和餐饮业	5.8	5.9	0.1
居民服务、修理和其他服务业	10.6	11.1	0.5

资料来源：国家统计局网站

二、为农民工提供公平的社会保障

农民工融入城市进程中的社会保障问题，一直是国内学界讨论的热点问题之一。长期以来，农民工虽然实现了在城市务工的目标，但是并不能完全享有与城镇农民工相同的社会保障待遇。如表 7－4－2 所示，2014 年，雇主或单位为农民工缴纳养老保险、工伤保险、医疗保险、失业保险和生育保险的比例分别为 16.7%、26.2%、17.6%、10.5% 和 7.8%，自 2008 年以来，农民工参加社会保障比例虽然逐年上升，但整体仍然偏低。

表 7－4－2　外出农民工参加社会保障的比例　　单位:%

	2008 年	2009 年	2010 年	2011 年	2012 年	2013 年	2014 年
养老保险	9.8	7.6	9.5	13.9	14.3	15.7	16.7
工伤保险	24.1	21.8	24.1	23.6	24.0	28.5	26.2
医疗保险	13.1	12.2	14.3	16.7	16.9	17.6	17.6
失业保险	3.7	3.9	4.9	8.0	8.4	9.1	10.5
生育保险	2.0	2.4	2.9	5.6	6.1	6.6	7.8

资料来源：国家统计局网站

研究表明，农民工的社会保障体系不健全，是阻碍其顺利融入城市的主要原因之一。在实践中，部分企业在追逐利润的过程中，一味追求市场规模的扩张和经济效益的最大化，而忽视了应当为农民工缴纳社会保障等企业社会责任的履行，主要表现为企业通过减少农民工的工资总额，变相降低保费；企业通过欺骗、隐瞒等手段，不为农民工缴纳保费；不按规定缴纳足额保费；

等等。这些问题的存在，不仅导致农民工在遭遇工伤、失业、疾病等情况下，无法获得及时、有效的帮助，而且从长远来看，也必然会阻碍他们融入城市社会的进程。

我国社会保障体系是由政府、企业和个人三方共同分摊、共同缴费的机制。这种多方参与、共同分担的机制，有利于社会风险的分担和对弱势群体的保护，体现了公平优先、以人为本的执政理念。与此相适应，农民工市民化过程中的社会保障成本也应当由政府、企业和农民工三方共同分担，并建立以政府为主导、企业为核心、农民工为关键的社会保障费用分摊模式，按照农民工农村社会保障体系退出、城镇社会保险体系进入、农民工与城镇居民相融合的思路推动社会保障制度改革①。

现实生活中，农民工多从事高危、高温、高污染的工作，遭遇工伤、疾病、职业危害的风险相对较高，对于医疗、工伤保险的需求更为迫切。因此，企业应当及时为农民工足额缴纳社会保障费，主动分担农民工市民化中的社会保障成本，特别是农民工急需的医疗保险和工伤保险。郑功成认为，应当分层分类保障农民工基本权益，优先建立农民工需求迫切的工伤保险制度，其次建立重大疾病保险制度，逐步建立失业保险以及相应的社会救助制度的思路②。相对而言，工伤保险属于救急机制，而养老保险则具有“持久保护”的特点，对于农民工融入城市具有更重要的意义。但是，由于养老保险的全国统筹尚未建立，加之农民工工作流动性高，导致很多农民工对养老保险制度缺乏信任，近年来各地不时出现的养老保险“退保潮”就是例证。对于此类险种，企业应当严格遵守国家有关法律法规，按时足额为农民工缴纳养老保险，同时要加大政策宣讲力度，引导农民工充分领会相关公共政策，以及养老保险对于自身长远发展的重要意义。失业、生育（合并入医疗保险中）保险，可在一定程度上增强农民工城市工作的稳定性，促进农民工融入城市的进程。鉴于此，企业应当为被雇佣的农民工及时、足额缴纳保金，提高他们应对工伤、疾病、失业等风险的能力，为其彻底融入城市、转化为市民保驾护航。

---

① 蒋长流，韩春虹：《利益非一致性与农民工社会保障市民化的政策支持研究》，《经济体制改革》，2015 年第 1 期。

② 郑功成：《农民工的权益与社会保障》，《中国党政干部论坛》，2002 年第 8 期。

三、改善农民工的居住条件

解决农民工城镇住房问题是促进农民工市民化的重要内容，也必将进一步推进我国的城镇化进程，提高城镇化质量①，但目前农民工在城市的居住条件不容乐观。《2016年农民工监测调查报告》显示，在进城农民工中，租房居住的农民工占62.4%，购房的农民工占17.8%，单位或雇主提供住房的农民工占13.4%，进城农民工人均住房面积为19.4平方米②。从统计数据看，农民工租房由雇主提供仅占13.4%，比例相对较小。根据相关学者的测算，城市住房成本在农民工市民化总成本中占比最高，达到37%③。考虑到农民工市民化前期，由于技能单一等因素，农民工收入相对较低，一般很难承担起高额的购房成本，因此需要租房或入住企业集体宿舍。相关调查显示，在制造业和工矿企业中，虽有企业提供集体宿舍，经常是几十人拥挤在一个棚屋中，住宿条件和卫生条件较差。从事建筑施工工作的农民工，一般居住在建筑工地的简易工棚、地下室和未竣工的房屋中，大量自找住房的农民工住在相对廉价的"城中村"和郊区农民搭建的棚屋中④。

作为保障农民工平等权益的重要内容，从中央到地方的各级政府都开始积极探索如何将农民工逐步纳入城市住房保障体系。近年来，中央政府先后出台了一系列改善农民工居住条件的政策，2006年发布的《国务院关于解决农民工问题的若干意见》要求，要"多渠道改善农民工居住条件"，对企业在解决农民工住房问题上应当承担的责任做出划分，"有条件的地方，城镇单位聘用农民工，用人单位和个人可缴存住房公积金，用于农民工购买或租赁自住住房"，"招用农民工数量较多的企业，在符合规划的前提下，可在依法取得的企业用地范围内建设农民工集体宿舍。农民工集中

---

① 国务院发展研究中心课题组：《农民工市民化——制度创新与顶层政策设计》，北京：中国发展出版社，2011年，第211页。

② 国家统计局：《2016年农民工监测调查报告》，http://www.stats.gov.cn/tjsj/zxfb/201704/t20170428_ 1489334.html.

③ 李长生等：《云南省农民工市民化成本测算及分担机制研究》，《云南农业大学学报（社会科学）》，2015年第9期。

④ 国务院研究室课题组：《中国农民工调研报告》，北京：中国言实出版社，2006年，第14页。

的开发区和工业园区，可建设统一管理、提供企业租用的员工宿舍，集约利用土地”。

由于文化水平不高、信息来源渠道较少、住房信息闭塞、技能相对单一、收入水平偏低等因素，导致农民工在租房、购房方面面临诸多现实困难。作为农民工市民化的利益相关者，企业应当主动担负起农民工市民化进程中的部分住房成本，可以考虑以企业为单位，合理选择靠近企业、交通便利、租金便宜的房源，并通过加大住房补贴力度，扩大农民工人均住房面积，改善住房的卫生条件，提高农民工住房的便利性。另外，不同行业的企业可根据行业特点，采用适宜的住房方式。建筑业是农民工就业的主要领域，由于施工地点流动性高、施工时间计划性强等特点，工棚成为解决建筑行业农民工居住的主要方式。2007 年住建部等五部委下发的《关于改善农民工居住条件的指导意见》中指出，工程类施工企业向施工现场农民工提供的宿舍，应符合建筑施工现场环境与卫生标准有关规定。建筑企业在解决建筑业农民工居住问题时，应当符合相关卫生标准，解决农民工城市居住问题。同时，对于农民工数量较多的企业，可以依据《国务院关于解决农民工问题的若干意见》，“招用农民工数量较多的企业，在符合规划的前提下，可在依法取得的企业用地范围内建设农民工集体宿舍”，并将其纳入企业的常规管理中，统一管理，确保室内寝居条件完备、冷暖设施齐全；管理经验不足的企业，亦可通过第三方招标的方式，引入住宿管理经验丰富的第三方物业管理公司，对农民工日常住房条件进行优化；资金不足的企业，可通过政府出资补贴、企业缴纳公积金的方式集中为农民工租赁集体宿舍。

在分担农民工市民化过程中的住房成本时，可借鉴相关城市的做法，如针对农民工工作流动性强、经济负担能力较弱、城市住房功能需求单一等特点，部分城市探索农民工公寓的供给模式，这种模式具有政府主导、市场运作、户型紧凑、功能实用、价格优惠、统一管理的特点[①]。其中，重庆市的“蓝领公寓”，就是“政府主导、企业参与、园区统一管理”的一种合理成本分担模式，园区政府为蓝领公寓建设提供了组织、资金等保障，

---

① 国务院发展研究中心课题组：《农民工市民化——制度创新与顶层政策设计》，北京：中国发展出版社，2011 年，第 218 页。

投入财力物力，高标准规划建设，在公寓建成后以成本价转让给入住企业，企业每平方米月租5—7元甚至免费出租给员工，从而降低农民工的居住成本。

四、为农民工提供职业技能培训

一方面，自2012年以来，农民工的文化水平呈现逐年上升的趋势，但整体仍然偏低。如表7－4－3所示，2016年外出农民工中，高中及以上文化程度的占29.1%，比上年提高1.2个百分点。另一方面，农民工技能培训有所进展，但总体规模较小，难以满足农民工群体的需要，也不足以支撑工业强国战略的成功实施。如表7－4－4所示，2016年外出农民工接受过农业和非农职业技能培训的占35.6%，比上年提高0.2个百分点①，有近六成的农民工没有接受应有的技能培训。调查显示，绝大多数进城农民工希望通过相关培训提高技能水平，但现行培训水平较低、培训规模较小等问题的存在，使得农民工的技能提升缓慢，阻碍了他们收入水平的提高，延缓了他们融入城市社会的进程。

表7－4－3　外出农民工文化程度构成　　单位：%

	外出农民工				
	2012年	2013年	2014年	2015年	2016年
未上过学	8.3	0.9	0.9	0.8	0.7
小学	33.8	11.9	11.5	10.9	10.0
初中	47.0	62.8	61.6	60.5	60.2
高中	9.5	16.1	16.7	17.2	17.2
大专及以上	1.4	6.7	9.3	10.7	11.9

资料来源：国家统计局网站

① 国家统计局：《2016年农民工监测调查报告》，http://www.stats.gov.cn/tjsj/zxfb/201704/t20170428_1489334.html.

表 7-4-4　接受过技能培训的农民工比重　　单位：%

指 标	接受技能培训				
	2012 年	2013 年	2014 年	2015 年	2016 年
合计	30.8	32.7	34.8	33.1	32.9
20 岁及以下	24.0	31.0	32.6	—	—
21～30 岁	34.0	35.9	38.3	—	—
31～40 岁	32.0	34.1	36.1	—	—
41～50 岁	30.5	32.1	33.7	—	—
50 岁以上	25.5	25.9	28.8	—	—

资料来源：国家统计局网站

在农民工市民化过程中，企业应转变对农民工重使用轻培训，或只使用不培训的观念，充分认识农民工技能培训的重要性，树立起企业是农民工技能培训主体的理念，多渠道加强对农民工的文化再教育和技能培训。由于培训期间，农民工无法工作或工作过程中因时间占用而导致生产率下降，故农民工技能培训的成本应包括企业在培训期间支付农民工的工资和技能培训所需要的费用。而考虑到农民工季节性、职业性流动较大，企业担负农民工技能培训成本时，必然会遭遇到前期培训成本无法收回的风险，那么在此情况下，如何分担技能培训的成本就显得尤为重要。

在这里，需要对农民工技能培训的类型做一个区分，可简单将农民工技能培训分为两种：一是普通培训，即培训所获得的技能对多个企业同样有用，这种模式会在接下来的篇幅继续讨论；二是特殊培训，即培训所获得的技能只对提供培训的企业有用，或者说能使提供培训的企业生产率比其他企业要高得多。企业一般愿意分担特殊培训的成本，因为接受特殊培训的农民工在培训后得到的技能在其他企业无法施展。同时，企业也不愿解聘农民工，因为接受特殊培训的农民工的离岗会给企业带来损失，双方要协商解决各自承担的成本与分享收益①。

如图 7-4-1 所示，w_1 为农民工没有接受培训时的工资率。培训期间 t

① 曾湘泉：《劳动经济学（第三版）》，上海：复旦大学出版社，2017 年，第 163 页。

内，员工的边际生产率为 vmp^*，此时由企业支付给农民工的工资率为 w^*，在培训期间企业可以向农民工支付 w_4的工资，尽管按照生产率 $vmp = w$ 原则，农民工只能拿 w^*的工资。$w_1 - w^*$的差额部分就是企业承担的技能培训成本，$w_1 - w_4$ 的差额部分就是农民工个人承担的培训成本。在雇用期间可以向员工支付 w_3的工资，$w_3 - w_1$ 的差额部分是员工个人预期的培训收益，$w_2 - w_3$ 的差额部分是企业个人预期的培训收益。通过这一机制可以合理分担技能培训的成本，促进农民工技能的进一步提升。

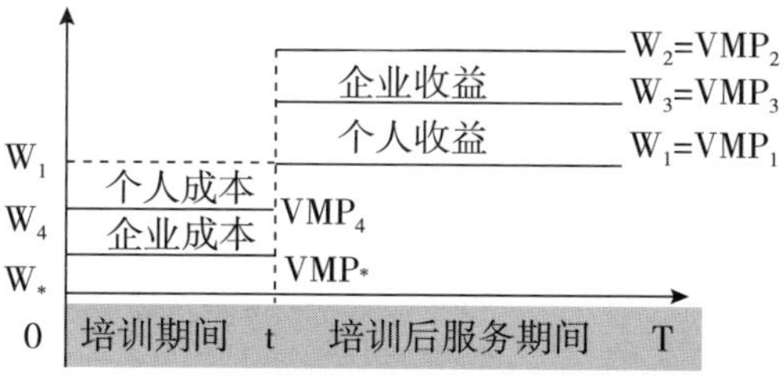

图 7－4－1　特殊培训的成本和收益分担

五、保障农民工的劳动条件

农民工与企业建立劳动关系，依法享有我国《劳动法》规定的各项劳动权益，如取得劳动报酬的权利、休息休假的权利、获得劳动安全卫生保护的权利等。农民工劳动权益能否得到保障，将直接影响到农民工市民化的进程①。我国农民工劳动权益保障问题相当突出，劳动权益受损现象普遍②，诸如劳动合同签订率低、克扣工资现象严重、就业卫生条件差、休息休假权利受到侵害等问题层出不穷。

劳动合同是保护劳动者合法权益的基本依据。2008 年 1 月 1 日起实施的《劳动合同法》第七条规定，用人单位自用工之日起即与劳动者建立劳动关系。第十条规定，建立劳动关系，应当订立书面劳动合同。第十七条规定，劳动合同应当具备以下条款：劳动合同期限；工作内容和工作地点；工作时

① 胡杰成：《农民工市民化研究》，北京：知识产权出版社，2012 年，第 176 页。
② 高峰：《空间理论视角的外来农民工城市融入问题研究》，北京：科学出版社，2013 年，第 84 页。

间和休息休假；劳动报酬；社会保险；劳动保护、劳动条件和职业危害防护。据《2016 年农民工监测调查报告》显示，2016 年与雇主或单位签订了劳动合同的农民工比重为 35. 1%，比上年下降 1. 1 个百分点。其中，外出农民工与雇主或单位签订劳动合同的比重为 38. 2%，比上年下降 1. 5 个百分点。农民工劳动合同签订率不升反降，说明很多企业履行劳动合同签订的规范性仍不足。

《劳动合同法》第三十条明确规定，用人单位应当按照劳动合同的约定和国家规定，向劳动者及时、足额支付劳动报酬。然而，现实中农民工被拖欠工资的情况屡见不鲜。据《2016 年农民工监测调查报告》显示，2016 年被拖欠工资的外出农民工人均拖欠 11941 元，比上年增加 1249 元，增长 11. 7%，2016 年被拖欠的工资总额为 270. 9 亿元，比上年增加 0. 9 亿元，增长 0. 3%[①]，农民工被拖欠工资的问题仍然十分严峻。

2006 年发布的《国务院关于解决农民工问题的若干意见》提出，企业必须按规定配备安全生产和职业病防护设施。强化用人单位职业安全卫生的主体责任，要向新招用的农民工告知劳动安全、职业危害事项，发放符合要求的劳动防护用品，对从事可能产生职业危害作业的人员定期进行健康检查。据计生委 2009 年流动人口检测报告，60% 的农业流动人口就业于工作条件差、职业病发生率高和工伤事故频发的低薪、高危行业，超过 1/3 没有任何安全措施，并缺乏安全教育和职业健康监护。

在工时方面，我国实行每天工作最长时间 8 小时，周工作最长时间 44 小时的制度。《劳动合同法》第三十一条规定，用人单位应当严格执行劳动定额标准，不得强迫或变相强迫劳动者加班。而据国家统计局调查，农民工普遍劳动时间长，平均每月比国家规定多工作 84 小时，折合 10. 5 个工作日[②]。另据《2016 年农民工监测调查报告》显示，2016 年农民工年从业时间平均为 10 个月，外出务工日工作超过八小时的农民工占 37. 3%，周工作超过四十四小时的农民工占 84. 4%，农民工休息休假权利受到严重侵害。

---

① 国家统计局：《2016 年农民工监测调查报告》，http：//www. stats. gov. cn/tjsj/zxfb/201704/t20170428_ 1489334. html.

② 国务院发展研究中心课题组：《农民工市民化——制度创新与顶层政策设计》，北京：中国发展出版社，2011 年，第 176 页。

现实生活中，农民工劳动合同签订率低、拖欠工资、职业卫生条件差、休息休假权利得不到保障等问题时有发生，这些问题的存在都严重阻碍了农民工市民化的进程。从企业视角看，首先，应当遵循《劳动合同法》第十条规定的“建立劳动关系，应当订立书面劳动合同”。及时与农民工签订书面劳动合同，并在合同即将到期时，及时提醒农民工，并征询农民工继续签订劳动合同的意愿，减少因劳动合同订立不完善所导致的劳动纠纷。其次，企业应当遵循《劳动合同法》第三十条第一款的规定，“用人单位应当按照劳动合同约定和国家规定，向劳动者及时足额支付劳动报酬”。及时支付农民工的工资性报酬、福利等。再次，为农民工提供安全卫生的工作场所，遵守国家相关规定，为农民工发放口罩、防毒面罩、手套等工具，提高农民工工作卫生条件，及时为农民工发放高温、夜班津贴等。最后，应遵循《劳动法》第三十六条规定，“国家实行劳动者每日工作时间不超过八小时、平均每周工作时间不超过四十四小时的工时制度”。在日常加班、节假日加班过程中，要严格遵守国家相应的规定，及时发放加班补贴，保障农民工的休息休假权利。同时，对于农民工就业较多的建筑、矿业等行业，可根据行业具体情况，实行弹性工作制，切实保障农民工的休息休假权利。在企业中大力支持、积极引导农民工工会的建立，适时对农民工就劳动权益相关知识进行培训，增加农民工劳动权益保护意识和劳动权益维权意识，拓宽农民工劳动权益受损后的维权渠道，推进农民工市民化的进程。

第五节　农民工的责任

农民工市民化的私人成本包括经济性成本和非经济性成本，经济性成本包括市民化后退出土地的损失、在城市工作生活增加的支出等；非经济性成本包括离开家乡人际关系网络的疏离、融入城市过程中遭遇歧视的心理落差等。具体来说，农民工承担的成本包含生活成本，即市民化后在城市生活为满足个人及家庭需求所增加的消费性支出；社保成本，即市民化后增加的社保费用增加额；自我发展成本，即为适应城市工作所增加的技能培训和职业教育投资；住房成本，即市民化后租房、购房增加的成本；随迁子女教育成本，即市民化后随迁子女教育增加的成本。如何让农民工合理分担这些成本，是推动农民工市民化进程的关键。

一、生活成本

农民工市民化的生活成本是指农民工在市民化前后生活费用支出的差额。主要包括日常的水电费、食物支出、服饰支出、交通通勤成本、通信联络成本等，由于住房成本占市民化成本的很大一部分，所以住房成本这部分将在下文继续讨论。据国家人口和计划生育委员会 2017 年 11 月发布的《中国流动人口发展报告 2017》显示，就业流动人口家庭在流入地的人均月支出由 2011 年的 1029 元增至 2016 年的 1748 元，增加约为 69%[①]。2013 年中国社科院发布的《城市蓝皮书》指出，农业转移人口在市民化过程中自行承担个人生活成本，平均每人 1.8 万元/年[②]。与农民工月均 3000 元的收入相比，城市生活成本显得过高，如何合理分担这部分生活成本亦是推动农民工市民化进程的一个关键着力点。

农民工市民化一方面减少了在农村的生活支出，另一方面又增加了在城市生活的支出，所以存在一个生活转换成本 $C_{r,u,l}$，同时农民工市民化与否是一个家庭的共同决策，包含劳动力 L、老人 O、随迁儿童 C 等，生活转换成本等于市民化后家庭成员生活总成本剔除在农村生活的总成本，$C_{r,u,l} = \sum_{x=1}^{n} N_x * C_{x,u,l} - \sum_{x=1}^{n} N_x * C_{x,r,l}$，这里 N_x 表示不同类型家庭成员的数量，其中 x = L，O，C；$C_{x,u,l}$表示家庭成员在城市（urban）的生活成本；$C_{x,r,l}$表示家庭成员在农村（rural）的生活成本。农民工市民化后在城市生活的收益则来源于城市完备的基础设施、发达的交通、便利的生活配套设施等经济和非经济性便利。农民工应在综合考虑成本和收益后，主动承担市民化后转换的生活成本。

① 新民晚报：《中国流动人口发展报告 2017：我国流动人口规模为 2.45 亿人 总量连续两年下降》，http：//shanghai. xinmin. cn/xmsq/2017/11/10/31332612. html.

② 中国财经报：《农民工市民化：建立合理的多方成本分担机制》，http：//finance. ifeng. com/a/20140814/12924918_ 0. shtml.

二、社会保障成本

农民工市民化意味着由原来的农村社会保障转入城镇社会保障体系，而城镇社会保障的保费较农村而言，相对偏高，社保的成本可以视为较高的城镇社会保障费用与较低的农村社会保障费用之间的差额。城镇社会保障缴费总额通常采用缴费基数，以工资额 W 为基准，乘以一个缴费比例 K 来计算。而农村社会保障通常是采用固定数额缴费，比如养老保险 1500 元，医疗保险每人每年度 130 元等，故记为 P_r。

在这里，同样可以将农民工社会化的社保支出视为两个部分：一方面减少了在农村的社保费用支出，另一方面又增加了在城市的社保费用支出，所以存在一个社保转换成本 $C_t = W * K - P_r$。综上，可将生活成本和社保转换成本进行加总求和，通过求一阶导，初步计算出农民工市民化私人成本分担过程中的决策机制。

降低农民工市民化的成本，建立一个有效的多方成本分担机制十分关键。《国家新型城镇化规划（2014—2020 年）》提出，要建立健全由政府、企业、个人共同参与的农业转移人口市民化成本分担机制，根据农业转移人口市民化成本分类，明确成本承担主体和支出责任①。对于农民工个体的成本分担，应考虑到其个人的分担能力，据《农民工监测调查报告》显示，2016 年外出务工农民工月均收入 3572 元。以此标准计算，扣除生活成本，按照城镇农民工“五险一金”标准缴纳保费就占到农民工收入的 23%，加之高昂的城市生活成本，农民工可支配收入所剩无几。因此，合理分担农民工城镇化的社保成本，优化分担机制显得尤为必要。

在社会保障成本分担方面，可借鉴德国 1883 年颁布的《疾病保险法》相关做法：疾病保险保费由雇主和雇员共同分担，雇主承担保费的三分之二，雇员承担三分之一，保费征收是以收入为基础，体现出社会保险转移支付的特征。同时，只要雇员一人参保，其配偶和子女均可以免费享受医

① 中央政府门户网站：《国家新型城镇化规划（2014—2020 年）》，http：//www. gov. cn/zhengce/2014 -03/16/content_ 2640075. htm.

疗保险待遇。在社会保险制度建设中，由政府、企业、农民工三方共同担负保费，考虑到农民工市民化初期的经济承受能力，可以进一步降低农民工的承担比例。农民工可根据个人实际情况，如个人经济承受能力、社会保障需求等，在现有的城镇社会保障体系下，特别是养老保险和医疗保险这两个核心险种内，合理选择个人的缴费方式和额度。比如，参与工作的农民工可加入城镇农民工养老保险，与企业共同分担社会保障费用；个体户或其他低收入农民工可参与城镇居民养老保险，根据个人的经济实力选择100—2000元/月的不等额保费①，主动承担农民工市民化个人部分的社会保障费用。

三、自我发展成本

据《2016年农民工监测调查报告》显示，接受非农职业技能培训的农民工占30.7%，外出农民工接受过农业和非农职业技能培训的占35.6%②，有近六成的外出农民工未接受相应培训。如前所述，针对农民工的技能培训分为普通培训和特殊培训，本节将主要论述普通培训的成本分担。由于普通培训能提升农民工的综合能力，对劳动力市场上同类雇主均有提升劳动生产率的作用，培训后企业会面临培训成本无法回收的风险。因此，企业一般不愿意为农民工提供普适性较强的普通培训。这种培训一般和再教育归为一类，由专业的培训学校提供。若由企业提供普通培训，员工需在培训期间接受一个更低的起点工资来分担相应的培训成本。

如图7-5-1所示，W_1 为农民工没有接受培训时的工资率。培训期间t内，农民工的边际生产率为 vmp^*，此时由企业支付给农民工的工资率为 w^*，$w_1 - w^*$ 的差额部分即为农民工承担的培训成本。培训完后的服务期（t-T）内，企业支付给农民工的工资率为 w_2，因为此时农民工因为培训后技能的提高，其边际生产率上升为 vmp_2，$w_2 - w_1$ 的差额部分为培训的收益。由于普通

① 国务院办公厅：《国务院关于开展城镇居民社会养老保险试点的指导意见》，http://www.gov.cn/zwgk/2011-06/13/content_1882801.htm.

② 国家统计局：《2016年农民工监测调查报告》，http://www.stats.gov.cn/tjsj/zxfb/201704/t20170428_1489334.html.

培训对多个企业均适用，所以应当由农民工个人承担技能培训的成本和收回培训后的收益。

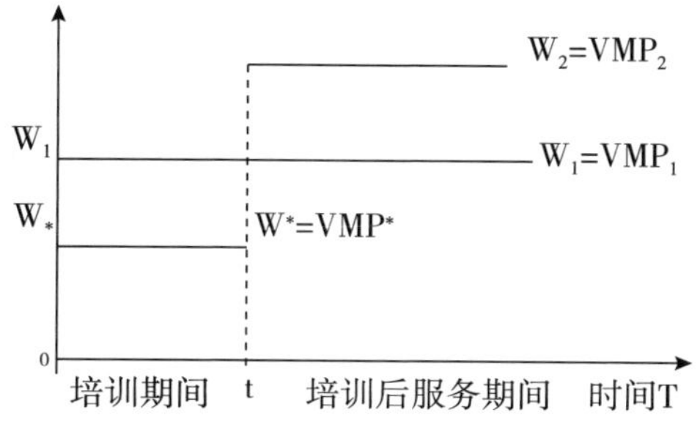

图 7－5－1　普通培训的成本分担机制

《国家新型城镇化规划（2014—2020年）》指出，农民工要积极参加职业教育和技能培训，并按照规定承担相关费用，提升融入城市社会的能力。在企业内进行普适性较强的普通培训，可由农民工通过在培训期间接受较低的工资来实现成本的分担。而对于提升农民工个人文化素养的再教育，则应按照实际情况来设计分担机制：如再教育是企业职业所需，则应按照前文特殊培训的方式，成本由农民工和企业共同分担；如再教育是农民工基于个人职业生涯发展所需，则应由政府和农民工共同分担成本，具体可采用农民工教育补贴的方式，通过资金、教育补贴券等多种形式，形成“钱随人走”的机制。

四、改善居住条件的成本

据《2016年农民工监测调查报告》显示，在进城农民工中，租房居住的占62.4%，购房的占17.8%，单位或雇主提供住房的占13.4%，以其他方式解决居住问题的占6.4%，购买保障性住房和租赁公租房的不足3%①。如表7－5－1所示，农民工在城市的主要居住方式仍是租房，其次是用人单位提供宿舍。

① 国家统计局：《2016年农民工监测调查报告》，http：//www.stats.gov.cn/tjsj/zxfb/201704/t20170428_ 1489334.html.

表 7-5-1 外出农民工的住宿情况 单位:%

<table>
<tr><th></th><th>2008 年</th><th>2009 年</th><th>2010 年</th><th>2011 年</th><th>2012 年</th><th>2013 年</th><th>2014 年</th><th>2015 年</th></tr>
<tr><td>单位宿舍</td><td>35.1</td><td>33.9</td><td>33.8</td><td>32.4</td><td>32.3</td><td>28.6</td><td>28.3</td><td>28.7</td></tr>
<tr><td>工地工棚</td><td>10.0</td><td>10.3</td><td>10.7</td><td>10.2</td><td>10.4</td><td>11.9</td><td rowspan="2">17.2</td><td>11.1</td></tr>
<tr><td>生产经营场所</td><td>6.8</td><td>7.6</td><td>7.5</td><td>5.9</td><td>6.1</td><td>5.8</td><td>4.8</td></tr>
<tr><td>与他人合租住房</td><td>16.7</td><td>17.5</td><td>18.0</td><td>19.3</td><td>19.7</td><td>18.5</td><td rowspan="2">36.9</td><td>18.1</td></tr>
<tr><td>独立租赁住房</td><td>18.8</td><td>17.1</td><td>16.0</td><td>14.3</td><td>13.5</td><td>18.2</td><td>18.9</td></tr>
<tr><td>务工地自购房</td><td>0.9</td><td>0.8</td><td>0.9</td><td>0.7</td><td>0.6</td><td>0.9</td><td>1</td><td>1.3</td></tr>
<tr><td>乡外从业回家居住</td><td>8.5</td><td>9.3</td><td>9.6</td><td>13.2</td><td>13.8</td><td>13.0</td><td>13.3</td><td>14</td></tr>
<tr><td>其他</td><td>3.2</td><td>3.5</td><td>3.5</td><td>4.0</td><td>3.6</td><td>3.1</td><td>3.3</td><td>3.1</td></tr>
</table>

数据来源：国家统计局网站

如表 7-5-2 所示，2015 年外出农民工中，从雇主或单位得到免费住宿的占 46.1%，从雇主或单位得到住房补贴的占 7.9%，不提供住宿也没有住房补贴的占 46%[①]。农民工得到住房补贴的比例仍然较低，未提供宿舍也没有住房补贴的农民工比例依然很高。鉴于农民工属于低收入群体，在市民化初期，一般无力承担城市高额的购房成本和租房成本，因此需要入住企业宿舍或通过住房补贴来降低其在城市的居住负担。2013 年中国社科院曾发布的《城市蓝皮书》显示，农民工市民化进程中，绝大多数农民工还需要支付平均约为 30 万元/户的购房成本。如果考虑一线城市，这个数字会再增长数十倍，与农民工月均 3000 多元的收入相比，这无疑是沉重的负担。在市民化过程中，农民工应当根据个人及家庭的经济状况，结合所在城市的房产价格，合理选择个人及家庭的住房方式。在市民化初期，可入住企业提供的宿舍或租房居住，在收入提高后，可以有选择的购房居住。另外，农民工也可缴纳住房公积金，辅助租房、购房，与企业共同承担市民化过程中的住房成本。

---

① 国家统计局：《2015 年农民工监测调查报告》，http：//www. stats. gov. cn/tjsj/zxfb/201604/t20160428_ 1349713. html.

表 7－5－2　外出农民工的居住负担情况　　单位：%

	2010 年	2011 年	2012 年	2013 年	2014 年	2015 年
雇主或单位提供免费住宿	33.8	49.9	49.5	46.9	46.8	46.1
不提供住宿，但有住房补贴	11	8.8	9.2	8.2	8.6	7.9
两者均无	45.5	41.3	41.3	44.9	44.6	46

数据来源：国家统计局网站

五、随迁子女教育成本

农民工市民化不仅需要农民工个体融入城市社会，还包括家庭成员的整体融入。对于农民工随迁子女而言，他们融入城市社会最主要的方式就是教育融入。所谓教育融入是指农民工随迁子女通过在城市学校接受教育，从而实现城市身份、社会心理方面的转换。随迁子女教育成本是指农民工子女随着父母的迁移来到城市后，在城市接受教育的支出高出在农村接受教育支出的差额。

农民工随迁子女数量庞大，有学者以 2005 年全国 1% 人口抽样调查样本为依据估算，当年农民工随迁子女数量就达到了 1314 万①。随着农民工市民化进程的不断加快，这一数字也在不断上升。近年来，随着国家对农民工随迁子女教育问题的重视不断加强，农民工随迁子女的教育问题有了一定的改善，但仍不乐观。如何更好地分担农民工随迁子女教育的成本，实现更加公平、质量更高的教育，是促进农民工市民化进程的一大助力。现实中，农民工随迁子女教育状况堪忧，据统计，全国适龄流动儿童中未按要求入学接受义务教育的比例为 4.8%，高于全国儿童 3.3% 的比例②。根据国务院妇女儿童工作委员会和中国儿童中心对北京、深圳、武汉、成都等九个城市流动儿童教育情况的调查，流动儿童失学率仍然高达 9.3%，近 50% 的适龄儿童不

① 王宗萍，段成荣，杨舸：《我国农民工随迁子女状况研究——基于2005 年全国1% 人口抽样调查数据的分析》，《中国软科学》，2010 年第 9 期。

② 任云霞：《在社会排斥视阈下研究流动儿童的城市适应问题》，《内蒙古师范大学学报（教育科学版）》，2006 年第 2 期。

能及时入学，已经入学的儿童还有20%因家庭经济困难，难以维持学业①。

农民工随迁子女的教育问题，主要表现在随迁子女受教育机会不均等，如入学困难、辍学率高、被城市公立学校拒之门外，有的城市甚至规定了公立小学招收流动儿童的比例，如此城市化显然违反社会公平和共享原则②；在很长一段时间内，农民工子女若要进入城市公办学校就读，就必须缴纳高额的借读费、赞助费。例如北京市教育局规定，非本市户口学生除了缴纳规定的书杂费用，另外收取借读费用，小学阶段为每学期每人600元，中学阶段为1000元③。虽然农民工随迁子女教育问题在"两为主"政策全面推行后有了一定的改观，但这一政策的实施成效与原定的政策目标发生了偏移④，主要表现为公办学校虽然接受农民工随迁子女就读，但仍变相收取隐性"借读费"，或在教育过程中实行"分班"制。

在现行政策和资金的约束下，农民工更倾向于将随迁子女送入农民工子弟学校就读。以上海市为例，2002年底，外来31万义务教育适龄儿童中绝大部分是农民工子女，进入公办学校的有12万人，其余19万人在城乡约420所农民工子弟学校就读⑤。而农民工子弟学校又存在教育质量不高，环境较差等问题，这种学校多由农民工自己开办，地处农民工聚集的城市边缘地区，教育条件比较简陋，校舍多是租用破旧的民房、厂房或仓库，日常教学设备、仪器匮乏，课程设置不规范，师资水平参差不齐，相当一部分是没有任何教学经验的务工人员，学校的安全、卫生隐患也较大⑥；农民工随迁子女家庭教育缺乏，由于农民工文化素养不高，多从事重体力劳动，很少有时间对子女进行家庭教育。农民工随迁子女的受教育程度，不仅直接关系到他们未来的发展，也将在很长一段时间内影响我国新增劳动力的综合素质，从长远来看，更决定着农民工身份的代际传承。因此，如何实现对农民工随迁子女教育成

---

① 中国改革编辑部：《新失学现象》，《中国改革（农村版）》，2003年第4期。

② 孙永正：《"农民工市民化"成本与收益的辨析》，《经济问题》，2016年第3期。

③ 李培林：《农民工——中国进城农民工的经济社会分析》，北京：社会科学文献出版社，2003年，第212页。

④ 高峰：《空间理论视角的外来农民工城市融入问题研究》，北京：科学出版社，2013年，第11页。

⑤ 周佳：《教育政策执行研究——以进城就业农民工子女义务教育政策执行为例》，北京：教育科学出版社，2007年，第95页。

⑥ 胡杰成：《农民工市民化研究》，北京：知识产权出版社，2012年，第153页。

本的合理分担，是亟待解决的问题。

根据教育部《关于进一步完善城乡义务教育经费保障机制的通知》规定，农民工随迁子女无论是在公办还是民办学校就读，都可以享受公共财政支持。近年来，国家出台了诸多关于农民工随迁子女义务教育的公共政策，对其公平、均等地享受到义务教育提供了很大帮助。农民工应当根据自身工作、家庭经济状况，为随迁子女选择合适的就学方式，经济承受能力一般的农民工家庭可以选择暂时就读农民工子弟学校，待经济状况好转可考虑转学至城市公办学校；经济承受能力较强的家庭，可选择城市公办学校就读。

第六节　社会参与

农民工市民化的成本中包含了经济成本和非经济成本，经济成本上文讨论较多，如生活、住房、随迁子女教育、社保成本等；非经济成本则包含文化融入的困难、遭遇歧视的情感低落、权益受损时维权困难等。这些非经济成本的分担，很大程度上需要依靠工会、城市社区、社会组织等社会力量来完成。

一、工会

在新型国家治理体系构建和群团组织改革中，工会被党和政府赋予了重要使命。工会不仅要履行好维护农民工权益的传统职责，还要肩负起参与社会治理、推动农民工市民化相关公共政策制定的重要责任。但从现实情况看，工会在维护工人权益、处理劳动争议以及参与源头治理等方面，均不同程度地存在职责定位不清、动员资源能力有限、有效办法不多等问题与困惑，严重制约了工会履职尽责的效能。对此，工会迫切需要结合党的十九大对工会提出的新要求，明确自身职责定位，从以下四个方面维护农民工合法权益，积极推进农民工融入城市的进程。

第一，组织动员农民工，促进经济发展。党的十九大根据社会主要矛盾的变化，做出了中国特色社会主义已进入新时代的历史性判断，但这并不能改变我国正处于并将长期处于社会主义初级阶段这个最大实际，不能改变我国仍是世界上最大发展中国家的事实。因此，促进经济持续增长，进一步做大蛋糕规模，仍是解决前进过程中遇到所有问题的关键，是当前和今后一段时期执政党治国理政的中心任务。在国内外市场需求整体疲软的情况下，党中央适时提出了供给侧结构性改革的思路，旨在全面提升“中国制造”的品质，满足人民群众日益增长的美好生活需要。工会作为农民工的“娘家人”，在组织动员农民工参与经济建设方面责无旁贷。首先，工会要认真领会国家的大政方针，进一步明确发展经济的重要性和紧迫性。党的群团工作会议强调，围绕党和国家工作大局开展工作，始终是群团组织的价值所在。工会开展工作必须坚持以发展为中心，其他工作都要服从和服务于这个大局。为此，工会必须紧密结合供给侧结构性改革的要求，组织动员农民工积极参与新产品研发，积极开展提升质量、优化操作、节能降耗、技术创新等多种劳动和技能竞赛，积极投身自主创新实践，努力掌握新知识、新技术、新方法，切实从供给侧全面提升产品质量，为中国制造转型升级和工业强国战略的实现贡献智慧和力量，为高效的社会治理奠定坚实的经济基础。其次，工会要加大农民工技能培训力度，实现高素质产业工人的制度化、规模化生产。改革开放四十年来，中国经济奇迹的创造离不开工人的勤劳与汗水，而未来中国经济的提质增效将更多地依赖于工人的技能水平与创新能力。组织培训农民工，提升农民工技能水平是工会义不容辞的责任。工会应当充分发挥自身优势，整合现有职业培训资源，理顺相关主体间的权责关系，通过项目制方式实行市场竞标采购，建立切实可行的量化考核体系，构建“农民工愿意学习、企业愿意录用、政府愿意投入”的培训体系，为中国制造转型升级输送大批量、高素质的技术工人①。最后，工会要大力弘扬劳模精神和工匠精神，积极营造崇尚劳动的社会氛围。尽管我们大力宣传“三百六十行，行行出状元”的正能量，但受传统文化中“万般皆下品，唯有读书高”“劳心者治人，劳力者治于人”等思想的影响，社会上出现了“重管理，轻技术”“重享乐，轻劳动”的不良舆论，严重误导了青少年的就业观念和职业选择。对此，工会

① 李珂，张善柱：《高素质产业工人队伍建设发展的实践路径分析》，《中国劳动关系学院学报》，2017 年第 1 期。

要理直气壮地弘扬劳模精神和工匠精神，充分宣传大国工匠的先进事迹和新时代工人阶级的伟大品质，努力增强广大农民工的主人翁意识，打造积极向上、团结向善的农民工文化，让“劳动光荣，创造伟大”成为时代最强音，为经济发展和工业强国战略的实现营造良好社会氛围。

第二，有序利益表达，维持政治稳定。政治稳定是经济社会可持续发展的前提条件，也是农民工合法权益赖以实现的前提条件。传统政治学理论认为，公民政治参与水平越高，越有利于实现政治稳定，但美国学者亨廷顿得出了与之相反的结论①。他认为，政治参与和政治稳定之间的关系取决于一个中间变量，即政治制度化的水平。政治制度化是指政府对公民利益诉求进行回应的能力，如果公民的政治参与水平和政府的政治制度化水平相适应，即公民提出的利益诉求能够得到政府及时有效的回应，则政治参与有助于促进政治稳定。如果政治参与超越了政治制度化的水平，即公民通过政治参与向政府提出了大量利益诉求，而政府无力回应或满足这些诉求，就会导致政府失去政治合法性，从而陷入混乱和动荡。因此，在亨廷顿看来，发展中国家的首要任务并不是政治民主化，而是在保持政治稳定的前提下发展经济，并通过经济体制改革带动政治体制改革，即“渐进式改革”。当前由于经济转型、体制转轨和经济下行的综合影响，劳动关系领域存在劳资关系紧张、农民工合法权益遭到侵害、集体劳动争议居高不下的情况。工会作为农民工利益的代表者和维护者，理所应当要表达工人的利益诉求，并为工人的利益表达搭建制度化平台，进而使其反映在人大立法和政府决策之中。同时应当看到，工人的维权困境是多种因素导致的，既有历史因素，又有现实因素；既有经济原因，也有政治原因。因此，工会在坚持维护农民工权益立场的前提下，要注意有序引导农民工的利益表达，引导其理性看待经济社会转型带来的利益关系变化和利益格局调整，正确处理个人与企业、社会的利益关系，依法、和平、理性地表达利益诉求。此外，工会作为农民工利益的“代言人”，不能满足于做农民工的“传话筒”。利益表达只是完整政策过程的第一阶段，在引导农民工完成利益表达之后，工会还要根据利益诉求的合理程度以及轻重缓急，进行梳理、归纳、综合、升华，优先考虑农民工反映的最强

① ［美］亨廷顿：《变化社会中的政治秩序》，上海：上海人民出版社，2010 年。

烈最迫切的现实困难，并提出操作性强的解决方案，为党政部门决策提供参考，真正在党和政府以及农民工群众之间架起一座坚实的桥梁，扮演好社会稳定的“减压阀”和“缓冲器”。

第三，维护农民工权益，构建和谐劳动关系。维护农民工权益是工会的本职工作，也是工会参与社会治理的切入点和着力点。当前，我国经济步入了新常态，经济下行压力较大，劳动关系领域出现了新动态，给工人权益以及工会维权带来了新挑战。对此，工会必须积极适应这些新变化，及时调整工作重心并完善工作方式，从收入分配这一最基本的利益关系入手，着力协调利益关系，积极构建和谐劳动关系。首先，工会要积极参与相关法律法规的制定，主动参与到劳动就业、收入分配、社会保障、职业安全卫生等劳动政策的制定过程中，从源头上为维护农民工权益和工会开展工作提供法理依据。其次，工会干部要真正俯下身子，扎根基层，与农民工群众打成一片。党的群团工作会议明确要求，群团组织要去除“机关化、行政化、贵族化、娱乐化”，各级工会组织要认真学习贯彻中央精神，对照自身实际情况认真检查，并以此为契机深化工会系统改革。工会干部要经常性地走出机关大楼，真正深入工厂车间、一线农民工中间进行调研走访，及时了解农民工的实际困难，准确传递农民工的利益诉求，并代表农民工提出可行性建议和主张，这应该成为各级工会干部工作的“新常态”。最后，工会应该紧密结合经济新常态给劳动关系带来的新挑战，围绕劳动关系的建立、运行、调解以及监督等环节，建立科学合理的利益表达机制和矛盾调解机制，构建切实可行的激励约束机制①，引导广大企业主动关爱农民工，实现劳资利益和谐共进。鉴于目前农民工工资普遍偏低的现实情况，工会要把推动工资集体协商作为今后工作的重心，积极推进企业普遍建立工资集体协商制度，引导并督促企业完善农民工工资共决机制、正常增长机制以及支付保障机制。

第四，参与公共治理，推动政府善治。善治即有效的治理，通过政府与社会组织的合作治理，实现公共利益最大化的过程②。工会作为我国重要的社会政治团体，在参与公共治理、推动政府善治方面可以大有作为。首先，工

① 张丽琴，龙凤钊：《功能协调型：国家治理体系中的工会功能定位》，《兰州学刊》，2016 年第 3 期。

② 俞可平：《治理和善治：一种新的分析框架》，《南京社会科学》，2001 年第 9 期。

会要充分运用党政赋予的资源，积极参与公共治理，促进公共政策制定的科学化、民主化。根据法律规定，工会可以通过党的代表大会、人民代表大会、政治协商会议等制度性渠道参与公共事务治理，同时，《工会法》规定，县级以上各级人民政府在制定国民经济和社会发展规划以及制定劳动就业、薪酬待遇、职业安全与职业卫生、社会保障等涉及农民工切身利益的政策时，应当积极吸纳同级工会参与讨论，认真听取工会的意见和建议。客观而言，工会参与公共治理已经有了较为健全的法律支撑，但其实践效果与广大农民工的期待以及国家治理体系现代化的目标相比仍存在显著差距。为了切实提升工会参与公共治理的效能，一方面要从制度设计上赋予工会更多资源，增强工会参与公共治理相关规定的操作性和可行性，加大对执行情况监督检查的力度，从源头上确保工会在新型国家治理体系中发挥不可替代的作用；另一方面要大力提升工会参政议政的能力。工会开展工作要坚持“围绕中心、服务大局”，尽快就“一带一路”“产业工人队伍建设”“工业强国”等国家战略组织专家调研论证，拿出有深度、有分量、操作性强的调研报告，以实际行动和参与效能争取更多参与社会治理的资源和机会。其次，工会要积极参与购买公共服务，推动服务型政府建设。提供公共服务是政府义不容辞的责任，也是政府获取合法性的主要来源，但伴随着市场化改革和政府职能转变的持续深化，政府不再是公共服务的唯一提供者，政府向社会组织和其他市场主体购买公共服务已成为进一步深化政府职能转变的可行路径。对此，工会要积极顺应公共服务型政府建设的要求，以购买公共服务的形式承接政府转移的职能。工会参与购买公共服务不仅有利于加强自身能力建设，也有助于提高公共资源的配置效率，满足农民工群众日益多样化、个性化、柔性化的需求。具体来说，工会要立足自身优势，积极承接农民工技能培训、农民工随迁子女教育、困难农民工帮扶救助等公共服务。工会承接公共服务要严格按规律办事，规范管理、精心组织、严格执行，建立一套能负责、能问责的监督考核机制，最终实现政府放心、农民工认可和自身能力提高的共赢目标。

二、城市社区

当前，农民工在城市面临多方面的社会排斥，导致他们对城市的认同感和归属感不强，制约了社会融入[1]。在社会交往中，农民工多以血缘、地缘关系为纽带，社会交往对象多限于本群体内部，逐步形成了“内卷化”的社会认同。如图 7 – 6 – 1 所示，农民工业余时间的人际交往对象中，老乡占 35.2%，比上年提高 1.6 个百分点；当地朋友占 24.3%，比上年提高 0.8 个百分点；同事占 22.2%，比上年提高 0.7 个百分点；其他外来务工人员占 3.1%，比上年下降 1.1 个百分点，12.7% 的农民工基本不和他人来往[2]。城市社区是农民工融入城市的社会化组织载体，因此，城市社区应当发挥其应有的作用，对农民工城市融入过程中出现的心理问题、就业问题、医疗问题、子女入学问题，积极发挥社区组织（如妇联组织、党团组织、居委会组织）作用，切实解决农民工城市融入过程中遇到的困难。

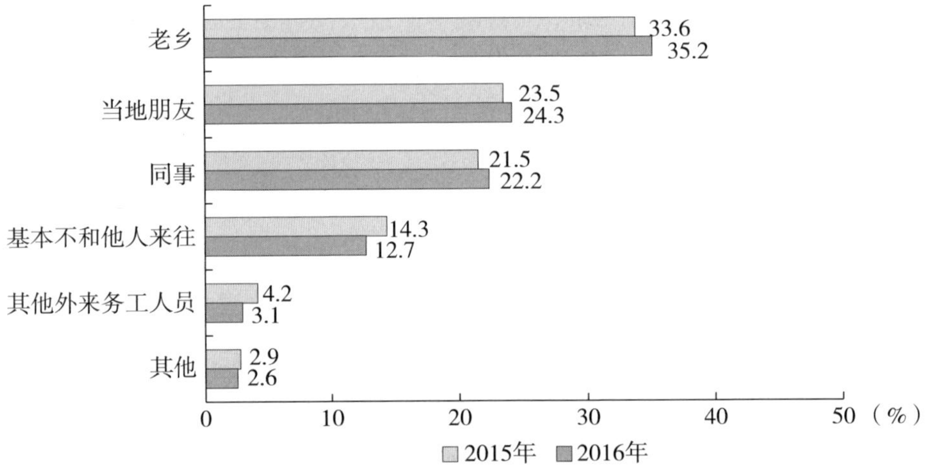

图 7 – 6 – 1　进城农民工业余时间交友选择的情况

2006 年发布的《国务院关于解决农民工问题的若干意见》提出：“构建以社区为依托的农民工服务和管理平台；鼓励农民工参与社区自治；发挥社区的社会融合功能；完善社区公共服务和文化设施。”2011 年民政部下发的《关于促进农民工融入城市社区的意见》是第一部关于农民工融入城市社区的专门性文件，首次在国家层面上绘制出农民工城市融入问题中社区服务体系

---

① 国务院发展研究中心课题组：《农民工市民化——制度创新与顶层政策设计》，北京：中国发展出版社，2011 年，第 276 页。

② 国家统计局：《2016 年农民工监测调查报告》，http://www.stats.gov.cn/tjsj/zxfb/201704/t20170428_1489334.html.

建设的蓝图，文件包括社区服务管理平台建设、就业服务工作的落实、自治权利、服务管理体系建设、业余文化生活 5 个方面。这些文件的颁布，为城市社区参与农民工市民化进程，促进农民工融入城市，提供了指导性意见。对此，城市社区应当依托社区内正式组织和非正式组织，主动承担起农民工市民化的部分成本，从文化、服务、组织各个方面促进农民工市民化的城市融入进程。城市社区应当转变社区管理思路，变管理型组织为服务型组织，树立以人为本的服务理念，将为农民工服务作为社区服务的重要内容①。加强对农民工的宣传和引导，鼓励他们积极参与城市社区的日常管理，促进农民工与城市社区居民间的交流与沟通，在涉及社区居民切身利益的问题上，应当加强同农民工群体的沟通交流，使其能够在关乎自身利益的问题上发声，提高他们的组织认同感。同时，社区应当完善社区服务平台建设，积极组织针对农民工的社区教育活动，引导其尽快适应城市生活。组建社区志愿者队伍，为农民工融入城市提供引导，如市情介绍、法律咨询、工作信息推荐等；也可以对外来农民工进行结对帮助，为他们在城市谋生提供物质援助②。通过就业咨询、子女教育咨询、法律援助等多种方式，解决农民工市民化进程中的困惑，分担农民工市民化的就业成本，并通过社区法律法规宣传、联合工会等方式，对农民工的技能和文化再教育进行投资。

三、其他社会组织

如前所述，农民工市民化是一项系统性工程，也是一项多方投资、多方受益的投资项目，社会组织提供的社会产品和服务同样必不可少。社会组织可以通过提供社会服务的方式，分担农民工市民化的部分成本。在促进农民工市民化进程中，社会组织具有受众面广、服务产品多样的优势，可以迅速匹配农民工市民化过程中的差异化、个性化需求，并针对性、定制化地提供相关服务。目前，服务于农民工的社会组织主要包括各类民办职业介绍中心、民办职业技能培训学校、法律援助中心、农民工维权中心、心理咨询机构、

① 王晓，高淑桃：《以城市社区为突破口推进农民工市民化》，《农村经济与科技》，2012 年第 3 期。
② 高峰：《苏南地区外来农民工市民化长效机制的构建》，《城市发展研究》，2006 年第 4 期。

文化娱乐组织，等等。虽然它们的服务领域与服务功能各异，但都可以在农民工市民化教育培训过程中发挥应有的作用①。

在实践中，社会组织在开展工作方面面临着诸多问题，具体表现为政府的重视程度不够，支持力度不大；由于政府和社会组织之间的沟通协调不畅，导致社会组织发挥作用的边界不清楚；社会组织的作用和农民工的需求不对接等。为此，社会组织应当规范自身管理，提高服务质量，积极寻求政府的认可和支持，为农民工提供就业信息和技能培训，使他们成为掌握一技之长的技能型人才，在劳动力市场找到合适的就业岗位。此外，社会组织应当对农民工进行法律和维权知识方面的培训，提升他们自我维权和社会救助的能力；为农民工政治参与提供组织渠道，方便农民工以集体的形式表达自己的利益诉求；引导农民工参与城市管理，影响政策制定过程和政策结果，为其尽快融入城市生活提供保障。

总　结

农民工市民化集体行动困境的化解，不能仅仅依靠舆论宣传，不能依赖于地方官员的道德觉悟，当然也不能沿用计划经济时代的行政强制。从长远来看，只能加强制度供给和宏观政策调整，综合运用经济、法律、行政手段，激发不同利益主体参与农民工市民化的内生动力，从而实现农民工市民化的可持续推进。农民工市民化集体行动困境的根源在于各主体承担的职责不明确，成本和收益不匹配，导致各主体存在“搭便车”行为。为此，需要强化中央政府在农民工市民化顶层设计中的决定权，根据公共服务的性质、受益边界以及各级政府的财政实力，合理划分不同层级政府在公共服务供给中的责任，并据此重新调整财权和事权在纵向政府间的配置，实现二者的有机匹配。建立选择性激励机制，根据各地接纳农民工的数量和规模，健全与之配套的财政转移支付机制和奖励机制，切实做到“人钱挂钩”“钱随人走”。建

① 中国社会科学网：《发挥社会组织在农民工市民化中的作用》，http：//www.cssn.cn/shx/shx_sxk/201403/t20140304_1011346.shtml.

立严格的监督考核机制，并将考核结果作为领导干部提拔、任用的基本依据，对于考核不合格的干部实行“一票否决”，对于涉及违纪违法的人员则要依法追责。通过正反两方面的激励与惩戒机制，调动地方官员推动农民工市民化的积极性，形成中央政府、流入地政府、流出地政府、企业、工会、城市社区、农民工等相关主体共同推进农民工市民化的合力。

参考文献

一、著作类

［1］邓小平：《邓小平文选（第三卷）》，人民出版社，1993 年。

［2］习近平：《干在实处 走在前列——推进浙江新发展的思考与实践》，中共中央党校出版社，2013 年。

［3］费孝通：《乡土中国》，人民出版社，2015 年。

［4］国务院研究室课题组：《中国农民工调研报告》，中国言实出版社，2006 年。

［5］陆学艺：《当代中国社会流动》，社会科学文献出版社，2004 年。

［6］郑功成：《社会保障学》，中国劳动社会保障出版社，2005 年。

［7］王浦劬：《政治学基础（第三版）》，北京大学出版社，2014 年。

［8］孙立平：《断裂》，社会科学文献出版社，2003 年。

［9］潘家华，魏后凯：《中国城市蓝皮书：农业转移人口的市民化》，社会科学文献出版社，2013 年。

［10］陈振明：《政治学》，中国社会科学出版社，2004 年。

［11］李春玲：《社会分层理论》，中国社会科学出版社，2008 年。

［12］刘传江，徐建玲等：《中国农民工市民化进程研究》，人民出版社，2008 年。

［13］刘烨：《马斯洛的人本哲学》，内蒙古文化出版社，2008 年。

［14］中国发展研究基金会：《中国发展报告 2010：促进人的发展的中国新型城镇化战略》，人民出版社，2010 年。

［15］钱文荣，黄祖辉：《转型时期的中国农民工：长江三角洲十六城市农民工市民化调查》，中国社会科学出版社，2007 年。

［16］程同顺：《当代中国农村政治发展研究》，天津人民出版社，2000 年。

［17］周一星：《城市地理学》，商务印书馆，1997 年。

［18］张国胜：《中国农民工市民化：社会成本视角的研究》，人民出版社，2008 年。

［19］荣敬本，崔之元：《从压力型体制向民主合作体制的转变》，中央编译出版社，1998 年。

[20] 曾湘泉：《劳动经济学（第三版）》，复旦大学出版社，2017 年。

[21] 李培林：《农民工——中国进城农民工的经济社会分析》，社会科学文献出版社，2003 年。

[22] 胡杰成：《农民工市民化研究》，知识产权出版社，2012 年。

[23] 高峰：《空间理论视角的外来农民工城市融入问题研究》，科学出版社，2013 年。

[24] 约翰·梅纳德·凯恩斯：《就业、利息和货币通论》，商务印书馆，2005 年。

[25] 诺曼·H. 尼，西德尼·伏巴：《政治参与》，商务印书馆，1996 年。

[26] 塞缪尔·P. 亨廷顿：《变化社会中的政治秩序》，上海人民出版社，2008 年。

[27] 塞缪尔·P. 亨廷顿，琼·纳尔逊：《难以抉择——发展中国家的政治参与》，汪晓寿等译，华夏出版社，1989 年。

[28] 钱纳里：《发展形式：1950—1970》，李新华等译，经济科学出版社，1988 年。

[29] 亚里士多德：《政治学》，吴寿彭译，商务印书馆，1965 年。

[30] 亚里士多德：《尼各马科伦理学》，中国社会科学出版社，1999 年。

[31] T. H. 马歇尔：《公民身份与社会阶级》，江苏人民出版社，2007 年。

[32] 尤尔根·哈贝马斯：《合法化危机》，上海世纪出版集团，2009 年。

[33] 亚当·斯密：《国富论》，商务印书馆，2015 年。

[34] 曼瑟·奥尔森：《集体行动的逻辑》，陈郁等译，上海人民出版社，1995 年。

[35] 约翰·罗尔斯：《正义论》，何怀宏等译，中国社会科学出版社，2009 年。

[36] 威廉·阿瑟·刘易斯：《二元经济论》，施炜等译，北京经济学院出版社，1989 年。

[37] 保罗·萨缪尔森：《经济学》，人民邮电出版社，2008 年。

[38] 布迪厄：《文化资本与社会炼金术》，包亚明译，上海人民出版社，1997 年。

二、论文类

[1] 国务院发展研究中心课题组：《农民工市民化对扩大内需和经济增长的影响》，《经济研究》，2010 年第 6 期。

[2] 国务院发展研究中心课题组：《农民工市民化进程的总体态势与战略取向》，《改革》，2011 年第 5 期。

[3] 蔡昉，都阳，王美艳：《户籍制度与劳动力市场保护》，《经济研究》，2001 年第 12 期。

[4] 蔡昉：《城市化与农民工的贡献——后危机时期中国经济增长潜力的思考》，《中国人口科学》，2010 年第 1 期。

［5］都阳，朴之水：《劳动力迁移收入转移与贫困变化》，《中国农村观察》，2003 年第 5 期。

［6］王美艳：《城市劳动力市场上的就业机会与工资差异》，《中国社会科学》，2005 年第 5 期。

［7］王春光：《新生代农村流动人口的社会认同与城乡融合的关系》，《社会学研究》，2001 年第 3 期。

［8］王春光：《农村流动人口的“半城市化”问题研究》，《社会学研究》，2006 年第 5 期。

［9］郑杭生：《农民市民化：当代中国社会学的重要研究主题》，《甘肃社会科学》，2005 年第 4 期。

［10］李强：《社会学的“剥夺”理论和我国农民工问题》，《学术界》，2004 年第 4 期。

［11］李强，龙文进：《农民工留城与返乡意愿的影响因素分析》，《中国农村经济》，2009 年第 2 期。

［12］李强：《论农民和农民工的主动市民化与被动市民化》，《河北学刊》，2013 年第 7 期。

［13］李强，李凌：《农民工的现代性与城市适应——文化适应的视角》，《南开学报（哲学社会科学版）》，2014 年第 3 期。

［14］王浦劬：《中央与地方事权划分的国别经验及其启示——基于六个国家经验的分析》，《政治学研究》，2016 年第 5 期。

［15］俞可平：《治理和善治：一种新的分析框架》，《南京社会科学》，2001 年第 9 期。

［16］刘传江，徐建玲：《“民工潮”与“民工荒”：农民工劳动供给行为视角的经济学分析》，《财经问题研究》，2006 年第 5 期。

［17］刘传江，程建林：《第二代农民工市民化：现状分析与进程测度》，《人口研究》，2008 年第 5 期。

［18］刘传江：《新生代农民工的特点、挑战与市民化》，《人口研究》，2010 年第 2 期。

［19］徐建玲：《农民工市民化进程度量：理论探讨与实证分析》，《农业经济问题》，2008 年第 9 期。

［20］张国胜，王征：《农民工市民化的城市住房政策研究：基于国别经验的比较》，《中国软科学》，2007 年第 12 期。

［21］张国胜，杨先明：《中国农民工市民化的社会成本研究》，《经济界》，2008 年第

5期。

[22] 张国胜，谭鑫：《第二代农民工市民化的社会成本、总体思路与政策组合》，《改革》，2008年第9期。

[23] 张国胜：《基于社会成本考虑的农民工市民化：一个转轨中发展大国的视角与政策选择》，《中国软科学》，2009年第4期。

[24] 王桂新等：《中国城市农民工市民化——以上海为例》，《人口与发展》，2008年第1期。

[25] 郁建兴，阳盛益：《城市政府在农民工市民化进程中的作用》，《学习与探索》，2008年第1期。

[26] 朱信凯：《农民市民化的国际经验及对我国农民工问题的启示》，《中国软科学》，2005年第1期。

[27] 陈吉元，胡必亮：《中国三元经济结构与农业剩余劳动力转移》，《经济研究》，1994年第4期。

[28] 蔡禾，王进：《"农民工"永久迁移意愿研究》，《社会学研究》，2007年第6期。

[29] 熊波，石人炳：《农民工定居城市意愿影响因素分析——基于武汉市的实证分析》，《南方人口》，2007年第2期。

[30] 赵艳芝：《外来人口的居留意愿与合理流动——以北京市顺义区外来人口为例》，《南京人口管理干部学院学报》，2006年第4期。

[31] 任远：《"逐步沉淀"与"居留决定居留"——上海市外来人口居留模式分析》，《中国人口科学》，2006年第3期。

[32] 朱宇：《国外对非永久迁移的研究及其对我国流动人口问题的启示》，《人口研究》，2004年第3期。

[33] 曾旭辉，秦伟：《在城农民工定居城市意愿影响因素分析》，《人口与经济》，2003年第3期。

[34] 章铮：《进城定居还是回乡发展？——民工迁移决策的生命周期分析》，《中国农村经济》，2006年第7期。

[35] 侯红娅等：《中国农村劳动力迁移意愿实证分析》，《经济问题》，2004年第7期。

[36] 陈丰：《从虚城市化到市民化：农民工城市化的现实路径》，《社会科学》，2007年第2期。

[37] 张春龙：《现代性与边缘化：新生代农民工特点、问题及出路探讨》，《中州学刊》，2011年第2期。

[38] 钟水映，李魁：《农民工"半市民化"与"后市民化"衔接机制研究》，《中国

农业大学学报》，2007 年第 3 期。

［39］胡怀邦：《助力实现三个“一亿人”目标》，《求是》，2014 年第 2 期。

［40］赖作莲等：《农民工市民化程度的区域差异与影响因素》，《农业现代化研究》，2015 年第 5 期。

［41］鲁强等：《我国农民工市民化进程测度》，《江西社会科学》，2016 年第 2 期。

［42］沈映春等：《北京市农民工市民化水平及影响因素分析》，《北京社会科学》，2013 年第 5 期。

［43］王伶等：《我国农民工市民化进程测度方法与实证研究》，《农村经济》，2015 年第 11 期。

［44］刘松林等：《我国农民工市民化进程指标体系的构建与测度》，《统计与决策》，2014 年第 13 期。

［45］周密等：《新生代农民工市民化程度的测度》，《农业技术经济》，2012 年第 1 期。

［46］任娟娟：《新生代农民工市民化水平及影响因素研究》，《兰州学刊》，2012 年第 3 期。

［47］张斐：《新生代农民工市民化现状及影响因素分析》，《人口研究》，2011 年第 6 期。

［48］程名望，史清华：《从马尔萨斯到索洛：中国农村劳动力转移动因与障碍的一种解释》，《经济研究》，2006 年第 4 期。

［49］程名望等：《流动性转移与永久性迁移：影响因素及比较》，《外国经济与管理》，2014 年第 7 期。

［50］杨昕：《新生代农民工的“半城市化”问题研究》，《当代青年研究》，2008 年第 9 期。

［51］何晓红：《青年农民工市民化的制约因素分析》，《特区经济》，2006 年第 3 期。

［52］姜作培：《农民市民化必须突破五大障碍》，《城市规划》，2003 年第 12 期。

［53］费杰：《农民工市民化进程中的政府责任探析》，《长白学刊》，2011 年第 4 期。

［54］王艳华：《新生代农民工市民化的社会学分析》，《中国青年研究》，2007 年第 5 期。

［55］邓秀华：《新生代农民工问题及其市民化路径选择》，《求索》，2010 年第 8 期。

［56］张明丽等：《经验与借鉴：从西方发达国家城镇化探讨我国农民工市民化》，《中共福建省委党校学报》，2013 年第 11 期。

［57］王爱华：《农民工市民化进程中的非制度障碍与制度性矫治》，《江西社会科学》，2013 年第 1 期。

［58］陈旭峰等：《教育培训对农民工市民化影响的实证研究》，《职教论坛》，2011 年第 30 期。

［59］钱正武：《社会排斥：农民工市民化进程缓慢的根本原因》，《调研世界》，2011 年第 2 期。

［60］张务伟：《什么影响了农民工市民化：机理模型与实证检验》，《河南社会科学》，2016 年第 4 期。

［61］武雪媚等：《四川省农民工市民化成本模型构建及测算》，《四川农业大学学报》，2016 年第 2 期。

［62］简新华，张建伟：《从农民到农民工再到市民：中国农村剩余劳动力转移的过程和特点分析》，《中国地质大学学报》，2007 年第 6 期。

［63］简新华，黄锟：《中国农民工最新生存状况研究——基于 765 名农民工调查数据的分析》，《人口研究》，2007 年第 6 期。

［64］黄锟：《城乡二元制度对农民工市民化影响的实证分析》，《中国人口、资源与环境》，2011 年第 3 期。

［65］黄锟：《农民工市民化过程中的制度冲突与协调》，《经济研究参考》，2013 年第 39 期。

［66］周智：《新生代农民工市民化问题的政治学分析》，《河南社会科学》，2012 年第 1 期。

［67］黄忠华等：《农村土地制度是否阻碍农民工市民化》，《中国土地科学》，2014 年第 7 期。

［68］楚德江等：《农民工市民化进程中农地承包权退出机制研究》，《理论导刊》，2016 年第 7 期。

［69］丁静：《土地制度改革：农民工市民化的“助推器”》，《中国劳动关系学院学报》，2014 年第 4 期。

［70］张占斌等：《我国农村转移人口市民化的财政支出测算与时空分布研究》，《中央财经大学学报》，2013 年第 10 期。

［71］冯俏彬：《农民工市民化的成本估算：分摊与筹措》，《经济研究参考》，2014 年第 8 期。

［72］谢建社：《农民工市民化公共服务成本测算及其分担机制》，《湖南农业大学学报》，2015 年第 4 期。

［73］谢建社，牛喜霞，谢宇：《流动农民工随迁子女教育问题研究——以珠三角城镇地区为例》，《中国人口科学》，2011 年第 1 期。

［74］姚毅，明亮：《我国农民工市民化成本测算及分摊机制设计》，《财经科学》，

2015 年第 7 期。

［75］徐建荣：《新型城镇化下江苏农民工市民化成本探析》，《现代经济探讨》，2015 年第 2 期。

［76］石忆邵，王樱晓：《基于意愿的上海市农民工市民化成本与收益分析》，《同济大学学报》，2015 年第 4 期。

［77］胡桂兰等：《农民工市民化成本效益分析》，《农业经济问题》，2013 年第 5 期。

［78］李小敏等：《我国农民工市民化成本的地域差异》，《经济地理》，2016 年第 4 期。

［79］李俭国等：《新常态下新生代农民工市民化社会成本测算》，《财经科学》，2015 年第 5 期。

［80］申兵：《“十二五”时期农民工市民化成本测算及其分担机制构建——以跨省农民工集中流入地区宁波市为案例》，《城市发展研究》，2012 年第 1 期。

［81］刘洪银：《新生代农民工内生性市民化与公共成本估算》，《云南财经大学学报》，2013 年第 4 期。

［82］薛以硕，张继良：《农民工市民化成本研究现状分析》，《调研世界》，2014 年第 10 期。

［83］张继良，马洪福：《江苏外来农民工市民化成本测算及分摊》，《中国农村观察》，2015 年第 2 期。

［84］高拓，王玲杰：《构建农民工市民化成本分担机制的思考》，《中州学刊》，2013 年第 5 期。

［85］徐红芬：《城镇化建设中农民工市民化成本测算及金融支持研究》，《金融理论与实践》，2013 年第 11 期。

［86］魏澄荣，陈宇海：《福建省农民工市民化成本及分担机制》，《中共福建省委党校学报》，2013 年第 11 期。

［87］汪勇：《“农民工”的历史演变及其启示》，《南京社会科学》，2007 年第 11 期。

［88］文军：《农民市民化：从农民到市民的角色转型》，《华东师范大学学报》，2004 年第 5 期。

［89］胡杰成：《农民工市民化问题研究》，《兰州学刊》，2010 年第 8 期。

［90］王竹林：《农民工问题与企业的社会责任》，《农业经济问题》，2007 年第 7 期。

［91］王竹林，王征兵：《农民工市民化的制度阐释》，《商业研究》，2008 年第 2 期。

［92］王竹林：《农民工市民化的资本困境及缓解出路》，《农业经济问题》，2010 年第 2 期。

［93］田丰：《城市工人与农民工的收入差距研究》，《社会学研究》，2010 年第 2 期。

［94］谢嗣胜，姚先国：《农民工工资歧视的计量分析》，《中国农村经济》，2006 年第 4 期。

［95］李守镇：《建设高素质产业工人队伍，打造更多“大国工匠”》，《中国工人》，2017 年第 4 期。

［96］李海宗，陈磊：《德国职业教育衔接模式对我国的启示》，《中国高教研究》，2012 年第 9 期。

［97］郭菲，张展新：《农民工新政下的流动人口社会保险：来自中国四大城市的证据》，《人口研究》，2013 年第 3 期。

［98］李迎生，袁小平：《新型城镇化进程中社会保障制度的因应》，《社会科学》，2013 年第 11 期。

［99］李爱芹：《我国农民工养老保险制度设计的缺陷与完善——以“城保”模式、“仿城”模式和“综保”模式为例》，《广西社会科学》，2015 年第 8 期。

［100］冯虹，赵一凡，艾小青：《首都农民工市民化的成本测算研究》，《国家行政学院学报》，2017 年第 3 期。

［101］郑思齐等：《农民工住房政策与经济增长》，《经济研究》，2011 年第 2 期。

［102］孙聪，宋志达，郑思齐：《农民工住房需求特征与城市住房保障体系优化——基于北京市“城中村”调研的研究》，《农业技术经济》，2017 年第 4 期。

［103］高波，李国正，陈琛：《新型城镇化过程中农民工居住现状及住房选择——基于 2013 年中国流动人口动态监测数据》，《甘肃行政学院学报》，2015 年第 6 期。

［104］娄文龙，杨春江，唐学庆：《农民工住房保障供给机制存在的问题及其解决路径》，《城市问题》，2016 年第 10 期。

［105］朱亚鹏，岳经纶，李文敏：《政策参与者、政策制定与流动人口医疗卫生状况的改善：政策网络的路径》，《公共行政评论》，2014 年第 4 期。

［106］邬志辉，李静美：《农民工随迁子女在城市接受义务教育的现实困境与政策选择》，《教育研究》，2016 年第 9 期。

［107］吴霓，张宁娟，李楠：《农民工随迁子女教育的五大趋势及对策》，《当代教育科学》，2010 年第 7 期。

［108］符平，江立华：《农民工城市适应研究：局限与突破》，《调研世界》，2007 年第 6 期。

［109］郭星华，姜华：《农民工城市适应研究的几种理论视角》，《探索与争鸣》，2009 年第 1 期。

［110］周小刚：《中部地区城镇化进程中农民工市民化问题研究——以江西为例》，南昌大学学位论文，2010 年。

［111］付刚：《奥尔森集体行动理论研究》，吉林大学博士论文，2011 年。

［112］张艳国，谌润：《农民工“内卷化”研究述评》，《社会科学动态》，2017 年第 1 期。

［113］周霞：《承认的权利：城市化进程中农民工的认同研究》，《齐鲁学刊》，2016 年第 6 期。

［114］徐勇志：《城镇化进程中城市农民工的社会认同研究》，《中共四川省委党校学报》，2016 年第 3 期。

［115］史向军，李洁：《共享发展理念下新生代农民工政治认同研究》，《学术论坛》，2016 年第 10 期。

［116］黄佳豪：《社会排斥视角下新生代农民工市民化问题研究》，《社会建设》，2013 年第 3 期。

［117］闫丁：《社会认同理论及研究现状》，《心理技术与应用》，2016 年第 9 期。

［118］刘小年：《农民工阶层分化机制功能与政策研究》，《安徽农业科学》，2008 年第 17 期。

［119］刘小年：《农民工市民化参与城市社区分红：新型城镇化应正视的一个重要问题》，《兰州学刊》，2014 年第 7 期。

［120］白南生，李靖：《农民工就业流动性研究》，《管理世界》，2008 年第 7 期。

［121］吴晓愚：《劳动力市场分割、职业流动与城市劳动者经济地位获得的二元路径模式》，《中国社会科学》，2011 年第 1 期。

［122］杨聪敏：《农民工城市落户政策比较与成本预估》，《中共宁波市委党校学报》，2012 年第 3 期。

［123］杜海峰等：《农民工市民化成本测算模型的改进及应用》，《当代经济科学》，2015 年第 2 期。

［124］丁萌萌，徐滇庆：《城镇化进程中农民工市民化的成本测算》，《经济学动态》，2014 年第 2 期。

［125］单菁菁：《农民工市民化的成本及分担机制研究》，《学海》，2015 年第 1 期。

［126］谢登科：《解决“三农”问题的重大战略举措》，《农村经营管理》，2006 年第 2 期。

［127］秦晖：《“黄宗羲定律”与税费改革的体制化基础》，《税务研究》，2003 年第 3 期。

［128］周濂：《政治正当性的四重根》，《学海》，2007 年第 2 期。

［129］于源：《公共品的集体行动问题》，对外经济贸易大学博士论文，2017 年。

［130］王琛：《基于利益相关者视角农业转移人口市民化研究》，中共中央党校博士

论文，2014 年。

［131］万大珂：《农民工市民化成本测算及分担机制研究》，中南财经政法大学硕士论文，2017 年。

［132］黄奇帆：《推进新型城镇化的思考与实践》，《行政管理改革》，2014 年第 8 期。

［133］佘云霞，刘晴：《推行体面劳动的全球趋势》，《江汉论坛》，2008 年第 10 期。

［134］苏凯荣，黄茹：《奥尔森的集体行动理论视角下公共物品供给问题》，《当代经济》，2015 年第 2 期。

［135］李政军：《奥尔森集体行动理论述评》，《南京审计学院学报》，2010 年第 4 期。

［136］蒋文能：《搭便车、集体行动与国家兴衰——奥尔森集体行动理论述评》，《学术论坛》，2009 年第 11 期。

［137］王刚：《公共物品供给的集体行动问题——兼论奥尔森集体行动的逻辑》，《重庆大学学报（社会科学版）》，2013 年第 4 期。

［138］高春芽：《集体行动逻辑的理论条件》，《沈阳大学学报》，2008 年第 3 期。

［139］高春芽：《选择性激励与利益集团的形成机制——奥尔森“副产品”理论批判》，《云南行政学院学报》，2009 年第 11 期。

［140］张露露，任中平：《集体行动逻辑视角下的农村环境治理研究》，《山西大同大学学报（社会科学版）》，2016 年第 4 期。

［141］胡军辉：《相对剥夺感对农民工市民化意愿的影响》，《农业经济问题》，2015 年第 11 期。

［142］宋林霖，彭丰民：《横向府际间公共政策执行博弈的困境——以集体行动的逻辑为视角》，《国家行政学院学报》，2012 年第 4 期。

［143］柯元，柯华：《基于社区融入视角的农民工市民化问题探析》，《农村经济》，2014 年第 8 期。

［144］尹姣容，葛新斌：《流入地政府对随迁子女义务教育的履责问题研究——基于利益分析的视角》，《教育导刊》，2013 年第 8 期。

［145］于雁洁：《农民工就业歧视问题分析与解决对策》，《商业时代》，2010 年第 25 期。

［146］易毅：《我国农民工市民化进程中的利益关系分析》，《财经问题研究》，2013 年第 3 期。

［147］王兆刚，邵杰：《政府治理视角下我国农业转移人口市民化的障碍与推进路径》，《青岛行政学院学报》，2016 年第 6 期。

［148］吴业苗：《地方政府在居村农民市民化中的角色担当》，《中州学刊》，2011 年第 5 期。

[149] 皮国梅：《农村人口市民化就业中的政府行为研究》，《广西社会科学》，2016年第9期。

[150] 王莹：《农业转移人口市民化过程中的企业行为研究——基于博弈论的视角》，《安徽农业科学》，2016年第19期。

[151] 任金秀：《我国新生代农民工市民化利益博弈分析》，《农业经济》，2014年第6期。

[152] 许燕，刘文丽，鞠彦辉：《农民工基本医疗保险关系转移接续中三方利益博弈分析——基于政府、企业与农民工的视角》，《东北大学学报（社会科学版）》，2017年第3期。

[153] 嘎日达，黄匡时：《西方社会融合概念探析及其启发》，《国外社会科学》，2009年第2期。

[154] 张欣炜，宁越敏：《农业转移人口市民化成本测算及分担机制研究——以山东省淄博市为例》，《城市发展研究》，2018年第1期。

[155] 吴笛：《中央和地方事权与财权的划分与改革思路》，《合肥工业大学学报》，2010年第2期。

[156] 蔡社文：《政府间社会保障事权和支出责任划分的理论和国际经验》，《税务研究》，2004年第8期。

[157] 谢国财，王少泉：《中央与地方财政收入比重变迁曲线研究——基于1953—2014年数据》，《中共福建省委党校学报》，2016年第10期。

[158] 沈荣华：《各级政府公共服务职责划分的指导原则和改革方向》，《中国行政管理》，2007年第1期。

[159] 倪红日：《规范我国财力性转移支付制度的建议》，《经济研究参考》，2006年第23期。

[160] 孙仲伟：《农民工大城市定居偏好与新型城镇化的推进路径研究》，《人口研究》，2015年第5期。

[161] 孔凡河：《基本公共服务均等化视角下政府事权财权配置探究》，《河南社会科学》，2010年第3期。

[162] 赵聚军：《政府间核心公共服务职责划分的理论与实践——OECD国家的经验和借鉴意义》，《中央财经大学学报》，2008年第11期。

[163] 李永乐，代安源：《农业转移人口市民化成本核算及其分担研究——基于2005—2014年的南京市数据分析》，《华东师范大学学报》，2017年第6期。

[164] 赵爽：《农民工市民化的社会成本分担机制研究综述》，《中国集体经济》，2016年第31期。

［165］孙正林，佐赫：《农民工市民化成本估算与分担机制》，《学术交流》，2016 年第 10 期。

［166］孙永正：《“农民工市民化”成本与收益的辨析》，《经济问题》，2016 年第 3 期。

［167］张丽琴，龙凤钊：《功能协调型：国家治理体系中的工会功能定位》，《兰州学刊》，2016 年第 3 期。

［168］陈怡男，刘鸿渊：《农民工市民化公共属性与制度供给困境研究》，《经济体制改革》，2013 年第 4 期。

［169］甘满堂：《社会学的“内卷化”理论与城市农民工问题》，《福州大学学报》，2005 年第 1 期。

［170］刘丽：《新生代农民工内卷化现象及其城市融入问题》，《河北学刊》，2012 年第 4 期。

［171］唐慧敏：《新生代农民工社会认同的困境及重塑路径》，《云南农业大学学报》，2015 年第 1 期。

［172］陈振明：《政治参与概念辨析》，《东南学术》，2008 年第 4 期。

［173］刘薇：《PPP 模式理论阐释及其现实例证》，《改革》，2015 年第 1 期。

［174］阿马蒂亚·森，王燕燕：《论社会排斥》，《经济社会体制比较》，2005 年第 3 期。

［175］［美］帕特里克·J. 孔奇：《政治参与概念如何形成定义》，王胜明，范云萍译，《国外政治学》，1989 年第 4 期。

［176］张善柱：《变返乡潮为创业潮——金融危机背景下新农村建设的路径研究》，《中国劳动关系学院学报》，2010 年第 1 期。

［177］张善柱：《新生代农民工优先市民化的必要性与可行性研究》，《调研世界》，2013 年第 3 期。

［178］张善柱，程同顺：《农民工市民化成本测算的误区及矫正》，《中共天津市委党校学报》，2016 年第 4 期。

［179］张善柱：《国家治理体系现代化中的工会参与》，《天津行政学院学报》，2018 年第 2 期。

［180］张善柱：《预期主导选择：职工主体视角的职业技能培训》，《调研世界》，2018 年第 6 期。

［181］李珂，张善柱：《高素质产业工人队伍建设改革的实践路径分析》，《中国劳动关系学院学报》，2017 年第 1 期。

［182］张善柱：《工会培养工匠精神的路径研究》，《中国劳动关系学院学报》，2017 年第 4 期。

三、英文类

[1] Bogue, Donald J. Principles of Demography. New York: John Wiley and Sons, Inc. , 1969.

[2] Lewis, W. Arthur, Economic Development with Unlimited Supplies of Labor. The Manchester School of Economic and Social Studies, 1954 (22) .

[3] Zhao, Y. : Causes and Consequences of Return Migration: Recent Evidence from China, *Journal of Comparative Economics*, 30 (2): 376 – 394, 2002.

[4] Theodore W. Schultz. Investment in Human Capital. The American Economic Review. 1961.

[5] Mincer. "The Distribution of Labor Incomes: A Survey with Special Reference to the Human Capital Approach" . Journal of Economic Literature 8. 1970.

[6] George Psacharopoulos and Harry Anthony Patrinos. Returns to Investment in Education: A Further Update World Bank Policy Rehash Working Paper No. 2881, World Bank, September, 2002.

[7] "Social Exclusion and the EU's Social Inclusion Agenda", Paper Prepared for the EU8 Social Inclusion Study, Document of the World Bank, February 5, 2007.

[8] Henderson, J. V. , 1974, The Sizes and Types of Cities, American Economic Review, 61, 640 – 656.

[9] World Bank, 1996, The Chinese Economy: Controlling Inflation, Deepening Reform, The World Bank Publication, Washington, D. C.

[10] Cai, F. , & Wang, D. , 1999, Sustainability of Economic Growth and Labor Contribution in China, Journal of Economic Research, 10, 62 – 68.

[11] World Bank, 2005, Integration of National Product and Factor Markets: Economic Benefits and Policy Recommendations, Report 31973CHA.

[12] Adams, R. H. and A. Cuecuecha, 2010, Remittances, Household Expenditure and Investment in Guatemala, World Development, 38 (11) , 1626 – 1641.

[13] ILO. Report of the Director – General: Decent Work. International Labor Conference, Geneva, 1999.

[14] Tajfel, H. , & Turner, J. C. (1979) . An integrative theory of intergroup conflict. The Social Psychology of Intergroup Relations, 33 (47) , 33 – 47.

[15] Hogg, M. A. , van Knippenberg, D. , &Rast III, D. E. (2012) . The social identity theory of leadership: Theoretical origins, research findings, and conceptual developments. European Review of Social Psychology, 23 (1) , 258 – 304.